U0649317

危险货物道路运输培训丛书

危险货物道路运输从业人员培训教材

（第4版）

适用类别

驾驶人员
押运人员
装卸管理人员

严 季 ◎ 主编

人民交通出版社

北 京

内 容 提 要

本书根据 2024 年 9 月交通运输部新印发的《道路危险货物运输从业人员培训教学大纲》《道路危险货物运输从业人员从业资格考试大纲》及相关法规标准要求编写而成,包含爆炸品和剧毒化学品相关知识。内容具体分为四篇,包括危险货物道路运输从业人员基础知识篇、驾驶人员专业知识篇、押运人员专业知识篇和装卸管理人员专业知识篇。

本书为危险货物道路运输从业人员培训教材,也可作为各级危险货物道路运输管理人员学习、掌握危险货物道路运输安全管理基础知识,促进依法行政、科学规范执法的工具书。

图书在版编目(CIP)数据

危险货物道路运输从业人员培训教材 / 严季主编 .
4 版 . — 北京:人民交通出版社股份有限公司,2025.
5. — (危险货物道路运输培训丛书). — ISBN 978-7-114
-20000-7

Ⅰ. U492.8

中国国家版本馆 CIP 数据核字第 2025NE2768 号

危险货物道路运输培训丛书
Weixian Huowu Daolu Yunshu Congye Renyuan Peixun Jiaocai

书　　　名:	**危险货物道路运输从业人员培训教材(第4版)**
著 作 者:	严　季
责任编辑:	刘捃梁
责任校对:	赵媛媛　魏佳宁
责任印制:	张　凯
出版发行:	人民交通出版社
地　　　址:	(100011)北京市朝阳区安定门外外馆斜街3号
网　　　址:	http://www.ccpcl.com.cn
销售电话:	(010)85285857
总 经 销:	人民交通出版社发行部
经　　　销:	各地新华书店
印　　　刷:	北京市密东印刷有限公司
开　　　本:	787×1092　1/16
印　　　张:	16
字　　　数:	333千
版　　　次:	2014年4月　第1版
	2017年5月　第2版
	2020年8月　第3版
	2025年5月　第4版
印　　　次:	2025年7月　第4版　第2次印刷　总第41次印刷
书　　　号:	ISBN 978-7-114-20000-7
定　　　价:	68.00元

(有印刷、装订质量问题的图书,由本社负责调换)

前言 PREFACE

随着国民经济建设的快速发展，各行各业对危险货物的需求不断增加，通过道路运输的危险货物种类、数量均不断增长。据不完全统计，截至2023年底，我国危险货物道路运输业户近1.5万户，危险货物道路运输车辆44.2万辆，其中驾驶人员为90.0万人、押运人员为95.4万人、装卸管理人员为5.2万人。

危险货物种类繁多、用途广泛。在促进经济社会发展，提高人民生活质量的同时，也对人类的安全、健康及我们赖以生存的环境构成了严峻挑战。尤其是在日益复杂的交通环境下，一旦承运这些具有易燃、易爆、腐蚀、毒害等特性的危险货物的车辆发生事故，就会对人民的生命财产和自然环境造成严重危害。因此，危险货物道路运输从业人员应了解危险货物的基本知识，掌握所从事职业的相关技能，严格执行国家法律、法规有关要求，切实做到"安全第一、预防为主"。

为进一步做好危险货物道路运输从业人员从业资格考试和培训工作，提升从业人员安全技能水平和应急处置能力，2024年9月，交通运输部修订发布了《交通运输部办公厅关于印发〈道路危险货物运输从业人员从业资格考试大纲〉〈道路危险货物运输从业人员培训教学大纲〉的通知》（交办运〔2024〕45号）。编者在以往三个版本教材的基础上，根据最新考试培训大纲以及相关法律法规标准要求，形成《危险货物道路运输从业人员培训教材》（第4版）。本教材综合考虑最新考试培训大纲中规定的考试要点、教学要求、教学内容以及相关内容的"分值""课时"的关系，进一步调整、完善了有关章节的名称及内容；系统解答了危险货物道路运输从业人员实际培训中存在的问题，内容逻辑性、针对性强，通俗易懂，符合从业人员学习和培训的规律。为了保证培训教材的完整性，我们将部分知识点的延伸内容专门整理成电子书，读者可通过扫描封面二维码查看学习。

本书由严季主编，参与编写的还有关志勇、周恩、刘博宇、王连朋、彭慧、符建平、彭凌峰、王谦、陈晨、于冬梅、温祥、文迪、吴剑、赵荐、曹照峰、麻作英、张俊逸等。

由于作者水平有限，书中难免有不妥之处，敬请有关专家、学者和从事危险货物道路运输的工作者批评指正，以便完善。

编　者
2025年3月

目 录 CONTENTS

第二篇　危险货物道路运输驾驶人员专业知识

第一篇

危险货物道路运输从业人员
基础知识

第一章 职业道德和劳动保护

第一节 危险货物道路运输从业人员的职业特点

道路货物运输,相对其他运输方式(水路运输、铁路运输等),具有机动灵活性高、快速直达、适应性强、经济方便等特点,是物流的重要环节。危险货物道路运输,在普通货物运输的基础上,还具有以下特点:

(1)我国危险货物道路运输实行许可制度。

(2)危险货物道路运输驾驶人员、押运人员、装卸管理人员要考试合格持证上岗。

(3)在危险货物道路运输过程中,押运人员对所运危险货物道路运输的安全负责,应全程监控所运危险货物的安全状态。

(4)危险货物道路运输驾驶人员、押运人员、装卸管理人员,应当了解所运危险货物的危险特性及其包装物、容器的使用要求和出现危险情况时的应急处置方法。

(5)危险货物道路运输车辆,技术等级应当达到一级。

综上所述,危险货物道路运输需要具备的基本条件是运输企业取得资质、从业人员取得资格、车辆技术等级达到一级并取得资质。而危险货物道路运输企业的经营活动,是由企业所有的载货汽车(货车)从起点(发货地),通过道路将危险货物运达收货地的"运输过程"。且每一个"运输过程",都是由危险货物道路运输从业人员完成的。由此可知,危险货物道路运输从业人员的职业特点有:

(1)从业人员完成运输过程是运输企业经营的核心,故企业安全生产管理的核心是运输管理和从业人员管理。

(2)从业人员完成运输过程是执行运输企业的指令(调度),代表运输企业的经营行为、职务行为,故应由企业负安全生产(危险货物道路运输)的主体责任。

(3)在运输过程中,从业人员首先要对自身安全负责,确保运输安全,这也是从业人员履行家庭责任、对企业负责、对社会负责的前提。

第二节 危险货物道路运输从业人员的社会责任

一、《中华人民共和国宪法》有关规定

《中华人民共和国宪法》第五十三条规定"中华人民共和国公民必须遵守宪法和法律,

保守国家秘密，爱护公共财产，遵守劳动纪律，遵守公共秩序，尊重社会公德"，危险货物道路运输从业人员必须遵守宪法和法律，遵守劳动纪律等。这里提到的"劳动纪律"，包括企业的规章制度。

二、《中华人民共和国劳动保护法》有关规定

《中华人民共和国劳动保护法》规定了从业人员的社会责任。第三条第二款规定"劳动者应当完成劳动任务，提高职业技能，执行劳动安全卫生规程，遵守劳动纪律和职业道德"；第五十六条规定"劳动者在劳动过程中必须严格遵守安全操作规程。劳动者对用人单位管理人员违章指挥、强令冒险作业，有权拒绝执行；对危害生命安全和身体健康的行为，有权提出批评、检举和控告"。

同时，《中华人民共和国劳动保护法》还规定了从业人员的权利。第三条第一款规定"劳动者享有平等就业和选择职业的权利、取得劳动报酬的权利、休息休假的权利、获得劳动安全卫生保护的权利、接受职业技能培训的权利、享受社会保险和福利的权利、提请劳动争议处理的权利以及法律规定的其他劳动权利"；第四条规定"用人单位应当依法建立和完善规章制度，保障劳动者享有劳动权利和履行劳动义务"。

三、《中华人民共和国安全生产法》有关规定

《中华人民共和国安全生产法》关于从业人员社会责任（从业人员的安全生产义务）的规定具体如下。

第五十四条第一款 从业人员有权对本单位安全生产工作中存在的问题提出批评、检举、控告；有权拒绝违章指挥和强令冒险作业。

第五十五条第一款 从业人员发现直接危及人身安全的紧急情况时，有权停止作业或者在采取可能的应急措施后撤离作业场所。

第五十七条 从业人员在作业过程中，应当严格落实岗位安全责任，遵守本单位的安全生产规章制度和操作规程，服从管理，正确佩戴和使用劳动防护用品。

第五十八条 从业人员应当接受安全生产教育和培训，掌握本职工作所需的安全生产知识，提高安全生产技能，增强事故预防和应急处理能力。

第五十九条 从业人员发现事故隐患或者其他不安全因素，应当立即向现场安全生产管理人员或者本单位负责人报告；接到报告的人员应当及时予以处理。

从业人员不仅有安全生产的责任，也有安全生产的权利。《中华人民共和国安全生产法》关于从业人员安全生产权利的规定具体如下。

第五十二条 生产经营单位与从业人员订立的劳动合同，应当载明有关保障从业人员劳动安全、防止职业危害的事项，以及依法为从业人员办理工伤保险的事项。生产经营单位不得以任何形式与从业人员订立协议，免除或者减轻其对从业人员因生产安全事故伤亡依法应承担的责任。

第五十三条　生产经营单位的从业人员有权了解其作业场所和工作岗位存在的危险因素、防范措施及事故应急措施,有权对本单位的安全生产工作提出建议。

第五十四条第二款　生产经营单位不得因从业人员对本单位安全生产工作提出批评、检举、控告或者拒绝违章指挥、强令冒险作业而降低其工资、福利等待遇或者解除与其订立的劳动合同。

第五十五条第二款　生产经营单位不得因从业人员在前款紧急情况下停止作业或者采取紧急撤离措施而降低其工资、福利等待遇或者解除与其订立的劳动合同。

第五十六条第二款　因生产安全事故受到损害的从业人员,除依法享有工伤保险外,依照有关民事法律尚有获得赔偿的权利的,有权向本单位提出赔偿要求。

第五十八条　从业人员应当接受安全生产教育和培训,掌握本职工作所需的安全生产知识,提高安全生产技能,增强事故预防和应急处理能力。

第五十九条　从业人员发现事故隐患或者其他不安全因素,应当立即向现场安全生产管理人员或者本单位负责人报告;接到报告的人员应当及时予以处理。

第三节　危险货物道路运输从业人员的职业道德

职业道德是人们在从事正当的社会职业并履行其职责过程中思想和行为应遵循的准则和规范。它是依靠社会舆论、信心、习惯、传统和教育的力量来调整人与人之间及个人与社会之间关系的行为规范总和。

加强危险货物道路运输从业人员职业道德建设,提高从业人员素质,是危险货物道路运输从业人员履职尽责的重要保障。危险货物道路运输从业人员的职业道德是从业人员在履行其职业责任的过程中逐步形成的、普遍遵守的道德原则和行为规范,是社会对从事危险货物道路运输从业人员的一种特殊道德需求,是社会道德在道路运输活动中的具体体现。

从事危险货物道路运输的驾驶人员、押运人员、装卸管理人员在职业活动中,不仅要遵循社会道德,还要遵守危险货物道路运输从业人员职业道德。危险货物道路运输从业人员职业道德的基本要求和主要内容如下。

一、爱祖国,爱人民

爱祖国,爱人民是社会主义道德的一个重要规范,也是从业人员行为的基本准则。作为驾驶现代交通运输工具的人员,必须树立对祖国、对人民高度负责的思想,时刻把人民生命和国家财产的安危放在第一位。每一位从业人员都要牢固树立"安全第一、预防为主"的思想。

二、爱岗敬业,优质服务

爱岗,就是热爱本职工作,能够尽心尽力地做好本职工作;敬业,就是用恭敬严肃的态度对待自己的职业,对自己的工作专心、认真、负责任。爱岗敬业也是相辅相成、相互支持的。在大力弘扬社会公德、职业道德的氛围下,只有热爱本职岗位,才能树立敬业精神。优质服务的前提是爱岗敬业,不热爱自己专业的人谈不上敬业,更谈不上优质服务。危险货物道路运输从业人员应树立正确的人生观、价值观,增强职业责任感和事业心,圆满地完成运输任务;同时,要在工作中有所作为,就必须遵循工作规程,按照危险货物道路运输工作的实际要求提供科学、规范、安全、优质、高效的服务。只有具备了这样的思想意识,才能从思想上、行动上做好本职工作。

爱岗敬业,优质服务的具体要求是:

(1)树立良好的职业观,克服世俗偏见,爱本职,钻业务,干事业。

(2)要有优质服务的本领,努力提高专业技术和服务质量,时刻要为货主着想,热情周到,诚实守信,真诚待人。

(3)树立爱岗敬业的思想,扎扎实实做好本职工作,履行好岗位职责,讲求奉献,能够把自己的理想、信念和才智毫无保留地奉献给所在的工作岗位。

(4)树立信誉第一、质量至上的意识,建立稳定的货源渠道,取得良好的经济和社会效益。

(5)树立刻苦勤劳的工作态度,学会自我心理调节,保持良好心态,学习相关心理学知识,掌握服务技巧。

三、文明经营,公平竞争

文明经营是服务业树立信誉的第一需要,即通过服务的方式,以平等、友好、热情的态度来对待客户,倡导行业文明,建立规范、有序的危险货物道路运输市场。

公平竞争是按照统一规则从事危险货物道路运输活动,通过不断革新经营理念,提升自己的服务技能和水平,采取正当手段公开、公平、公正地参与市场竞争,不得使用暴力、强制手段和其他不符合法律、法规规定的手段限制、干扰和影响其他经营者,不利用自己的优势地位和不正当手段排挤其他经营者,维护危险货物道路运输市场的规范和健康发展。危险货物道路运输从业人员要有正确的价值观念,提高竞争意识,主动适应市场、占有市场,提倡"文明经营、优质服务"。

四、遵纪守法,安全运输

遵纪守法,就是要遵守有关交通运输法规及行业管理的规定。遵纪守法是危险货物道路运输从业人员职业道德基本要求之一,是从业人员的基本义务和必备素质。遵章行驶、遵章押运、遵章装卸,是危险货物道路运输从业人员职业道德的核心。一旦发生危险货物运输事故,会对社会及广大人民群众造成巨大而长远的影响。因此,危险货物道路运输从业人员必须遵纪守法。

安全运输主要是指保障货物完好无损地运送到目的地,并确保自身和车辆的安全。作为危险货物道路运输驾驶人员、押运人员和装卸管理人员，应认真学习有关安全生产的法规、技术标准和安全生产规章制度、安全操作规程，学习危险货物道路运输的专业知识和发生意外事故时的处置措施；树立高度自觉遵守法规的思想，时时刻刻严格要求自己，加强自身道德修养，养成良好的遵纪守法的习惯和意识，确保运输安全，避免各类事故的发生。

五、钻研业务，规范操作

危险货物道路运输驾驶人员要提高运输效率，确保行车安全，必须掌握过硬技术，严格遵守操作规程，勤奋学习新知识、新技术，努力钻研驾驶技能，掌握所装运危险货物的理化性质、危害特性，包装物或者容器的使用要求和发生意外事故时的处置措施，以便更好地履行岗位职责。

规范操作是钻研技术的具体表现，即在驾驶操作过程中按照技术要求，遵章循矩，逐步形成规范的技能技巧，尤其因为危险货物道路运输的特殊性，绝对不能盲目蛮干，且要重视实践，善于总结经验，掌握过硬的驾驶本领。

六、诚实守信，团结互助

诚实守信是为人处世的基本原则，也是个人能在社会生活中安身立命的根本。诚实守信是指一个人在社会交往中能够讲真话、讲信用，能忠实于事物的本来面貌，不歪曲事实，不隐瞒自己的真实思想，不掩饰自己的真实情感，不说谎，不作假，不为不可告人的目的而欺骗别人。要忠于自己承担的义务，答应别人的事一定要去做。

团结互助就是要求从业人员之间平等尊重，顾全大局，互相学习，加强协作。平等尊重是指在社会生活和人们的职业活动中，不管彼此之间社会地位、生活条件、工作性质有多大差别，都应一视同仁、相互尊重、相互信任。顾全大局是指在处理个人与集体利益的关系上，要树立全局意识，不计较个人得失，自觉服从整体利益的需要。互相学习是团结互助道德规范的中心一环，是指尊重他人的长处，学习他人才能。俗话说，"三人行必有我师"，互相学习才能共同进步。加强协作是指在职业活动中，为了完成职业工作任务，协调从业人员之间（包括工序之间、工种之间、岗位之间、部门之间）的关系，促进彼此之间相互帮助、互相支持、密切配合、搞好协作。

第四节　危险货物道路运输从业人员的生理健康和职业病预防

一、危险货物道路运输从业人员的生理健康

危险货物道路运输企业应通过保证从业人员的工作和休息时间以及生理健康，保障安全驾驶。

1. 保证从业人员工作和休息时间

《中华人民共和国劳动保护法》规定"督促企业依法落实工时和休息休假制度"，对从业人员工作时间、休息等作出了以下规定：

第三十六条　国家实行劳动者每日工作时间不超过八小时、平均每周工作时间不超过四十四小时的工时制度。

第三十七条　对实行计件工作的劳动者，用人单位应当根据本法第三十六条规定的工时制度合理确定其劳动定额和计件报酬标准。

第三十八条　用人单位应当保证劳动者每周至少休息一日。

《中华人民共和国劳动保护法》对从业人员职业健康方面作出了以下规定：

第五十二条　用人单位必须建立、健全劳动安全卫生制度，严格执行国家劳动安全卫生规程和标准，对劳动者进行劳动安全卫生教育，防止劳动过程中的事故，减少职业危害。

第五十四条　用人单位必须为劳动者提供符合国家规定的劳动安全卫生条件和必要的劳动防护用品，对从事有职业危害作业的劳动者应当定期进行健康检查。

企业应依法落实工时和休息休假制度，健全并落实产业工人疗养休养制度，促进产业工人身心健康。

2. 涉及生理健康方面的安全驾驶要求

（1）预防疲劳驾驶。《中华人民共和国道路交通安全法实施条例》第六十二条规定，驾驶机动车不得有连续驾驶机动车超过4小时未停车休息或者停车休息时间少于20分钟等行为。预防疲劳驾驶是保证行车安全的最有效途径。《中华人民共和国道路交通安全法》规定，"过度疲劳影响安全驾驶的，不得驾驶机动车"。

（2）控制慢性病。患有血压高、糖尿病等慢性病驾驶人员、押运人员，要及时关注个人的血压、血糖指标，在正常指标范围内从事工作。尤其注意不能在高血压、低血糖的情况下驾驶车辆。

在此提醒从业人员，过度失眠或者由于某种原因造成精神状况（心情）明显不佳时，应及时向调度或者安全生产管理人员告知本人不适合驾驶的状况。患有妨碍安全驾驶机动车疾病的，不得驾驶机动车。

（3）禁止酒驾等。《中华人民共和国道路交通安全法》规定，"饮酒、服用国家管制的精神药品或者麻醉药品，不得驾驶机动车"。

二、危险货物道路运输从业人员的职业病预防

1. 关于"职业病"的预防

《中华人民共和国职业病防治法》将"职业病"定义为"是指企业、事业单位和个体经济组织等用人单位的劳动者在职业活动中，因接触粉尘、放射性物质和其他有毒、有害因素而引起的疾病"。

2.危险货物道路运输从业人员的"职业病"

以下是针对危险货物道路运输从业人员的职业特点,介绍其易患的疾病,包括但不限于《中华人民共和国职业病防治法》定义的"职业病"。

(1)由于久坐且开车时始终注视着一个方向,容易患颈椎病、腰椎病、痔疮、肩周炎、骨质增生、坐骨神经痛等疾病。

(2)由于车内噪声大,驾驶人员和押运人员长期在噪声的"轰击"下,容易出现听力明显下降,甚至噪声性耳聋。

(3)由于喝水少、饮食不规律、开车时精神集中(高度紧张)等原因,易患胃病。

(4)由于机动车在发动、行驶时,不停振动,长时间开车易患振动病。

(5)由于驾驶人员生活不规律、久坐,甚至常出现憋尿等现象,易患前列腺炎以及膀胱炎、便秘等疾病。

(6)驾驶人员驾车时精力高度集中,透过风窗玻璃,在"动"的光波刺激下易视力疲劳。

(7)夏天酷暑,周身大汗,长时间吹冷风(空调)或者在车辆高速行驶时长时间开窗户吹风,易患"中风"(冬季手臂、胸部易时常发寒)。

(8)驾驶人员在中午开车时,阳光强照;晚上开车时,视线不好,且通过前风窗玻璃观察路况,眼睛易疲劳,久而久之视力下降。

3.危险货物道路运输从业人员的"职业病"预防

从业人员应严格控制连续驾车时间,保持定量的运动,保证充足的睡眠,养成良好的饮食习惯。

(1)严格控制连续驾车时间,避免患上腰肌劳损、肩周炎、前列腺炎等疾病。连续驾车时间不要超过4个小时,至少休息20分钟。

(2)保持定量的运动,在安全状态下适时活动四肢和筋骨,让整个身体处于一种"鲜活"的状态。

(3)保证充足的睡眠,始终处于良好的精神状态,集中注意力,减少事故的发生。

(4)养成良好的饮食习惯,避免患上胃病、肠胃炎等病症。提前安排运输作业,按时饮水进食。

驾驶人员、押运人员还可以通过以下保健办法,预防职业病。

(1)在开车的间隙,驾驶人员可将双手手指互相交叉,放在颈部后方,来回摩擦颈部数十次,待颈部的皮肤发热后,会有很放松的舒适感觉。

(2)做头部的保健运动。先将头部按照前、后、左、右的顺序摇晃,再向反方向摇动。左、右各做10次。

(3)头部保持正、直,挺胸拔颈,两臂垂直于体侧,然后两肩同时尽量向上耸起(注意,不是缩颈),让颈肩有胀热感。两肩耸起后,停1秒钟,再将两肩用力下沉。正确地耸肩,既能让肩自身得到活动,又能用肩去按摩颈椎,从而起到舒筋活血的作用。

第二章　危险货物道路运输法律法规

第一节　《中华人民共和国道路交通安全法》及实施条例相关规定

一、《中华人民共和国道路交通安全法》中有关道路交通安全的规定

为了维护道路交通秩序，预防和减少交通事故，保护人身安全，保护公民、法人和其他组织的财产安全及其他合法权益，提高通行效率，我国制定了《中华人民共和国道路交通安全法》（以下简称《道路交通安全法》）。中华人民共和国境内的车辆驾驶人、行人、乘车人以及与道路交通活动有关的单位和个人，都应当遵守本法。

1.机动车登记与检验要求

1）机动车登记

第八条　国家对机动车实行登记制度。机动车经公安机关交通管理部门登记后，方可上道路行驶。尚未登记的机动车，需要临时上道路行驶的，应当取得临时通行牌证。

第九条　申请机动车登记，应当提交以下证明、凭证：

（一）机动车所有人的身份证明；

（二）机动车来历证明；

（三）机动车整车出厂合格证明或者进口机动车进口凭证；

（四）车辆购置税的完税证明或者免税凭证；

（五）法律、行政法规规定应当在机动车登记时提交的其他证明、凭证。

公安机关交通管理部门应当自受理申请之日起五个工作日内完成机动车登记审查工作，对符合前款规定条件的，应当发放机动车登记证书、号牌和行驶证；对不符合前款规定条件的，应当向申请人说明不予登记的理由。

公安机关交通管理部门以外的任何单位或者个人不得发放机动车号牌或者要求机动车悬挂其他号牌，本法另有规定的除外。

机动车登记证书、号牌、行驶证的式样由国务院公安部门规定并监制。

第十二条　有下列情形之一的，应当办理相应的登记：

（一）机动车所有权发生转移的；

（二）机动车登记内容变更的；

（三）机动车用作抵押的；

(四)机动车报废的。

2)机动车检验

第十三条　对登记后上道路行驶的机动车,应当依照法律、行政法规的规定,根据车辆用途、载客载货数量、使用年限等不同情况,定期进行安全技术检验。对提供机动车行驶证和机动车第三者责任强制保险单的,机动车安全技术检验机构应当予以检验,任何单位不得附加其他条件。对符合机动车国家安全技术标准的,公安机关交通管理部门应当发给检验合格标志。

对机动车的安全技术检验实行社会化。具体办法由国务院规定。

机动车安全技术检验实行社会化的地方,任何单位不得要求机动车到指定的场所进行检验。

公安机关交通管理部门、机动车安全技术检验机构不得要求机动车到指定的场所进行维修、保养。

机动车安全技术检验机构对机动车检验收取费用,应当严格执行国务院价格主管部门核定的收费标准。

2.机动车交通事故责任强制保险要求

第十七条　国家实行机动车第三者责任强制保险制度,设立道路交通事故社会救助基金。具体办法由国务院规定。

拓展知识

《道路交通事故社会救助基金管理办法》第九条规定,救助基金的来源包括:

(一)按照机动车交通事故责任强制保险(以下简称交强险)的保险费的一定比例提取的资金;

(二)对未按照规定投保交强险的机动车的所有人、管理人的罚款;

(三)依法向机动车道路交通事故责任人追偿的资金;

(四)救助基金孳息;

(五)地方政府按照规定安排的财政临时补助;

(六)社会捐款;

(七)其他资金。

第七十五条　医疗机构对交通事故中的受伤人员应当及时抢救,不得因抢救费用未及时支付而拖延救治。肇事车辆参加机动车第三者责任强制保险的,由保险公司在责任限额范围内支付抢救费用;抢救费用超过责任限额的,未参加机动车第三者责任强制保险或者肇事后逃逸的,由道路交通事故社会救助基金先行垫付部分或者全部抢救费用,道路交通事故社会救助基金管理机构有权向交通事故责任人追偿。

第九十八条　机动车所有人、管理人未按照国家规定投保机动车第三者责任强制保险的,由公安机关交通管理部门扣留车辆至依照规定投保后,并处依照规定投保最低责任限额应缴纳的保险费的二倍罚款。

3.机动车驾驶证管理要求

第十九条　驾驶机动车,应当依法取得机动车驾驶证。

申请机动车驾驶证,应当符合国务院公安部门规定的驾驶许可条件;经考试合格后,由公安机关交通管理部门发给相应类别的机动车驾驶证。

持有境外机动车驾驶证的人,符合国务院公安部门规定的驾驶许可条件,经公安机关交通管理部门考核合格的,可以发给中国的机动车驾驶证。

驾驶人应当按照驾驶证载明的准驾车型驾驶机动车;驾驶机动车时,应当随身携带机动车驾驶证。

公安机关交通管理部门以外的任何单位或者个人,不得收缴、扣留机动车驾驶证。

第二十三条　公安机关交通管理部门依照法律、行政法规的规定,定期对机动车驾驶证实施审验。

4.道路交通事故处理要求

1)道路交通事故的概念

第一百一十九条　本法中下列用语的含义:(五)"交通事故",是指车辆在道路上因过错或者意外造成的人身伤亡或者财产损失的事件。

2)道路交通事故处理

第七十条　在道路上发生交通事故,车辆驾驶人应当立即停车,保护现场;造成人身伤亡的,车辆驾驶人应当立即抢救受伤人员,并迅速报告执勤的交通警察或者公安机关交通管理部门。因抢救受伤人员变动现场的,应当标明位置。乘车人、过往车辆驾驶人、过往行人应当予以协助。

在道路上发生交通事故,未造成人身伤亡,当事人对事实及成因无争议的,可以即行撤离现场,恢复交通,自行协商处理损害赔偿事宜;不即行撤离现场的,应当迅速报告执勤的交通警察或者公安机关交通管理部门。

在道路上发生交通事故,仅造成轻微财产损失,并且基本事实清楚的,当事人应当先撤离现场再进行协商处理。

第七十一条　车辆发生交通事故后逃逸的,事故现场目击人员和其他知情人员应当向公安机关交通管理部门或者交通警察举报。举报属实的,公安机关交通管理部门应当给予奖励。

第七十二条　公安机关交通管理部门接到交通事故报警后,应当立即派交通警察赶赴现场,先组织抢救受伤人员,并采取措施,尽快恢复交通。

交通警察应当对交通事故现场进行勘验、检查,收集证据;因收集证据的需要,可以扣留事故车辆,但是应当妥善保管,以备核查。

对当事人的生理、精神状况等专业性较强的检验,公安机关交通管理部门应当委托专门机构进行鉴定。鉴定结论应当由鉴定人签名。

第七十三条　公安机关交通管理部门应当根据交通事故现场勘验、检查、调查情况和有关的检验、鉴定结论,及时制作交通事故认定书,作为处理交通事故的证据。交通事故认定书应当载明交通事故的基本事实、成因和当事人的责任,并送达当事人。

3)道路交通事故损害赔偿

第七十四条　对交通事故损害赔偿的争议,当事人可以请求公安机关交通管理部门调解,也可以直接向人民法院提起民事诉讼。

第七十六条　机动车发生交通事故造成人身伤亡、财产损失的,由保险公司在机动车第三者责任强制保险责任限额范围内予以赔偿;不足的部分,按照下列规定承担赔偿责任:

(一)机动车之间发生交通事故的,由有过错的一方承担赔偿责任;双方都有过错的,按照各自过错的比例分担责任。

(二)机动车与非机动车驾驶人、行人之间发生交通事故,非机动车驾驶人、行人没有过错的,由机动车一方承担赔偿责任;有证据证明非机动车驾驶人、行人有过错的,根据过错程度适当减轻机动车一方的赔偿责任;机动车一方没有过错的,承担不超过百分之十的赔偿责任。

交通事故的损失是由非机动车驾驶人、行人故意碰撞机动车造成的,机动车一方不承担赔偿责任。

5.道路交通安全行政处罚要求

1)行政处罚的种类

第八十八条　对道路交通安全违法行为的处罚种类包括:警告、罚款、暂扣或者吊销机动车驾驶证、拘留。

2)行政处罚相关规定

第九十条　机动车驾驶人违反道路交通安全法律、法规关于道路通行规定的,处警告或者二十元以上二百元以下罚款。本法另有规定的,依照规定处罚。

第九十一条　饮酒后驾驶机动车的,处暂扣六个月机动车驾驶证,并处一千元以上二千元以下罚款。因饮酒后驾驶机动车被处罚,再次饮酒后驾驶机动车的,处十日以下拘留,并处一千元以上二千元以下罚款,吊销机动车驾驶证。

醉酒驾驶机动车的,由公安机关交通管理部门约束至酒醒,吊销机动车驾驶证,依法追究刑事责任;五年内不得重新取得机动车驾驶证。

饮酒后驾驶营运机动车的,处十五日拘留,并处五千元罚款,吊销机动车驾驶证,五年内不得重新取得机动车驾驶证。

醉酒驾驶营运机动车的,由公安机关交通管理部门约束至酒醒,吊销机动车驾驶证,依法追究刑事责任;十年内不得重新取得机动车驾驶证,重新取得机动车驾驶证后,不得驾驶营运机动车。

饮酒后或者醉酒驾驶机动车发生重大交通事故,构成犯罪的,依法追究刑事责任,并由公安机关交通管理部门吊销机动车驾驶证,终生不得重新取得机动车驾驶证。

第九十二条 公路客运车辆载客超过额定乘员的,处二百元以上五百元以下罚款;超过额定乘员百分之二十或者违反规定载货的,处五百元以上二千元以下罚款。

货运机动车超过核定载质量的,处二百元以上五百元以下罚款;超过核定载质量百分之三十或者违反规定载客的,处五百元以上二千元以下罚款。

有前两款行为的,由公安机关交通管理部门扣留机动车至违法状态消除。

运输单位的车辆有本条第一款、第二款规定的情形,经处罚不改的,对直接负责的主管人员处二千元以上五千元以下罚款。

第九十三条 对违反道路交通安全法律、法规关于机动车停放、临时停车规定的,可以指出违法行为,并予以口头警告,令其立即驶离。

二、《中华人民共和国道路交通安全法实施条例》中有关道路交通安全的规定

根据《道路交通安全法》的规定,我国制定了《中华人民共和国道路交通安全法实施条例》(以下简称《道路交通安全法实施条例》)。中华人民共和国境内的车辆驾驶人、行人、乘车人以及与道路交通活动有关的单位和个人,应当遵守《道路交通安全法》和本条例。

1.安全技术检验

第十六条 机动车应当从注册登记之日起,按照下列期限进行安全技术检验:

(一)……

(二)载货汽车和大型、中型非营运载客汽车10年以内每年检验1次;超过10年的,每6个月检验1次。

营运机动车在规定检验期限内经安全技术检验合格的,不再重复进行安全技术检验。

2.机动车道路通行规定

1)一般情况下的通行规定

第四十五条 机动车在道路上行驶不得超过限速标志、标线标明的速度。在没有限速标志、标线的道路上,机动车不得超过下列最高行驶速度:

(一)没有道路中心线的道路,城市道路为每小时30公里,公路为每小时40公里;

(二)同方向只有1条机动车道的道路,城市道路为每小时50公里,公路为每小时70公里。

第四十六条 机动车行驶中遇有下列情形之一的,最高行驶速度不得超过每小时30公里,其中拖拉机、电瓶车、轮式专用机械车不得超过每小时15公里:

(一)进出非机动车道,通过铁路道口、急弯路、窄路、窄桥时;

(二)掉头、转弯、下陡坡时;

(三)遇雾、雨、雪、沙尘、冰雹,能见度在50米以内时;

（四）在冰雪、泥泞的道路上行驶时；

（五）牵引发生故障的机动车时。

2）特殊情况下的通行规定

第五十四条　机动车载物不得超过机动车行驶证上核定的载质量，装载长度、宽度不得超出车厢，并应当遵守下列规定：

（一）重型、中型载货汽车，半挂车载物，高度从地面起不得超过4米，载运集装箱的车辆不得超过4.2米；

（二）其他载货的机动车载物，高度从地面起不得超过2.5米。

第五十五条　机动车载人应当遵守下列规定：

（二）载货汽车车厢不得载客。在城市道路上，货运机动车在留有安全位置的情况下，车厢内可以附载临时作业人员1人至5人；载物高度超过车厢栏板时，货物上不得载人。

第五十九条　机动车在夜间通过急弯、坡路、拱桥、人行横道或者没有交通信号灯控制的路口时，应当交替使用远近光灯示意。

机动车驶近急弯、坡道顶端等影响安全视距的路段以及超车或者遇有紧急情况时，应当减速慢行，并鸣喇叭示意。

拓展知识

超载超限

（1）超载，是指超过车辆核定载质量。超载违反《道路交通安全法实施条例》，属于违法行为。

（2）超限，是指装载长度、宽度超出车厢以及载物高度超过规定。大件（货物长宽高超过规定且不可分解）的属于"超限"。根据有关法规办理大件运输证后，其属于合法运输，否则是违法运输。

3）发生交通事故情况下的通行规定

第六十条　机动车在道路上发生故障或者发生交通事故，妨碍交通又难以移动的，应当按照规定开启危险报警闪光灯并在车后50米至100米处设置警告标志，夜间还应当同时开启示廓灯和后位灯。

3.事故当事人责任

第九十一条　公安机关交通管理部门应当根据交通事故当事人的行为对发生交通事故所起的作用以及过错的严重程度，确定当事人的责任。

第九十二条　发生交通事故后当事人逃逸的，逃逸的当事人承担全部责任。但是，有证据证明对方当事人也有过错的，可以减轻责任。

当事人故意破坏、伪造现场、毁灭证据的，承担全部责任。

第二节 《中华人民共和国固体废物污染环境防治法》及《危险废物转移管理办法》相关规定

一、《中华人民共和国固体废物污染环境防治法》

为了防治固体废物污染环境,保障人体健康,维护生态安全,促进经济社会可持续发展,我国制定了《中华人民共和国固体废物污染环境防治法》(以下简称《固体废物污染环境防治法》)。

1.有关基础知识

1)危险废物定义

第八十八条第四款规定,危险废物是指列入国家危险废物名录或者根据国家规定的危险废物鉴别标准和鉴别方法认定的具有危险特性的固体废物。

2)《国家危险废物名录》

第五十一条规定,国务院环境保护行政主管部门应当会同国务院有关部门制定国家危险废物名录,规定统一的危险废物鉴别标准、鉴别方法和识别标志。

危险废物以列入《国家危险废物名录》的为准。

2.运输危险废物的有关规定

根据《固体废物污染环境防治法》,对危险废物道路运输的要求有:

(1)运输危险废物,必须采取防止污染环境的措施,并遵守国家有关危险货物运输管理的规定。禁止将危险废物与旅客在同一运输工具上载运。根据《固体废物污染环境防治法》,道路运输危险废物应当遵守《道路危险货物运输管理规定》。

(2)对危险废物的容器和包装物以及收集、储存、运输、处置危险废物的设施、场所,必须设置危险废物识别标志。

(3)收集、储存危险废物,必须按照危险废物特性分类进行。禁止混合收集、储存、运输、处置性质不相容而未经安全性处置的危险废物。禁止将危险废物混入非危险废物中储存。

(4)直接从事收集、储存、运输、利用、处置危险废物的人员,应当接受专业培训,经考核合格,方可从事该项工作。

(5)产生、收集、储存、运输、利用、处置危险废物的单位,应当制定在发生意外事故时采取的应急措施和防范措施,并向所在地县级以上地方人民政府环境保护行政主管部门报告,环境保护行政主管部门应当进行检查。

(6)危险废物转移联单管理制度。《固体废物污染环境防治法》要求,转移危险废物的,必须按照国家有关规定填写危险废物转移联单,并向危险废物移出地设区的市级以上地方人民政府环境保护行政主管部门提出申请。移出地设区的市级以上地方人民政府环境保护行政主管部门应当商经接受地设区的市级以上地方人民政府环境保护行政主管部门同意后,方可批准转移该危险废物。未经批准的,不得转移。

在此强调,根据《固体废物污染环境防治法》第六十条规定"运输危险废物,必须采取防止污染环境的措施,并遵守国家有关危险货物运输管理的规定",危险废物运输纳入危险货物道路运输管理。

二、《危险废物转移管理办法》

生态环境部、公安部、交通运输部为加强对危险废物转移活动的监督管理,防止污染环境,根据《固体废物污染环境防治法》等有关法律法规,制定《危险废物转移管理办法》。

1.基本要求

1)联合执法

第五条　生态环境主管部门、交通运输主管部门和公安机关应当建立健全协作机制,共享危险废物转移联单信息、运输车辆行驶轨迹动态信息和运输车辆限制通行区域信息,加强联合监管执法。

2)执行危险废物转移联单制度

第六条　转移危险废物的,应当执行危险废物转移联单制度,法律法规另有规定的除外。

危险废物转移联单的格式和内容由生态环境部另行制定。

第七条　转移危险废物的,应当通过国家危险废物信息管理系统(以下简称信息系统)填写、运行危险废物电子转移联单,并依照国家有关规定公开危险废物转移相关污染环境防治信息。

生态环境部负责建设、运行和维护信息系统。

2.运输要求

1)遵守《道路危险货物运输管理规定》

第八条　运输危险废物的,应当遵守国家有关危险货物运输管理的规定。未经公安机关批准,危险废物运输车辆不得进入危险货物运输车辆限制通行的区域。

2)承运人的职责

第十一条　承运人应当履行以下义务:

(一)核实危险废物转移联单,没有转移联单的,应当拒绝运输。

(二)填写、运行危险废物转移联单,在危险废物转移联单中如实填写承运人名称、运输工具及其营运证件号,以及运输起点和终点等运输相关信息,并与危险货物运单一并随运输工具携带。

(三)按照危险废物污染环境防治和危险货物运输相关规定运输危险废物,记录运输轨迹,防范危险废物丢失、包装破损、泄漏或者发生突发环境事件。

（四）将运输的危险废物运抵接受人地址,交付给危险废物转移联单上指定的接受人,并将运输情况及时告知移出人。

（五）法律法规规定的其他义务。

值得注意的是,《危险废物转移管理办法》自2022年1月1日起施行,同时废止了《危险废物转移联单管理办法》(原国家环境保护总局令第5号)。

第三节 《中华人民共和国道路运输条例》相关规定

为了维护道路运输市场秩序,保障道路运输安全,保护道路运输有关各方当事人的合法权益,促进道路运输业的健康发展,我国制定了《中华人民共和国道路运输条例》(以下简称《道路运输条例》)。从事道路运输经营以及道路运输相关业务的,应当遵守本条例。

一、危险货物道路运输许可条件

第二十三条 申请从事危险货物运输经营的,还应当具备下列条件:

（一）有5辆以上经检测合格的危险货物运输专用车辆、设备;

（二）有经所在地设区的市级人民政府交通主管部门考试合格,取得上岗资格证的驾驶人员、装卸管理人员、押运人员;

（三）危险货物运输专用车辆配有必要的通信工具;

（四）有健全的安全生产管理制度。

二、危险货物道路运输安全管理基本要求

第二十五条 货运经营者不得运输法律、行政法规禁止运输的货物。

法律、行政法规规定必须办理有关手续后方可运输的货物,货运经营者应当查验有关手续。

第二十六条 国家鼓励货运经营者实行封闭式运输,保证环境卫生和货物运输安全。

货运经营者应当采取必要措施,防止货物脱落、扬撒等。

运输危险货物应当采取必要措施,防止危险货物燃烧、爆炸、辐射、泄漏等。

第二十七条 运输危险货物应当配备必要的押运人员,保证危险货物处于押运人员的监管之下,并悬挂明显的危险货物运输标志。

托运危险货物的,应当向货运经营者说明危险货物的品名、性质、应急处置方法等情况,并严格按照国家有关规定包装,设置明显标志。

第三十五条 客运经营者、危险货物运输经营者应当分别为旅客或者危险货物投保承运人责任险。

第四节 《危险化学品安全管理条例》相关规定

为了加强危险化学品的安全管理,预防和减少危险化学品事故,保障人民群众生命财产安全,保护环境,我国制定了《危险化学品安全管理条例》。

一、适用范围

第二条 危险化学品生产、储存、使用、经营和运输的安全管理,适用本条例。

废弃危险化学品的处置,依照有关环境保护的法律、行政法规和国家有关规定执行。

第九十七条 监控化学品、属于危险化学品的药品和农药的安全管理,依照本条例的规定执行;法律、行政法规另有规定的,依照其规定。

民用爆炸物品、烟花爆竹、放射性物品、核能物质以及用于国防科研生产的危险化学品的安全管理,不适用本条例。

法律、行政法规对燃气的安全管理另有规定的,依照其规定。

部分危险化学品容器属于特种设备的,其安全管理依照有关特种设备安全的法律、行政法规的规定执行。

(1)危险化学品运输的安全管理,仅是危险化学品安全管理的一个环节(部分)。我国对危险化学品实施生产、储存、使用、经营、运输和废弃危险化学品处置的闭环管理。

(2)根据"废弃危险化学品的处置,依照有关环境保护的法律、行政法规和国家有关规定执行",在我国,"废弃危险化学品的处置"应当依据《固体废物污染环境防治法》。

(3)"民用爆炸物品、烟花爆竹、放射性物品、核能物质以及用于国防科研生产的危险化学品的安全管理,不适用本条例"是指,民用爆炸物品道路运输,适用《民用爆炸物品安全管理条例》;烟花爆竹道路运输,适用《烟花爆竹安全管理条例》;放射性物品道路运输,适用《放射性物品运输管理条例》和《放射性物品道路运输管理规定》。

二、危险化学品概念

第三条 本条例所称危险化学品,是指具有毒害、腐蚀、爆炸、燃烧、助燃等性质,对人体、设施、环境具有危害的剧毒化学品和其他化学品。

危险化学品目录,由国务院安全生产监督管理部门会同国务院工业和信息化、公安、环境保护、卫生、质量监督检验检疫、交通运输、铁路、民用航空、农业主管部门,根据化学品危险特性的鉴别和分类标准确定、公布,并适时调整。现行的《危险化学品目录》是2022年版。

三、危险化学品安全管理涉及运输环节的相关要求

该条例第五章运输安全部分,共23条。其中,涉及危险化学品道路运输承运的有5条,涉及危险化学品道路运输托运的有4条。

1.危险化学品道路运输承运要求

第四十四条第二款　危险化学品的装卸作业应当遵守安全作业标准、规程和制度,并在装卸管理人员的现场指挥或者监控下进行……

第四十五条　运输危险化学品,应当根据危险化学品的危险特性采取相应的安全防护措施,并配备必要的防护用品和应急救援器材。

用于运输危险化学品的槽罐以及其他容器应当封口严密,能够防止危险化学品在运输过程中因温度、湿度或者压力的变化发生渗漏、洒漏;槽罐以及其他容器的溢流和泄压装置应当设置准确、启闭灵活。

运输危险化学品的驾驶人员、船员、装卸管理人员、押运人员、申报人员、集装箱装箱现场检查员,应当了解所运输的危险化学品的危险特性及其包装物、容器的使用要求和出现危险情况时的应急处置方法。

第四十七条　通过道路运输危险化学品的,应当按照运输车辆的核定载质量装载危险化学品,不得超载。

危险化学品运输车辆应当符合国家标准要求的安全技术条件,并按照国家有关规定定期进行安全技术检验。

危险化学品运输车辆应当悬挂或者喷涂符合国家标准要求的警示标志。

第四十八条　通过道路运输危险化学品的,应当配备押运人员,并保证所运输的危险化学品处于押运人员的监控之下。

运输危险化学品途中因住宿或者发生影响正常运输的情况,需要较长时间停车的,驾驶人员、押运人员应当采取相应的安全防范措施;运输剧毒化学品或者易制爆危险化学品的,还应当向当地公安机关报告。

第五十一条　剧毒化学品、易制爆危险化学品在道路运输途中丢失、被盗、被抢或者出现流散、泄漏等情况的,驾驶人员、押运人员应当立即采取相应的警示措施和安全措施,并向当地公安机关报告。公安机关接到报告后,应当根据实际情况立即向安监部门、环保部门、卫生部门通报。有关部门应当采取必要的应急处置措施。

2.危险化学品道路运输托运要求

第四十六条　通过道路运输危险化学品的,托运人应当委托依法取得危险货物道路运输许可的企业承运。

第五十条　通过道路运输剧毒化学品的,托运人应当向运输始发地或者目的地县级公安机关申请剧毒化学品道路运输通行证。

申请剧毒化学品道路运输通行证,托运人应当向县级公安机关提交下列材料:

(一)拟运输的剧毒化学品品种、数量的说明;

(二)运输始发地、目的地、运输时间和运输路线的说明;

(三)承运人取得危险货物道路运输许可、运输车辆取得营运证以及驾驶人员、押运人员取得上岗资格的证明文件;

(四)本条例第三十八条第一款、第二款规定的购买剧毒化学品的相关许可证件,或者海关出具的进出口证明文件。

县级公安机关应当自收到前款规定的材料之日起7日内,做出批准或者不予批准的决定。予以批准的,颁发剧毒化学品道路运输通行证;不予批准的,书面通知申请人并说明理由。

剧毒化学品道路运输通行证管理办法由国务院公安部门制定。

第六十三条　托运危险化学品的,托运人应当向承运人说明所托运的危险化学品的种类、数量、危险特性以及发生危险情况的应急处置措施,并按照国家有关规定对所托运的危险化学品妥善包装,在外包装上设置相应的标志。

运输危险化学品需要添加抑制剂或者稳定剂的,托运人应当添加,并将有关情况告知承运人。

第六十四条　托运人不得在托运的普通货物中夹带危险化学品,不得将危险化学品匿报或者谎报为普通货物托运。

任何单位和个人不得交寄危险化学品或者在邮件、快件内夹带危险化学品,不得将危险化学品匿报或者谎报为普通物品交寄。邮政企业、快递企业不得收寄危险化学品。

对涉嫌违反本条第一款、第二款规定的,交通部门、邮政部门可以依法开拆查验。

四、危险化学品运输安全管理规定

1.有关危险化学品运输安全管理的规定

第四十三条　从事危险化学品道路运输、水路运输的,应当分别依照有关道路运输、水路运输的法律、行政法规的规定,取得危险货物道路运输许可、危险货物水路运输许可,并向工商行政部门办理登记手续。

危险化学品道路运输企业、水路运输企业应当配备专职安全管理人员。

第四十四条第一款　危险化学品道路运输企业、水路运输企业的驾驶人员、船员、装卸管理人员、押运人员、申报人员、集装箱装箱现场检查员应当经交通部门考核合格,取得从业资格。具体办法由国务院交通部门制定。

第四十九条　未经公安机关批准,运输危险化学品的车辆不得进入危险化学品运输车辆限制通行的区域。危险化学品运输车辆限制通行的区域由县级公安机关划定,并设置明显的标志。

由于危险化学品包装物、容器的质量是确保危险化学品道路运输安全的前提,故危险化学品道路运输管理者,不仅要关注《危险化学品安全管理条例》中运输安全管理的相关规定,还要关注危险化学品包装物、容器安全管理的相关规定。

2.涉及危险化学品包装物、容器安全管理的规定

(1)关于化学品安全技术说明书、化学品安全标签的规定。

第十五条　危险化学品生产企业应当提供与其生产的危险化学品相符的化学品安全

技术说明书,并在危险化学品包装(包括外包装件)上粘贴或者拴挂与包装内危险化学品相符的化学品安全标签。化学品安全技术说明书和化学品安全标签所载明的内容应当符合国家标准的要求。

危险化学品生产企业发现其生产的危险化学品有新的危险特性的,应当立即公告,并及时修订其化学品安全技术说明书和化学品安全标签。

第三十七条 危险化学品经营企业不得向未经许可从事危险化学品生产、经营活动的企业采购危险化学品,不得经营没有化学品安全技术说明书或者化学品安全标签的危险化学品。

相应处罚条款如下。

第七十八条 有下列情形之一的,由安监部门责令改正,可以处5万元以下的罚款;拒不改正的,处5万元以上10万元以下的罚款;情节严重的,责令停产停业整顿:

(一)……

(二)……

(三)危险化学品生产企业未提供化学品安全技术说明书,或者未在包装(包括外包装件)上粘贴、拴挂化学品安全标签的;

(四)危险化学品生产企业提供的化学品安全技术说明书与其生产的危险化学品不相符,或者在包装(包括外包装件)粘贴、拴挂的化学品安全标签与包装内危险化学品不相符,或者化学品安全技术说明书、化学品安全标签所载明的内容不符合国家标准要求的;

(五)危险化学品生产企业发现其生产的危险化学品有新的危险特性不立即公告,或者不及时修订其化学品安全技术说明书和化学品安全标签的;

(六)危险化学品经营企业经营没有化学品安全技术说明书和化学品安全标签的危险化学品的;

(七)危险化学品包装物、容器的材质以及包装的形式、规格、方法和单件质量(重量)与所包装的危险化学品的性质和用途不相适应的。

(2)包装产品质量的规定。

第十七条 危险化学品的包装应当符合法律、行政法规、规章的规定以及国家标准、行业标准的要求。

危险化学品包装物、容器的材质以及危险化学品包装的型式、规格、方法和单件质量(重量),应当与所包装的危险化学品的性质和用途相适应。

第十八条第一款 生产列入国家实行生产许可证制度的工业产品目录的危险化学品包装物、容器的企业,应当依照《工业产品生产许可证管理条例》的规定,取得工业产品生产许可证;其生产的危险化学品包装物、容器经国务院质检部门认定的检验机构检验合格,方可出厂销售。

第十八条第三款 对重复使用的危险化学品包装物、容器,使用单位在重复使用前应当进行检查;发现存在安全隐患的,应当维修或者更换。使用单位应当对检查情况做出记录,记录的保存期限不得少于2年。

相应处罚条款如下。

第七十九条第一款　危险化学品包装物、容器生产企业销售未经检验或者经检验不合格的危险化学品包装物、容器的,由质检部门责令改正,处10万元以上20万元以下的罚款,有违法所得的,没收违法所得;拒不改正的,责令停产停业整顿;构成犯罪的,依法追究刑事责任。

五、危险化学品运输安全事故应急救援和应急处置程序

1.危险化学品单位的职责

第七十条　危险化学品单位应当制定本单位危险化学品事故应急预案,配备应急救援人员和必要的应急救援器材、设备,并定期组织应急救援演练。

危险化学品单位应当将其危险化学品事故应急预案报所在地设区的市级人民政府安全生产监督管理部门备案。

第七十三条　有关危险化学品单位应当为危险化学品事故应急救援提供技术指导和必要的协助。

第九十四条　危险化学品单位发生危险化学品事故,其主要负责人不立即组织救援或者不立即向有关部门报告的,依照《生产安全事故报告和调查处理条例》的规定处罚。

危险化学品单位发生危险化学品事故,造成他人人身伤害或者财产损失的,依法承担赔偿责任。

2.事故报告规定

第七十一条　发生危险化学品事故,事故单位主要负责人应当立即按照本单位危险化学品应急预案组织救援,并向当地安全生产监督管理部门和环境保护、公安、卫生主管部门报告;道路运输、水路运输过程中发生危险化学品事故的,驾驶人员、船员或者押运人员还应当向事故发生地交通运输主管部门报告。

第五节　《民用爆炸物品安全管理条例》相关规定

为了加强对民用爆炸物品的安全管理,预防爆炸事故发生,保障公民生命、财产安全和公共安全,我国制定了《民用爆炸物品安全管理条例》。

一、基本概念

第二条　民用爆炸物品的生产、销售、购买、进出口、运输、爆破作业和储存以及硝酸铵的销售、购买,适用本条例。

本条例所称民用爆炸物品,是指用于非军事目的、列入民用爆炸物品品名表的各类火药、炸药及其制品和雷管、导火索等点火、起爆器材。

《民用爆炸物品品名表》由国务院民用爆炸物品行业主管部门会同国务院公安部门制订、

公布。现行的《民用爆炸物品品名表》为2006年版。民用爆炸物品分为5大类、59个品种。

二、民用爆炸物品运输安全管理要求

1.国家对民用爆炸物品的运输实行许可证制度

第三条　国家对民用爆炸物品的生产、销售、购买、运输和爆破作业实行许可证制度。

未经许可，任何单位或者个人不得生产、销售、购买、运输民用爆炸物品，不得从事爆破作业。

严禁转让、出借、转借、抵押、赠送、私藏或者非法持有民用爆炸物品。

第三十条　禁止携带民用爆炸物品搭乘公共交通工具或者进入公共场所。

禁止邮寄民用爆炸物品，禁止在托运的货物、行李、包裹、邮件中夹带民用爆炸物品。

2.承运人职责

第二十七条　运输民用爆炸物品的，应当凭《民用爆炸物品运输许可证》，按照许可的品种、数量运输。

第二十八条　经由道路运输民用爆炸物品的，应当遵守下列规定：

（一）携带《民用爆炸物品运输许可证》；

（二）民用爆炸物品的装载符合国家有关标准和规范，车厢内不得载人；

（三）运输车辆安全技术状况应当符合国家有关安全技术标准的要求，并按照规定悬挂或者安装符合国家标准的易燃易爆危险物品警示标志；

（四）运输民用爆炸物品的车辆应当保持安全车速；

（五）按照规定的路线行驶，途中经停应当有专人看守，并远离建筑设施和人口稠密的地方，不得在许可以外的地点经停；

（六）按照安全操作规程装卸民用爆炸物品，并在装卸现场设置警戒，禁止无关人员进入；

（七）出现危险情况立即采取必要的应急处置措施，并报告当地公安机关。

3.托运人（货主）职责

第二十六条　运输民用爆炸物品，收货单位应当向运达地县级人民政府公安机关提出申请，并提交包括下列内容的材料：

（一）民用爆炸物品生产企业、销售企业、使用单位以及进出口单位分别提供的《民用爆炸物品生产许可证》《民用爆炸物品销售许可证》《民用爆炸物品购买许可证》或者进出口批准证明；

（二）运输民用爆炸物品的品种、数量、包装材料和包装方式；

（三）运输民用爆炸物品的特性、出现险情的应急处置方法；

（四）运输时间、起始地点、运输路线、经停地点。

受理申请的公安机关应当自受理申请之日起3日内对提交的有关材料进行审查，对符合条件的，核发《民用爆炸物品运输许可证》；对不符合条件的，不予核发《民用爆炸物品运输许可证》，书面向申请人说明理由。

《民用爆炸物品运输许可证》应当载明收货单位、销售企业、承运人、一次性运输有效期限、起始地点、运输路线、经停地点，民用爆炸物品的品种、数量。

三、民用爆炸物品道路运输经营者应承担的法律责任

第四十四条 非法制造、买卖、运输、储存民用爆炸物品，构成犯罪的，依法追究刑事责任；尚不构成犯罪，有违反治安管理行为的，依法给予治安管理处罚。

违反本条例规定，在生产、储存、运输、使用民用爆炸物品中发生重大事故，造成严重后果或者后果特别严重，构成犯罪的，依法追究刑事责任。

违反本条例规定，未经许可生产、销售民用爆炸物品的，由国防科技工业主管部门责令停止非法生产、销售活动，处10万元以上50万元以下的罚款，并没收非法生产、销售的民用爆炸物品及其违法所得。

违反本条例规定，未经许可购买、运输民用爆炸物品或者从事爆破作业的，由公安机关责令停止非法购买、运输、爆破作业活动，处5万元以上20万元以下的罚款，并没收非法购买、运输以及从事爆破作业使用的民用爆炸物品及其违法所得。

国防科技工业主管部门、公安机关对没收的非法民用爆炸物品，应当组织销毁。

第四十七条 违反本条例规定，经由道路运输民用爆炸物品，有下列情形之一的，由公安机关责令改正，处5万元以上20万元以下的罚款：

（一）违反运输许可事项的；

（二）未携带《民用爆炸物品运输许可证》的；

（三）违反有关标准和规范混装民用爆炸物品的；

（四）运输车辆未按照规定悬挂或者安装符合国家标准的易燃易爆危险物品警示标志的；

（五）未按照规定的路线行驶，途中经停没有专人看守或者在许可以外的地点经停的；

（六）装载民用爆炸物品的车厢载人的；

（七）出现危险情况未立即采取必要的应急处置措施、报告当地公安机关的。

有关《烟花爆竹安全管理条例》和《放射性物品运输安全管理条例》的相关规定，可扫描封面二维码查看。

第六节 《道路危险货物运输管理规定》相关规定

为了规范危险货物道路运输市场秩序，保障人民生命财产安全，保护环境，维护危险货物道路运输各方当事人的合法权益，根据《中华人民共和国道路运输条例》和《危险化学品安全管理条例》等有关法律、行政法规，我国制定了《道路危险货物运输管理规定》。

一、适用范围和定义

1.适用范围

第二条 从事道路危险货物运输活动,应当遵守本规定。军事危险货物运输除外。

法律、行政法规对民用爆炸物品、烟花爆竹、放射性物品等特定种类危险货物的道路运输另有规定的,从其规定。

该条款明确了民用爆炸物品、烟花爆竹、放射性物品,分别适用《民爆物品安全管理条例》《烟花爆竹安全管理条例》《放射性物品运输安全管理条例》。

2.危险货物定义

第三条第一款 本规定所称危险货物,是指具有爆炸、易燃、毒害、感染、腐蚀等危险特性,在运输、储存、生产、经营、使用和处置中,容易造成人身伤亡、财产损毁或者环境污染而需要特别防护的物质和物品。危险货物以列入《危险货物道路运输规则》(JT/T 617)的为准,未列入《危险货物道路运输规则》(JT/T 617)的,以有关法律、行政法规的规定或者国务院有关部门公布的结果为准。

具体来讲,该条款首先定性地表述危险货物,即危险货物的基本概念;其次,明确了危险货物以列入《危险货物道路运输规则》(JT/T 617)的为准。

第三条第二款 本规定所称道路危险货物运输,是指使用载货汽车通过道路运输危险货物的作业全过程。

在此强调,"道路"以《道路交通安全法》的定义为准;"载货汽车"是指技术等级为一级的货车。在实际工作中,为了便于查询、使用,常以强制性国家标准《危险货物品名表》(GB 12268)为准。

二、危险货物道路运输许可规定

1.危险货物道路运输经营的许可条件

第八条 申请从事道路危险货物运输经营,应当具备下列条件:

(一)有符合下列要求的专用车辆及设备:

(1)自有专用车辆(挂车除外)5辆以上;运输剧毒化学品、爆炸品的,自有专用车辆(挂车除外)10辆以上。

(2)专用车辆的技术要求应当符合《道路运输车辆技术管理规定》有关规定。

(3)配备有效的通信工具。

(4)专用车辆应当安装具有行驶记录功能的卫星定位装置。

(5)运输剧毒化学品、爆炸品、易制爆危险化学品的,应当配备罐式、厢式专用车辆或者压力容器等专用容器。

(6)罐式专用车辆的罐体应当经质量检验部门检验合格,且罐体载货后总质量与专用车辆核定载质量相匹配。运输爆炸品、强腐蚀性危险货物的罐式专用车辆的罐体容积不得超过20立方米,运输剧毒化学品的罐式专用车辆的罐体容积不得超过10立方米,但符合国家有关标准的罐式集装箱除外。

(7)运输剧毒化学品、爆炸品、强腐蚀性危险货物的非罐式专用车辆,核定载质量不得超过10吨,但符合国家有关标准的集装箱运输专用车辆除外。

(8)配备与运输的危险货物性质相适应的安全防护、环境保护和消防设施设备。

(二)有符合下列要求的停车场地:

(1)自有或者租借期限为3年以上,且与经营范围、规模相适应的停车场地,停车场地应当位于企业注册地市级行政区域内。

(2)运输剧毒化学品、爆炸品专用车辆以及罐式专用车辆,数量为20辆(含)以下的,停车场地面积不低于车辆正投影面积的1.5倍,数量为20辆以上的,超过部分,每辆车的停车场地面积不低于车辆正投影面积;运输其他危险货物的,专用车辆数量为10辆(含)以下的,停车场地面积不低于车辆正投影面积的1.5倍;数量为10辆以上的,超过部分,每辆车的停车场地面积不低于车辆正投影面积。

(3)停车场地应当封闭并设立明显标志,不得妨碍居民生活和威胁公共安全。

(三)有符合下列要求的从业人员和安全管理人员:

(1)专用车辆的驾驶人员取得相应机动车驾驶证,年龄不超过60周岁。

(2)从事道路危险货物运输的驾驶人员、装卸管理人员、押运人员应当经所在地设区的市级人民政府交通运输主管部门考试合格,并取得相应的从业资格证;从事剧毒化学品、爆炸品道路运输的驾驶人员、装卸管理人员、押运人员,应当经考试合格,取得注明为"剧毒化学品运输"或者"爆炸品运输"类别的从业资格证。

(3)企业应当配备专职安全管理人员。

(四)有健全的安全生产管理制度:

(1)企业主要负责人、安全管理部门负责人、专职安全管理人员安全生产责任制度。

(2)从业人员安全生产责任制度。

(3)安全生产监督检查制度。

(4)安全生产教育培训制度。

(5)从业人员、专用车辆、设备及停车场地安全管理制度。

(6)应急救援预案制度。

(7)安全生产作业规程。

(8)安全生产考核与奖惩制度。

(9)安全事故报告、统计与处理制度。

2.非经营性道路危险货物运输的许可条件

第九条　符合下列条件的企事业单位,可以使用自备专用车辆从事为本单位服务的非经营性道路危险货物运输:

(一)属于下列企事业单位之一:

（1）省级以上应急管理部门批准设立的生产、使用、储存危险化学品的企业。

（2）有特殊需求的科研、军工等企事业单位。

（二）具备第八条规定的条件，但自有专用车辆（挂车除外）的数量可以少于5辆。

三、危险货物道路运输专用车辆和设备要求

第二十条　道路危险货物运输企业或者单位应当按照《道路运输车辆技术管理规定》中有关车辆管理的规定，维护、检测、使用和管理专用车辆，确保专用车辆技术状况良好。

第二十一条　设区的市级交通运输主管部门应当定期对专用车辆进行审验，每年审验一次。审验按照《道路运输车辆技术管理规定》进行，并增加以下审验项目：

（一）专用车辆投保危险货物承运人责任险情况；

（二）必需的应急处理器材、安全防护设施设备和专用车辆标志的配备情况；

（三）具有行驶记录功能的卫星定位装置的配备情况。

第二十二条　禁止使用报废的、擅自改装的、检测不合格的、车辆技术等级达不到一级的和其他不符合国家规定的车辆从事道路危险货物运输。

除铰接列车、具有特殊装置的大型物件运输专用车辆外，严禁使用货车列车从事危险货物运输；倾卸式车辆只能运输散装硫黄、萘饼、粗蒽、煤焦沥青等危险货物。

禁止使用移动罐体（罐式集装箱除外）从事危险货物运输。

第二十三条　罐式专用车辆的常压罐体应当符合国家标准《道路运输液体危险货物罐式车辆　第1部分：金属常压罐体技术要求》（GB 18564.1）、《道路运输液体危险货物罐式车辆　第2部分：非金属常压罐体技术要求》（GB 18564.2）等有关技术要求。

使用压力容器运输危险货物的，应当符合国家特种设备安全监督管理部门制定并公布的《移动式压力容器安全技术监察规程》（TSG R0005）等有关技术要求。

压力容器和罐式专用车辆应当在压力容器或者罐体检验合格的有效期内承运危险货物。

第二十四条　道路危险货物运输企业或者单位对重复使用的危险货物包装物、容器，在重复使用前应当进行检查；发现存在安全隐患的，应当维修或者更换。

道路危险货物运输企业或者单位应当对检查情况做出记录，记录的保存期限不得少于2年。

第二十五条　道路危险货物运输企业或者单位应当到具有污染物处理能力的机构对常压罐体进行清洗（置换）作业，将废气、污水等污染物集中收集，消除污染，不得随意排放，污染环境。

四、危险货物道路运输安全要求

第二十六条　道路危险货物运输企业或者单位应当严格按照交通运输主管部门决定的许可事项从事道路危险货物运输活动，不得转让、出租道路危险货物运输许可证件。

严禁非经营性道路危险货物运输单位从事道路危险货物运输经营活动。

第二十七条　危险货物托运人应当委托具有道路危险货物运输资质的企业承运。

危险货物托运人应当对托运的危险货物种类、数量和承运人等相关信息予以记录，记录的保存期限不得少于1年。

第二十八条　危险货物托运人应当严格按照国家有关规定妥善包装并在外包装设置标志，并向承运人说明危险货物的品名、数量、危害、应急措施等情况。需要添加抑制剂或者稳定剂的，托运人应当按照规定添加，并告知承运人相关注意事项。

危险货物托运人托运危险化学品的，还应当提交与托运的危险化学品完全一致的安全技术说明书和安全标签。

第二十九条　不得使用罐式专用车辆或者运输有毒、感染性、腐蚀性危险货物的专用车辆运输普通货物。

其他专用车辆可以从事食品、生活用品、药品、医疗器具以外的普通货物运输，但应当由运输企业对专用车辆进行消除危害处理，确保不对普通货物造成污染、损害。

不得将危险货物与普通货物混装运输。

第三十条　专用车辆应当按照国家标准《道路运输危险货物车辆标志》（GB 13392）的要求悬挂标志。

第三十一条　运输剧毒化学品、爆炸品的企业或者单位，应当配备专用停车区域，并设立明显的警示标牌。

第三十二条　专用车辆应当配备符合有关国家标准以及与所载运的危险货物相适应的应急处理器材和安全防护设备。

第三十三条　道路危险货物运输企业或者单位不得运输法律、行政法规禁止运输的货物。

法律、行政法规规定的限运、凭证运输货物，道路危险货物运输企业或者单位应当按照有关规定办理相关运输手续。

法律、行政法规规定托运人必须办理有关手续后方可运输的危险货物，道路危险货物运输企业应当查验有关手续齐全有效后方可承运。

第三十四条　道路危险货物运输企业或者单位应当采取必要措施，防止危险货物脱落、扬散、丢失以及燃烧、爆炸、泄漏等。

第三十五条　驾驶人员应当随车携带《道路运输证》。驾驶人员或者押运人员应当按照《危险货物道路运输规则》（JT/T 617）的要求，随车携带《危险货物道路运输安全卡》。

第三十六条　在道路危险货物运输过程中，除驾驶人员外，还应当在专用车辆上配备押运人员，确保危险货物处于押运人员监管之下。

第三十七条　道路危险货物运输途中，驾驶人员不得随意停车。

因住宿或者发生影响正常运输的情况需要较长时间停车的，驾驶人员、押运人员应当设置警戒带，并采取相应的安全防范措施。

运输剧毒化学品或者易制爆危险化学品需要较长时间停车的,驾驶人员或者押运人员应当向当地公安机关报告。

第三十八条　危险货物的装卸作业应当遵守安全作业标准、规程和制度,并在装卸管理人员的现场指挥或者监控下进行。

危险货物运输托运人和承运人应当按照合同约定指派装卸管理人员;若合同未予约定,则由负责装卸作业的一方指派装卸管理人员。

第三十九条　驾驶人员、装卸管理人员和押运人员上岗时应当随身携带从业资格证。

第四十条　严禁专用车辆违反国家有关规定超载、超限运输。

道路危险货物运输企业或者单位使用罐式专用车辆运输货物时,罐体载货后的总质量应当和专用车辆核定载质量相匹配;使用牵引车运输货物时,挂车载货后的总质量应当与牵引车的准牵引总质量相匹配。

第四十一条　道路危险货物运输企业或者单位应当要求驾驶人员和押运人员在运输危险货物时,严格遵守有关部门关于危险货物运输线路、时间、速度方面的有关规定,并遵守有关部门关于剧毒、爆炸危险品道路运输车辆在重大节假日通行高速公路的相关规定。

第四十二条　道路危险货物运输企业或者单位应当通过卫星定位监控平台或者监控终端及时纠正和处理超速行驶、疲劳驾驶、不按规定线路行驶等违法违规驾驶行为。

监控数据应当至少保存6个月,违法驾驶信息及处理情况应当至少保存3年。

第四十三条　道路危险货物运输从业人员必须熟悉有关安全生产的法规、技术标准和安全生产规章制度、安全操作规程,了解所装运危险货物的性质、危害特性、包装物或者容器的使用要求和发生意外事故时的处置措施,并严格执行《危险货物道路运输规则》(JT/T 617)等标准,不得违章作业。

第四十四条　道路危险货物运输企业或者单位应当通过岗前培训、例会、定期学习等方式,对从业人员进行经常性安全生产、职业道德、业务知识和操作规程的教育培训。

第四十五条　道路危险货物运输企业或者单位应当加强安全生产管理,制定突发事件应急预案,配备应急救援人员和必要的应急救援器材、设备,并定期组织应急救援演练,严格落实各项安全制度。

第四十六条　道路危险货物运输企业或者单位应当委托具备资质条件的机构,对本企业或单位的安全管理情况每3年至少进行一次安全评估,出具安全评估报告。

第四十七条　在危险货物运输过程中发生燃烧、爆炸、污染、中毒或者被盗、丢失、流散、泄漏等事故,驾驶人员、押运人员应当立即根据应急预案和《危险货物道路运输安全卡》的要求采取应急处置措施,并向事故发生地公安部门、交通运输主管部门和本运输企业或者单位报告。运输企业或者单位接到事故报告后,应当按照本单位危险货物应急预案组织救援,并向事故发生地应急管理部门和生态环境、卫生健康主管部门报告。

交通运输主管部门应当公布事故报告电话。

第四十八条　在危险货物装卸过程中,应当根据危险货物的性质,轻装轻卸,堆码整齐,防止混杂、撒漏、破损,不得与普通货物混合堆放。

第四十九条　道路危险货物运输企业或者单位应当为其承运的危险货物投保承运人责任险。

第五十条　道路危险货物运输企业异地经营(运输线路起讫点均不在企业注册地市域内)累计3个月以上的,应当向经营地设区的市级交通运输主管部门备案并接受其监管。

五、危险货物道路运输应承担的法律责任

第五十五条　违反本规定,有下列情形之一的,由县级以上交通运输主管部门责令停止运输经营,有违法所得的,没收违法所得,处违法所得2倍以上10倍以下的罚款;没有违法所得或者违法所得不足2万元的,处3万元以上10万元以下的罚款;构成犯罪的,依法追究刑事责任:

(一)未取得道路危险货物运输许可,擅自从事道路危险货物运输的;

(二)使用失效、伪造、变造、被注销等无效道路危险货物运输许可证件从事道路危险货物运输的;

(三)超越许可事项,从事道路危险货物运输的;

(四)非经营性道路危险货物运输单位从事道路危险货物运输经营的。

第五十六条　违反本规定,道路危险货物运输企业或者单位非法转让、出租道路危险货物运输许可证件的,由县级以上交通运输主管部门责令停止违法行为,收缴有关证件,处2000元以上1万元以下的罚款;有违法所得的,没收违法所得。

第五十七条　违反本规定,道路危险货物运输企业或者单位有下列行为之一,由县级以上交通运输主管部门责令限期投保;拒不投保的,由原许可机关吊销《道路运输经营许可证》或者《道路危险货物运输许可证》,或者吊销相应的经营范围:

(一)未投保危险货物承运人责任险的;

(二)投保的危险货物承运人责任险已过期,未继续投保的。

第五十八条　违反本规定,道路危险货物运输企业或者单位以及托运人有下列情形之一的,由县级以上交通运输主管部门责令改正,并处5万元以上10万元以下的罚款,拒不改正的,责令停产停业整顿;构成犯罪的,依法追究刑事责任:

(一)驾驶人员、装卸管理人员、押运人员未取得从业资格上岗作业的;

(二)托运人不向承运人说明所托运的危险化学品的种类、数量、危险特性以及发生危险情况的应急处置措施,或者未按照国家有关规定对所托运的危险化学品妥善包装并在外包装上设置相应标志的;

(三)未根据危险化学品的危险特性采取相应的安全防护措施,或者未配备必要的防护用品和应急救援器材的;

(四)运输危险化学品需要添加抑制剂或者稳定剂,托运人未添加或者未将有关情况告知承运人的。

第五十九条　违反本规定,道路危险货物运输企业或者单位未配备专职安全管理人员的,由县级以上交通运输主管部门责令改正,可以处1万元以下的罚款;拒不改正的,对危险化学品运输企业或单位处1万元以上5万元以下的罚款,对运输危险化学品以外其他危险货物的企业或单位处1万元以上2万元以下的罚款。

第六十条　违反本规定,道路危险化学品运输托运人有下列行为之一的,由县级以上交通运输主管部门责令改正,处10万元以上20万元以下的罚款,有违法所得的,没收违法所得;拒不改正的,责令停产停业整顿;构成犯罪的,依法追究刑事责任:

(一)委托未依法取得危险货物道路运输许可的企业承运危险化学品的;

(二)在托运的普通货物中夹带危险化学品,或者将危险化学品谎报或者匿报为普通货物托运的。

第六十一条　违反本规定,道路危险货物运输企业擅自改装已取得《道路运输证》的专用车辆及罐式专用车辆罐体的,由县级以上交通运输主管部门责令改正,并处5000元以上2万元以下的罚款。

第七节　《危险货物道路运输安全管理办法》相关规定

为了加强危险货物道路运输安全管理,预防危险货物运输事故,保障人民群众生命、财产安全,保护环境,依据《中华人民共和国安全生产法》《中华人民共和国道路运输条例》《危险化学品安全管理条例》《公路安全保护条例》等有关法律、行政法规,交通运输部、工业和信息化部、公安部、生态环境部、应急管理部、国家市场监督管理总局联合制定了《危险货物道路运输安全管理办法》。

1.危险货物

该办法规定,危险货物是指列入《危险货物道路运输规则》(JT/T 617),具有爆炸、易燃、毒害、感染、腐蚀、放射性等危险特性的物质或者物品。

2.危险货物承运

(1)危险货物承运人应当按照交通运输主管部门许可的经营范围承运危险货物。

(2)危险货物承运人使用常压液体危险货物罐式车辆运输危险货物的,应当在罐式车辆罐体的适装介质列表范围内承运;使用移动式压力容器运输危险货物的,应当按照移动式压力容器使用登记证上限定的介质承运。

(3)危险货物承运人应当制作危险货物运单,并交由驾驶人随车携带。危险货物运单应当妥善保存,保存期限不得少于12个月。危险货物运单可以是电子或者纸质形式。

(4)危险货物承运人在运输前,应当对运输车辆、罐式车辆罐体、可移动罐柜、罐式集装箱(以下简称罐箱)及相关设备的技术状况,以及卫星定位装置进行检查并做好记录,对驾驶人、押运人员进行运输安全告知。

（5）危险货物道路运输车辆驾驶人员、押运人员在起运前，应当对承运危险货物的运输车辆、罐式车辆罐体、可移动罐柜、罐箱进行外观检查，确保没有影响运输安全的缺陷。

（6）危险货物道路运输车辆驾驶人员、押运人员在起运前，应当检查确认危险货物运输车辆按照《道路运输危险货物车辆标志》（GB 13392）的要求安装、悬挂标志。运输爆炸品和剧毒化学品的，还应当检查确认车辆安装、粘贴符合《道路运输爆炸品和剧毒化学品车辆安全技术条件》（GB 20300）要求的安全标示牌。

（7）危险货物承运人除遵守《危险货物道路运输安全管理办法》规定外，还应当遵守《道路危险货物运输管理规定》有关运输行为的要求。

第三章　危险货物的分类及特性

本章以《危险货物分类和品名编号》（GB 6944）为依据，主要介绍危险货物定义及分类，危险货物、危险化学品、危险废物的关系，以及常见危险货物的危险特性。

第一节　危险货物定义及分类

一、危险货物的定义

1.危险货物定性表述

危险货物是指"具有爆炸、易燃、毒害、感染、腐蚀、放射性等危险特性，在运输、储存、生产、经营、使用和处置中，容易造成人身伤亡、财产损毁或环境污染而需要特别防护的物质和物品"。该定义是对危险货物的定性表述，强调了对危险货物的性质、危险后果及特别防护三个方面的要求。

（1）具有爆炸、易燃、毒害、感染、腐蚀、放射性等危险特性。说明了危险货物的特殊性质是造成火灾、灼伤、中毒等事故的重要因素。

（2）容易造成人身伤亡、财产损毁或环境污染等危险后果。指出了危险货物在一定条件下，由于受热、明火、摩擦、振动、撞击、洒漏或与性质相抵触物品接触等，会发生化学变化，产生危险效应。

（3）在运输、储存、生产、经营、使用和处置中需要特别防护。这里所说的"特别防护"，不仅指运输普通货物必须做到的轻拿轻放、谨防明火，而且包括针对各种危险货物本身的特性必须采取的"特别"防护措施。例如，有的爆炸品需添加抑制剂，有的有机过氧化物需控制环境温度。大多数危险货物的包装和配载都有特定的要求。

以上三个方面要求缺一则不属于危险货物。

2.危险货物定量表述

危险货物的定量表述，即如何判断某货物是否属于危险货物。《道路危险货物运输管理规定》第三条规定，"危险货物以列入《危险货物道路运输规则》（JT/T 617）的为准"。即凡是列入《危险货物道路运输规则》（JT/T 617）的货物，均为危险货物。

《危险货物道路运输安全管理办法》第七十八条第二款规定，"危险货物，是指列入《危险货物道路运输规则》（JT/T 617），具有爆炸、易燃、毒害、感染、腐蚀、放射性等危险特性的物质或者物品"。即凡是列入《危险货物道路运输规则　第3部分：品名及运输要求索引》

（JT/T 617.3，以下简称 JT/T 617.3）附表 A.1 道路运输危险货物一览表的（以下简称 JT/T 617.3 道路运输危险货物一览表），均为危险货物。

《危险货物品名表》（GB 12268）与 JT/T 617.3 道路运输危险货物一览表中确定的危险货物及其联合国编号是一致的。

二、危险货物的分类

危险货物种类繁多，特性各异，为了保证储运安全，有必要根据其主要特性进行分类。

《危险货物分类和品名编号》（GB 6944）4.1.1"类别和项别"明确了"按危险货物具有的危险性或最主要的危险性分为 9 个类别。第 1 类、第 2 类、第 4 类、第 5 类和第 6 类再分成项别"。危险货物的类别和项别分列如下。

第 1 类：爆炸品。

1.1 项：有整体爆炸危险的物质和物品；

1.2 项：有迸射危险，但无整体爆炸危险的物质和物品；

1.3 项：有燃烧危险并有局部爆炸危险或局部迸射危险或这两种危险都有，但无整体爆炸危险的物质和物品；

1.4 项：不呈现重大危险的物质和物品；

1.5 项：有整体爆炸危险的非常不敏感物质；

1.6 项：无整体爆炸危险的极端不敏感物品。

第 2 类：气体。

2.1 项：易燃气体；

2.2 项：非易燃无毒气体；

2.3 项：毒性气体。

第 3 类：易燃液体。

第 4 类：易燃固体、易于自燃的物质、遇水放出易燃气体的物质。

4.1 项：易燃固体、自反应物质和固态退敏爆炸品；

4.2 项：易于自燃的物质；

4.3 项：遇水放出易燃气体的物质。

第 5 类：氧化性物质和有机过氧化物。

5.1 项：氧化性物质；

5.2 项：有机过氧化物。

第 6 类：毒性物质和感染性物质。

6.1 项：毒性物质；

6.2 项：感染性物质。

第 7 类：放射性物质。

第 8 类：腐蚀性物质。

第9类:杂项危险物质和物品,包括危害环境物质。

注:

(1)危险货物类别和项别的号码顺序并不是危险程度的顺序。

(2)第3类、第8类、第9类不再分项。

(3)第7类放射性物质不是本书研究内容。

第二节　危险货物、危险化学品、危险废物

以上介绍了危险货物的定义和分类。但在实际工作中,不仅要运输危险货物,有时还要运输危险化学品、危险废物,故在此介绍危险化学品和危险废物等基本概念。

一、危险化学品

根据《危险化学品安全管理条例》,危险化学品是指具有毒害、腐蚀、爆炸、燃烧、助燃等性质,对人体、设施、环境具有危害的剧毒化学品和其他化学品。

危险化学品以列入《危险化学品目录》的为准。现行的《危险化学品目录》为2022年版。有关危险化学品道路运输的规定,见本书第一篇第二章第四节相关内容。

二、危险废物

1.危险废物的定义

根据《固体废物污染环境防治法》,危险废物是指列入《国家危险废物名录》或者根据国家规定的危险废物鉴别标准和鉴别方法认定的具有危险特性的固体废物。

危险废物以列入《国家危险废物名录》的为准。现行的《国家危险废物名录》为2016年版。有关危险废物道路运输的规定,见本书第一篇第二章第二节相关内容。

危险废物标志,如图1-3-1所示。

2.医疗废物的定义

根据《医疗废物管理条例》,医疗废物是指医疗卫生机构在医疗、预防、保健以及其他相关活动中产生的具有直接或者间接感染性、毒性以及其他危害性的废物。医疗废物属于危险废物。医疗废物以列入《医疗废物分类目录》的为准。

医疗废物标志,如图1-3-2所示。

医疗废物道路运输的有关规定如下。

(1)医疗废物集中处置单位运送医疗废物,应当遵守国家有关危险货物运输管理的规定,使用有明显医疗废物标识的专用车辆。医疗废物专用车辆应当达到防渗漏、防遗撒以及其他环境保护和卫生要求。运送医疗废物的专用车辆不得运送其他物品。

(2)医疗卫生机构和医疗废物集中处置单位,应当采取有效的职业卫生防护措施,为从事医疗废物收集、运送、储存、处置等工作的人员和管理人员,配备必要的防护用品,定期进

行健康检查;必要时,对有关人员进行免疫接种,防止其受到健康损害。

图1-3-1　危险废物标志

图1-3-2　医疗废物标志

(3)禁止任何单位和个人转让、买卖医疗废物。禁止在运送过程中丢弃医疗废物;禁止在非储存地点倾倒、堆放医疗废物或者将医疗废物混入其他废物和生活垃圾。禁止将医疗废物与旅客在同一运输工具上载运。禁止在饮用水源保护区的水体上运输医疗废物。

(4)转让、买卖医疗废物,邮寄或者通过铁路、航空运输医疗废物,或者违反本条例规定通过水路运输医疗废物的,由县级以上地方人民政府环境保护行政主管部门责令转让、买卖双方,邮寄人,托运人立即停止违法行为,给予警告,没收违法所得;违法所得5000元以上的,并处违法所得2倍以上5倍以下的罚款;没有违法所得或者违法所得不足5000元的,并处5000元以上2万元以下的罚款。

三、危险货物、危险化学品、危险废物的区别

危险货物、危险化学品、危险废物的定性表述(定义)、定量表述(具体确认)不同,见表1-3-1。

危险货物、危险化学品、危险废物的差异　　　　　　表1-3-1

项目	危险货物	危险化学品	危险废物
定义	是指具有爆炸、易燃、毒害、感染、腐蚀、放射性等危险特性,在运输、储存、生产、经营、使用和处置中,容易造成人身伤亡、财产损毁或环境污染而需要特别防护的物质和物品	是指具有毒害、腐蚀、爆炸、燃烧、助燃等性质,对人体、设施、环境具有危害的剧毒化学品和其他化学品	是指列入国家危险废物名录或者根据国家规定的危险废物鉴别标准和鉴别方法认定的具有危险特性的固体废物
确认	危险货物以列入国家标准《危险货物品名表》(GB 12268)的为准	危险化学品以列入《危险化学品目录》的为准	危险废物以列入《国家危险废物名录》的为准
依据	《危险货物分类和品名编号》(GB 6944)、《危险货物品名表》(GB 12268)以及《道路危险货物运输管理规定》	《危险化学品安全管理条例》	《固体废物污染环境防治法》

第三节　爆炸品的危险特性

一、爆炸的概念

爆炸是指物质从一种状态,经过物理变化或化学变化,突然变成另一种状态,并释放出巨大的能量,产生光、热或者机械功。一般爆炸会使周围的物体遭受猛烈的冲击和破坏。例如工程爆破,它是人为受控的爆炸;而在日常生产活动中,违背人的意愿发生的爆炸,叫事故性爆炸,如常见的煤矿瓦斯爆炸、锅炉爆炸、粮食粉尘爆炸等。

1.爆炸的分类

爆炸按照物质爆炸前后发生的变化,可以分为物理爆炸、化学爆炸和核爆炸三类。

1)物理爆炸

物理爆炸是指物质因状态或压力发生突变而形成的爆炸。它和化学爆炸的明显区别在于物理爆炸前和爆炸后物质的性质及化学成分并没有发生改变。例如,常见的轮胎充气过多导致的爆炸,只是发生了空气压力减小的变化;液化气储罐在夏天高温暴晒导致压力过高,罐体破裂的爆炸也属于物理爆炸。物理爆炸的共同特点是容器内气体压力超过了容器的承受能力,某部位发生破裂,内部物质迅速膨胀并释放大量能量。

2)化学爆炸

化学爆炸是指在外界作用下(如受热、撞击等),物质以极快的反应速度发生放热的化学反应,并产生高温高压所引起的爆炸。爆炸前后的物质组分和性质发生了根本性变化。例如,爆炸品的爆炸等。

3)核爆炸

核爆炸是指原子核发生聚变或裂变反应,释放出巨大能量而发生的爆炸。核爆炸形成数百万到数千万摄氏度的高温,爆炸中心区可产生数十万兆帕的高压,能量释放相当于数万到数千万吨TNT炸药的爆炸能量,同时伴随大量的热辐射、强光和有害的放射性粒子。其破坏力要比物理和化学爆炸大得多。

2.爆炸的特征

从总的情况来看,一般爆炸表现出两个特征:

(1)爆炸的内部特征。大量气体和能量在有限的体积内突然释放或急剧转化,并在极短时间内,在有限体积中积聚,造成的高温高压等非正常状态,对邻近介质形成急剧的压力升高和随后的复杂运动,显示出不寻常的移动或机械破坏效应。

(2)爆炸的外部特征。爆炸将能量以一定方式转变为原物质或产物的压缩能,随后物质由压缩态膨胀,在膨胀过程中作机械功,进而引发附近介质的变形、破坏和移动。同时,由于介质受振动而发生一定的声响。

3.爆炸品的定义

危险货物中的"爆炸品"是指,"在外界作用下(如受热、撞击等),能发生剧烈的化学反应,瞬时产生大量的气体和热量,使周围压力急剧上升,发生爆炸,对周围环境造成破坏的物品。民用爆炸器材除外"。该定义表述简单,在实际工作中经常使用这个定义。

在《危险货物分类和品名编号》(GB 6944)中,将"爆炸性物质"定义为:"固体或液体物质(或物质混合物),自身能够通过化学反应产生气体,其温度、压力和速度高到能对周围造成破坏。烟火物质即使不放出气体,也包括在内。"爆炸性物质,不包括那些太危险以致不能运输或主要危险性符合其他类别的物质。将"爆炸性物品"定义为:"含有一种或几种爆炸性物质的物品。"爆炸品就是各种爆炸性物质、爆炸性物品,以及为产生爆炸或烟火实际效果而制造的爆炸性物质和爆炸性物品中未提及的物质或物品的总称。由此可知,"爆炸品"是一个总称,涵盖较大范畴;爆炸现象属于化学爆炸,即指物质因得到起爆的能量而迅速分解,释放出大量的气体和热量的过程。

此外,对于那些太危险以致不能运输或其主要危险特性符合其他类别的物质,即使其具有爆炸性物质的某些特性,也不能将这些物质界定为"爆炸性物质"。对于某些装置,如果其所含爆炸性物质数量或特性,不会使其在运输过程中偶然或意外被点燃或引发后,因迸射、发火、冒烟、发热或巨响而在装置外部产生任何影响的,这些装置也不属于"爆炸性物品"。

爆炸品以列入《危险货物品名表》(GB 12268)中第1类危险货物的为准,即通过品名表中的"类别或项别"进行确定。

二、爆炸品的分项

根据各种爆炸物品特性,《危险货物分类和品名编号》(GB 6944)将第1类爆炸品划分为6项。

爆炸品的1.1项:有整体爆炸危险的物质和物品。所谓的整体爆炸是指瞬间能影响到几乎全部载荷的爆炸。

爆炸品的1.2项:有迸射危险,但无整体爆炸危险的物质和物品。

爆炸品的1.3项:有燃烧危险并有局部爆炸危险或局部迸射危险或这两种危险都有,但无整体爆炸危险的物质和物品。

爆炸品1.1项、1.2项、1.3项标志如图1-3-3所示。

爆炸品的1.4项:不呈现重大危险的物质和物品。本项包括运输中万一点燃或引发时仅出现较小危险的物质和物品;其影响主要限于包件本身,并预计射出的碎片不大、射程也不远,外部火烧不会引起包件内全部内装物的瞬间爆炸。爆炸品1.4项标志如图1-3-4所示。

爆炸品的1.5项:有整体爆炸危险的非常不敏感物质。本项包括有整体爆炸危险性、但非常不敏感以致在正常运输条件下

(符号:黑色;底色:橙色)

图1-3-3　爆炸品1.1项、1.2项、1.3项标志

**项号的位置——如果爆炸性是次要危险性,留空白。

*配装组字母的位置——如果爆炸性是次要危险性,留空白。(下同)

引发或由燃烧转为爆炸的可能性很小的物质。爆炸品1.5项标志如图1-3-5所示。

爆炸品的1.6项：无整体爆炸危险的极端不敏感物品。本项包括仅含有极端不敏感起爆物质，并且其意外引发爆炸或传播的概率可忽略不计的物品。同时本项物品的危险仅限于单个物品的爆炸。例如，UN 0486 极端不敏感爆炸性物品（1.6N）。爆炸品1.6项标志如图1-3-6所示。

(符号:黑色;底色:橙色)	(符号:黑色;底色:橙色)	(符号:黑色;底色:橙色)
图1-3-4 爆炸品1.4项标志	图1-3-5 爆炸品1.5项标志	图1-3-6 爆炸品1.6项标志

在《危险货物品名表》（GB 12268）中，1.5项仅有"UN 0482 非常不敏感爆炸性物质，未另作规定的"，1.6项仅有"UN 0486 极端不敏感爆炸性物品"，由此可知，第1类爆炸品中1.5项、1.6项所占的比例很小。

三、爆炸品的主要特性

爆炸品的特性主要体现在感度、威力和猛度、安定性三个方面。同时，三个特性也决定了爆炸品爆炸性能的强弱。

1. 感度（亦称敏感度）

感度是指爆炸品在外界作用下，发生爆炸反应的难易程度。爆炸品需要外界提供一定量的能量才能触发爆炸反应，否则爆炸反应就不能进行。外界提供的能量也称起爆能，通常是以引起爆炸反应的最小外界能量来表示。显然，引起某爆炸品爆炸所需的起爆能量越小，则该爆炸品的敏感度越高，危险性也越大。

2. 威力和猛度

威力指炸药爆炸时的作功能力，即炸药爆炸时对周围介质的破坏能力。威力的大小主要取决于爆热的大小、爆炸后气体生成量的多少以及爆温的高低。猛度（又称猛性作用）指炸药爆炸后爆轰产物对周围物体（如弹壳、混凝土、建筑物或矿石层等）破坏的猛烈程度。其大小可用爆轰压和爆速来衡量。

爆炸品的威力和猛度越大则炸药的破坏作用越强。衡量威力和猛度的参数很多，运输中采用爆速。当药量相当时，爆速的大小能在一定程度上反映出炸药的爆炸功率及破坏能力。不同的爆炸品具有不同的爆速。爆速越大，单位时间内进行爆炸反应的爆炸物品越多，其爆炸威力也越大。可见，爆速是决定爆炸威力的重要因素。通常将爆速是否大于3000m/s作为衡量爆炸品威力强弱的一个参考指标。金泰安、特曲儿、硝化甘油等都是爆炸威力很强的炸药。

3.安定性(稳定性)

炸药的安定性是指炸药在一定的储存期间内,不改变自身的物理性质和化学性质(即爆炸性能)的能力。它主要取决于炸药的物理状态、化学结构、环境温湿度、密度、杂质等因素。爆炸品本身不稳定,即使在正常的保管条件下,也会产生某种程度的物理或化学变化,所以,长期储存不安定的爆炸品或在一定外界条件(如环境温湿度等)影响下,不仅会改变爆炸品的爆炸性能,影响正常使用,而且还可能发生燃烧和爆炸事故。

根据汽车运输的特点,在我国,以保持在环境温度不超过45℃(可允许短期略超过45℃)的条件下,运输期间货物不发生分解,不改变其使用效能,即可认为该货物安定性符合安全运输要求。同时,为增加运输过程中炸药的安定性,对某些炸药,在运输途中必须加入一定量的水、酒精,或其他钝感剂(如萘、二苯胺、柴油等)。

综上所述,爆炸性是运输过程中对安定性的最大威胁。其中感度和安定性是用来衡量货物起爆的难易程度,而威力和猛度则关系到一旦发生爆炸所产生的破坏效果。一般来讲,可选用爆发点低于350℃、爆速大于3000m/s、撞击感度在2%以上为爆炸性的三个主要参考数据。满足任意一个条件,即可认为具有爆炸性。

第四节　气体的危险特性

一、气体的基本概念

危险货物第2类气体,是指满足下列条件之一的物质:

(1)在50℃时,蒸气压力大于300kPa的物质。

(2)20℃时在101.3kPa标准压力下完全是气态的物质。

危险货物第2类气体,包括压缩气体、液化气体、溶解气体、冷冻液化气体、一种或多种气体与一种或多种其他类别物质的蒸气混合物、充有气体的物品和气雾剂。

(1)压缩气体是指在-50℃下加压包装供运输时完全是气态的气体,包括临界温度小于或等于-50℃的所有气体。如压缩天然气(Compressed Natural Gas,CNG)。

(2)液化气体是指在温度大于-50℃、加压包装供运输时部分是液态的气体,可分为:①高压液化气体:临界温度在-50~60℃的气体;②低压液化气体:临界温度大于60℃的气体。如液化天然气(Liquefied Natural Gas,LNG)。

(3)溶解气体是指加压包装供运输时溶解于液相溶剂中的气体。

(4)冷冻液化气体是指包装供运输时由于其温度低而部分为液态的气体。

二、气体的分项

危险货物第2类包括易燃气体、非易燃无毒气体、毒性气体,分为三项。

2.1项易燃气体包括在20℃和101.3kPa条件下满足下列条件之一的气体：

(1)爆炸下限小于或等于13%的气体。

(2)不论其爆燃性下限如何,其爆炸极限(燃烧范围)大于或等于12%的气体。

易燃气体泄漏时,遇明火、高温或光照,即会发生燃烧或爆炸。燃烧或爆炸后的生成物对人体具有一定的刺激或毒害作用。2.1项易燃气体标志如图1-3-7所示。

(符号:黑色;底色:红色)　　　　　　　(符号:白色;底色:红色)

图1-3-7　易燃气体标志

2.2项非易燃无毒气体包括窒息性气体、氧化性气体以及不属于其他项别的气体,不包括在温度20℃时、压力低于200kPa并且未经液化或冷冻液化的气体。

非易燃无毒气体泄漏时,遇明火不燃。直接吸入人体内无毒、无刺激、无腐蚀性,但高浓度时有窒息作用。2.2项非易燃无毒气体标志如图1-3-8所示。

(符号:黑色;底色:绿色)　　　　　　　(符号:白色;底色:绿色)

图1-3-8　非易燃无毒气体标志

2.3项毒性气体包括满足下列条件之一的气体：

(1)其毒性或腐蚀性对人类健康造成危害的气体。

(2)急性半数致死浓度LC_{50}值小于或等于$5000mL/m^3$的毒性或腐蚀性气体。

注:使雌雄青年大白鼠连续吸入1小时,最可能引起受试动物在14天内死一半的气体的浓度。

毒性气体泄漏时,对人畜有强烈的毒害、窒息、灼伤、刺激等作用。部分毒性气体还具有易燃性或氧化性。

本项气体的毒性指标与6.1项危险货物(毒性物质)的毒性指标相同,其储运的注意事项也必须遵守毒性物质的有关规定。

注：具有两个项别以上危险性的气体和气体混合物，其危险性先后顺序为：2.3项优先于所有其他项；2.1项优先于2.2项。

2.3项毒性气体标志如图1-3-9所示。

三、气体的主要特性

气体的特性主要表现在液化、物理爆炸、溶解性等方面。

1. 液化

任何气体都可以压缩，处于压缩状态的气体称为压缩气体。如果在对气体进行压缩的同时进行降温，压缩气体就会转化为液体，叫作液化气体。

（符号：黑色；底色：白色）
图1-3-9 毒性气体标志

气体只有将温度降低到一定程度时施加压力才能被液化。若温度超过此值，则无论怎样增大压力都不能使之液化。这个使气体液化所允许的最高温度，称为临界温度。不同气体的临界温度不同。在临界温度时，使气体液化所需要的最小压力称为临界压力。

通常气体的使用和储运都在常温下进行，而且灌装气体的容器不绝热，即容器内外的温度是一样的。因而临界温度低于常温的气体是压缩气体，临界温度高于常温的气体是液化气体。无论是处于压缩状态，还是处于液化状态，气体的临界温度越低，危险性越大。

2. 物理爆炸

物质因状态或压力发生突变而形成的爆炸现象称为物理爆炸，如锅炉的爆炸、气体钢瓶的爆炸等。

气体要储存和运输，必须灌装在耐压容器中，不同气体的临界温度和临界压力存在差异，气体耐压容器所承受的内压也不同。按规定，压力灌装在合乎质量要求和安全标准的容器内的气体，在正常情况下不会发生危险。但当受到剧烈撞击、振动或遇高温、加热时，容器内压力骤增，当该压力超过容器的耐受力时，钢瓶就会发生爆炸。因此，防止钢瓶的物理爆炸是保证气体储运安全的首要事项。储运钢瓶应远离火源，防止日晒，注意通风散热。

3. 溶解性

某些液体对某种气体有很大的溶解能力，例如氨气、氯气可以大量溶解在水里，乙炔可以大量溶解在丙酮中。利用这个性质可以储运某些不易液化或压缩的气体。溶解在溶剂中的气体称为溶解气体。

溶解有气体的溶剂受热后，气体会大量逸出，从而引起容器爆炸。特别是乙炔钢瓶，如经过火烤，瓶内的多孔材料可能熔解，溶剂可能挥发，钢瓶的耐受力就会失效。此时如果再用来灌装乙炔，就可能造成大事故。所以乙炔钢瓶经火烤以后就不能再使用。

同时，若发现某些易溶于水的气体泄漏，可利用气体在水中的溶解性，用水吸收。

第五节　易燃液体的危险特性

一、易燃液体的基本概念

危险货物第3类包括易燃液体和液态退敏爆炸品。

1.易燃液体

易燃液体是指易燃的液体或液体混合物，或是在溶液或悬浮液中有固体的液体，其闭杯实验闪点不高于60℃，或开杯实验闪点不高于65.6℃。

易燃液体还包括满足下列条件之一的液体：

(1)在温度等于或高于其闪点的条件下提交运输的液体。

(2)以液态在高温条件下运输或提交运输，并在温度等于或低于最高运输温度下放出易燃蒸气的物质。

2.液态退敏爆炸品

液态退敏爆炸品是指为抑制爆炸性物质的爆炸性能，将爆炸性物质溶解或悬浮在水中或其他液态物质后，而形成的均匀液态混合物。第3类易燃液体标志如图1-3-10所示。

(符号：黑色；底色：红色)　　　　(符号：白色；底色：红色)

图1-3-10　易燃液体标志

二、易燃液体的包装类别

易燃液体的包装类别是根据闪点(闭杯)和初沸点确定的，具体划分见表1-3-2。其中，闪点是指在稳定的空气环境中，可燃性液体或固体表面产生的蒸气在试验火焰作用下被闪燃时的最低温度。闪点是衡量液体易燃性的最重要的指标，闪点越低，则表示其液体越易燃烧，危险性越大。

易燃液体包装类别的划分　　　　　　　　　　表1-3-2

包装类别	闪点(闭杯)	初沸点	包装类别	闪点(闭杯)	初沸点
I	—	≤35℃	III	≥23℃和≤60℃	>35℃
II	<23℃	>35℃	—	—	—

三、易燃液体的主要特性

1.易燃液体的物理特性

1)高度挥发性

易燃液体大多是低沸点液体,在常温下就能不断地挥发,如乙醚、乙醇、丙酮和二硫化碳等的挥发性都较大,这类物质也称为挥发性液体。不少易燃液体的蒸气又较空气重,易积聚不散,特别在低洼处所、通风不良的仓库内及封闭式货厢内易积聚产生易燃易爆的混合蒸气,形成事故隐患。

2)高度流动扩散性

易燃液体的黏度和相对密度较小,且不溶于水,会随水的流动而扩散。易燃液体还具有渗透、毛细管引力、浸润等作用,即使容器只有细微裂纹,也会渗出容器壁外,扩大其表面积,且源源不断地挥发,使空气中的蒸气浓度增高,增加燃烧爆炸的潜在危险。

3)蒸气压及受热膨胀性

液体物质的受热膨胀系数较大,加上易燃液体的易挥发性,受热后蒸气压也会增大,装满易燃液体的容器往往会造成容器胀裂而引起液体外溢。因此,灌装易燃液体时应充分注意,容器内应留有足够的膨胀余位。膨胀余位一般以体积的百分比计算。

2.易燃液体的化学特性

1)高度易燃性

易燃液体的易燃性,取决于它们的化学构成。易燃液体几乎都是有机化合物,都含有碳原子和氢原子。在一定条件下(如加热、遇火等)与空气中的氧化合而引起燃烧。同时,由于这些液体的挥发性较大,所以在液面附近的蒸气浓度也较大,如遇火花即能与氧剧烈化合而燃烧。

2)易爆性

易燃液体挥发成蒸气,与空气形成可燃的混合物,当气体混合物的浓度达到一定范围(即爆炸极限)时,遇明火就会燃烧和爆炸。易燃液体爆炸极限范围越宽,燃烧、爆炸的可能性越大;温度升高,易燃液体挥发量增大,易燃易爆性增大;相同温度下,易燃液体闪点越低,越易挥发,易燃易爆性越高。

3)能与强酸、氧化剂剧烈反应

易燃液体遇氧化剂或具有氧化性的强酸如高锰酸钾、硫酸、硝酸会剧烈反应而自行燃烧。因此,装运时,应注意易燃液体不得与强酸、氧化剂混装,或者采取有效措施隔离。

4)有毒性

大多数易燃液体除具有易燃易爆的危险特性外,还具有不同程度的毒性,其可通过皮肤、消化道或呼吸道被人体吸收而致人中毒。例如,长时间吸入醚蒸气会使人麻醉,深度麻醉可致人死亡。所以,易燃液体和一般化学药品一样是有毒有害的。特别是挥发性较大的易燃液体,其蒸气带来的毒性更不可忽视,即使是挥发性很小的易燃液体,直接与之接触也是有害的。易燃液体蒸气浓度越大,毒性也越大。

第六节　易燃固体、易于自燃的物质、遇水放出易燃气体的物质的危险特性

一、易燃固体、易于自燃的物质、遇水放出易燃气体的物质的分项和定义

危险货物第4类包括易燃固体、易于自燃的物质、遇水放出易燃气体的物质,分为三项。

1.第4.1项易燃固体、自反应物质和固态退敏爆炸品

(1)易燃固体:易于燃烧的固体和可能摩擦起火的固体。

(2)自反应物质:即使没有氧气(空气)存在,也容易发生激烈放热分解的热不稳定物质。

(3)固态退敏爆炸品:为了抑制爆炸性物质的爆炸性能,用水或酒精润湿爆炸性物质,或用其他物质稀释爆炸性物质后,而形成的均匀固态混合物。

本项物质是指燃点低,对热、撞击、摩擦敏感,易被外部火源点燃,燃烧迅速,并可能散发出有毒烟雾或毒性气体的固体物质,但不包括已列入爆炸品的物质。

4.1项易燃固体、自反应物质和固态退敏爆炸品标志如图1-3-11所示。

2.第4.2项易于自燃的物质

易于自燃的物质包括发火物质和自热物质。

(1)发火物质:即使只有少量与空气接触,不到5分钟时间便能燃烧的物质,包括混合物和溶液(液体或固体)。

(2)自热物质:发火物质以外的与空气接触便能自己发热的物质。

本项物质的主要特点是不受外界火源作用,自身在空气中能缓慢氧化放热并积热不散,达到其自燃点而自行燃烧。

4.2项易于自燃的物质标志如图1-3-12所示。

（符号:黑色;底色:白色红条）

图1-3-11　易燃固体标志

（符号:黑色;底色:上白下红）

图1-3-12　易于自燃的物质标志

3. 第4.3项遇水放出易燃气体的物质

本项物质是指遇水放出易燃气体,且该气体与空气混合能够形成爆炸性混合物的物质。可见,本项物质必须具备三个条件:在常温或高温下受潮或与水剧烈反应,且反应速度快;反应产物为可燃气体;反应过程中放出大量热,可引起燃烧或爆炸。此项物质遇酸和氧化剂也能发生反应,而且比与水的反应更为剧烈,危险性也更大。

4.3项遇水放出易燃气体的物质标志如图1-3-13所示。

(符号:黑色;底色:蓝色)　　　　(符号:白色;底色:蓝色)

图1-3-13　遇水放出易燃气体的物质标志

二、易燃固体、易于自燃的物质和遇水放出易燃气体的物质的主要特性

1. 易燃固体的主要特性

(1)需明火点燃。虽然本项物质燃点较低,但自燃点很高,在常温条件下不易达到,故不会自燃,需要明火点着以后才能持续燃烧。

(2)高温条件下遇火星即燃。环境温度越高,物质越容易着火。当外界的温度达到物质的自燃点时,不需明火就会自燃。

(3)粉尘有爆炸性。这些物质的粉尘因与空气接触表面积大,燃烧的速度极快,遇火星即会爆炸。

(4)与氧化剂混合能形成爆炸品。不少混合炸药就是把易燃固体与氧化剂按一定的比例混合而成。有些易燃固体如萘、樟脑会从固态直接转化为气态,这种现象称为升华。升华后的易燃固体的蒸气与空气混合后,具有发生爆炸的危险。

(5)遇水分解。易燃固体中有不少物质遇水会发生化学反应而被分解。如硫磷化物遇水或潮湿空气分解,会放出有毒易燃的硫化氢;氨基化钠遇水放出有毒及腐蚀性的氨气等。有这种特性的易燃固体总数并不多,《危险货物品名表》中对具有遇水分解特性的易燃固体都有特别的说明。

2. 易于自燃的物质的主要特性

(1)不需受热和接触明火,会自行燃烧。此项物质暴露在空气中,与空气中的氧气接触,就会发生氧化反应,同时放出热量。当热量积聚起来,升到一定的温度时,就会引起此项物质燃烧。隔绝这类物质与空气接触是储运安全的关键。

(2)受潮后,会增加自燃的危险性。易于自燃的物质中的油纸、油布等含油脂的纤维制品,在干燥时,由于物品的间隙大,易于散热,只要注意通风,自行缓慢氧化产生的热量不会聚积,一般不会自燃。但是,一旦受潮,产生的热量就会积聚不散,很容易发生自燃。

(3)大部分易于自燃的物质与水反应剧烈。易于自燃的物质会自动发热,其原因是与空气中的氧发生反应。对易于自燃的物质在储运保管中关键的防护措施是阻隔其与空气的接触,例如黄磷就存放在水中。但是,不少易于自燃的物质如三异丁基铝、三氯化三甲基铝等,与水会发生剧烈的反应,同时放出易燃气体和热量,引起燃烧。所以采取何种措施来阻隔易于自燃的物质与空气的接触,要根据具体品种而定。

(4)接触氧化剂会立即发生爆炸。易于自燃的物质的还原性很强,在常温下即能与空气中的氧发生反应。如果接触到氧化剂,会立即发生强烈的氧化还原反应,发生爆炸。

3.遇水放出易燃气体的物质的主要特性

(1)燃烧性。此项物质化学特性极其活泼,遇水(包括受潮、酸类和氧化剂)会引起剧烈化学反应,放出可燃性气体和热量。当这些可燃性气体和热量达到一定浓度或温度时,能立即引起自燃或在明火作用下引起燃烧。

遇水放出易燃气体的物质,除遇水时会发生剧烈的化学反应外,当遇到酸类或氧化剂时,也能发生剧烈的化学反应,而且比遇水所发生的化学反应更剧烈,危险性也更大。因为酸类物质和氧化剂都具有较强的氧化性(得到电子的能力),而遇水放出易燃气体的物质大都具有很强的还原性(失去电子的能力),所以当它们接触后,反应会更加剧烈。另外,多数的酸都是水的溶液,因此与本项物质接触能置换出酸中的氢。若把金属钠撒入硫酸中,立即会有大量气泡和热量逸出,反应非常剧烈。

(2)爆炸性。遇水放出易燃气体的物质的碳化钙(电石)等物品,会与空气中的水分发生反应,生成可燃性气体。放出的可燃性气体与空气混合达到一定量时,遇明火即有爆炸的危险。

(3)毒害性。遇水放出易燃气体的物质具有较强的吸水性,与水反应后生成强碱和毒性气体,接触人体后,能使人皮肤干裂、腐蚀并致人中毒。

(4)自燃性。主要是硼氢类物质和化学性质极活泼的金属及其氢化物(在空气中暴露时)能发生自燃。

第七节　氧化性物质和有机过氧化物的危险特性

一、氧化性物质和有机过氧化物的分项和定义

危险货物第5类包括氧化性物质和有机过氧化物,分为两项。

1.第5.1项氧化性物质

氧化性物质是指本身未必燃烧,但通常因放出氧气可能引起或促使其他物质燃烧的物质。本项货物系指处于高氧化态,具有强氧化性,易分解并放出氧和热量的物质。包括含

过氧基的无机物,其本身不一定可燃,但能导致可燃物的燃烧。与松软的粉末状可燃物能组成爆炸性混合物,对热、振动或摩擦较敏感。

5.1项氧化性物质标志如图1-3-14所示。

2.第5.2项有机过氧化物

有机过氧化物是指分子组成中含有过氧基(—O—O—)结构的有机物。其本身易燃易爆,极易分解,对热、振动或摩擦极为敏感。

5.2项有机过氧化物标志如图1-3-15所示。

（符号:黑色;底色:黄色）　　　　　（符号:黑色;底色:上红下黄）　　　　　（符号:白色;底色:上红下黄）

图1-3-14　氧化性物质标志　　　　　　　　　　　　　　图1-3-15　有机过氧化物标志

二、氧化性物质和有机过氧化物的主要特性

1.氧化性物质的主要特性

(1)氧化性。在其分子组成中含有高价态的原子或过氧基。高价态原子有极强的夺取电子能力,过氧基能直接释放出游离态的氧原子,两者都具有极强的氧化性。

(2)不稳定性,受热易分解。不少氧化性物质的分解温度小于500℃,这些物质经摩擦、撞击或接触明火,局部温度升高就会分解放出氧,促使可燃物燃烧。

(3)化学敏感性。氧化剂与还原剂、有机物、易燃物品或酸等接触时,有的能立即发生不同程度的化学反应。如氯酸钾或氯酸钠与蔗糖或淀粉接触,高锰酸钾与甘油或松节油接触,都能引起燃烧或爆炸。这些氧化剂着火时,不能用泡沫和酸碱灭火器扑救。

(4)强氧化剂与弱氧化剂作用的分解性。氧化性物质的氧化能力有强有弱,相互混合后也可引起燃烧爆炸,如硝酸铵和亚硝酸钠等。因此,氧化性弱的,不能与比它们氧化性强的氧化性物质一起储运,应注意分隔。

(5)与水作用分解性。有些氧化剂,特别是过氧化钠、过氧化钾等活泼金属的过氧化物,遇水或吸收空气中的水蒸气和二氧化碳时,能分解放出原子氧,致使可燃物质燃爆。所以,这类氧化性物质在储运中,要严密包装,防止受潮、雨淋。着火时禁止用水扑救,也不能用二氧化碳扑救。

(6)腐蚀毒害性。绝大多数氧化性物质都具有一定的毒害性和腐蚀性,能毒害人体,烧伤皮肤。如二氧化铬(铬酸)既有毒害性又有腐蚀性,故储运这类物品时应注意安全防护。

2.有机过氧化物的主要特性

(1)不稳定,易分解。有机过氧化物在正常温度或高温下,比无机氧化物更易放热分解。分解可因受热、与杂质(如酸、重金属化合物、胺)接触、摩擦或碰撞而引起。分解速度随着温度增加,并随有机过氧化物配制品而不同。这一特性可通过添加稀释剂或使用适当的容器加以改变。

(2)强氧化性。

(3)易燃性。有机过氧化物本身是易燃的,而且燃烧迅速,分解产物为易燃、易挥发气体,易引起爆炸。

(4)对热、振动或摩擦极为敏感。有机过氧化物中的过氧基(—O—O—)是极不稳定的结构,对热、振动、碰撞、冲击或摩擦都极为敏感,当受到轻微的外力作用时就有可能发生分解爆炸。所以,某些有机过氧化物在运输时必须控制温度,其允许安全运输的最高温度即为控制温度。

(5)伤害性。有些有机过氧化物,即使短暂地接触,也会对角膜造成严重的伤害,或者对皮肤具有腐蚀性,应避免眼睛与有机过氧化物接触。

第八节　毒性物质和感染性物质的危险特性

一、毒性物质和感染性物质的分项和定义

危险货物第6类包括毒性物质和感染性物质,分为两项。

1.第6.1项毒性物质

毒性物质是指经吞食、吸入或与皮肤接触后可能造成死亡或严重受伤或损害人类健康的物质,包括满足下列条件之一的毒性物质(固体或液体)。

(1)急性口服毒性:$LD_{50} \leqslant 300mg/kg$。

注:青年大白鼠口服后,最可能引起试验动物在14天内死亡一半的物质剂量,试验结果以mg/kg体重表示。

(2)急性皮肤接触毒性:$LD_{50} \leqslant 1000mg/kg$。

注:使白兔的裸露皮肤持续接触24小时后,最可能引起试验动物在14天内死亡一半的物质剂量,试验结果以mg/kg体重表示。

(3)急性吸入粉尘和烟雾毒性:$LC_{50} \leqslant 4mg/L$。

(4)急性吸入蒸气毒性:$LC_{50} \leqslant 5000mL/m^3$,且在20℃和标准大气压力下的饱和蒸气浓度大于或等于$1/5LC_{50}$。

6.1项毒性物质标志如图1-3-16所示。

2.第6.2项感染性物质

感染性物质是指已知或有理由认为有病原体的物质。

感染性物质分为A类和B类。

A类:以某种形式运输的感染性物质,在与之发生接触(发生接触,是在感染性物质泄漏到保护性包装之外,造成与人或动物的实际接触)时,可造成健康的人或动物永久性伤残、生命危险或致命疾病。

B类:A类以外的感染性物质。

6.2项感染性物质标志如图1-3-17所示。

(符号:黑色;底色:白色)　　　　(符号:黑色;底色:白色)
图1-3-16　毒性物质标志　　　　图1-3-17　感染性物质标志

二、毒性物质和感染性物质的主要特性

1.毒性物质的主要特性

(1)有机毒性物质具有可燃性。有机毒性物质遇明火、高热或与氧化剂接触会燃烧爆炸,燃烧时会放出毒性气体,加剧毒性物质的危险性。毒性物质中的有机物都是可燃的,其中还有不少液体的闪点低于61℃,达到易燃液体的标准。

(2)遇酸或水反应放出毒性气体。如氰化氢(HCN)与氰化钾(KCN)相比毒性更强,而且又是气体,比氰化钾更容易通过呼吸道致人中毒。因此,氰化物不得与酸性腐蚀性物质配装。

氰化钾与水也会发生反应,放出氨气。氨气(NH_3)虽然也是一种毒气,但其毒性要比氰化钾弱得多。两害取其微,故氰化钾泄漏污染时,可用水来分解,不过要小心不得使氰化钾的水溶液溅至人身上,否则会加速中毒。

(3)腐蚀性。有不少毒性物质对人体和金属有较强的腐蚀性,会强烈刺激皮肤和黏膜,甚至发生溃疡加速毒物经皮肤的入侵。

2.感染性物质的主要特性

感染性物质的危险特性在于其使人或动物感染疾病或其毒素能引起病态,甚至死亡。

第九节　腐蚀性物质的危险特性

一、腐蚀性物质的定义

腐蚀性物质是指通过化学作用使生物组织在接触时造成严重损伤或在渗漏时会严重

损害甚至毁坏其他货物或运载工具的物质。其包括满足下列条件之一的物质：

（1）使完好皮肤组织在暴露超过60分钟，但不超过4小时之后开始的最多14天观察期内全厚度毁损的物质。

（2）被判定不引起完好皮肤组织全厚度毁损，但在55℃试验温度下，对钢或铝的表面腐蚀率超过6.25mm/a（读作每年毫米）的物质。

上述表述，一方面是针对人体的伤害，如灼伤人体组织、使完好皮肤坏死等；另一方面是从运输角度考虑，腐蚀对材料（金属等物品）造成的损坏、破坏，如长期、缓慢地腐蚀车辆、罐体，对其造成影响等。

腐蚀性物质对其他物质即刻的腐蚀作用，主要是化学作用。有时会引起一系列复杂的化学变化。而各种腐蚀性物质接触不同物品发生腐蚀反应的效应及速度是不同的，说明各种腐蚀性物质腐蚀性强弱不一。各物品的耐腐蚀性也参差不齐。

第8类腐蚀性物质标志如图1-3-18所示。

（符号：黑色；底色：上白下黑）

图1-3-18　腐蚀性物质标志

二、腐蚀性物质的包装类别

腐蚀性物质的包装类别分为以下3类。

（1）Ⅰ类包装：非常危险的物质和制剂。

（2）Ⅱ类包装：显示中等危险性的物质和制剂。

（3）Ⅲ类包装：显示轻度危险性的物质和制剂。

腐蚀反应构成复杂多样，其中不乏相互抵触的物品，如可燃物品与氧化剂，酸性与碱性物品等。分项时，以酸碱性作为主要的分类标志，再考虑其可燃性。因此，在实际工作中，根据化学性质将危险货物第8类腐蚀性物质分为酸性腐蚀性物质、碱性腐蚀性物质和其他腐蚀性物质。

三、腐蚀性物质的主要特性

腐蚀性物质是化学性质非常活泼的物质，能与很多金属、非金属及动、植物有机体等发生化学反应。腐蚀性物质不仅具有腐蚀性，很多腐蚀性物质同时还具有毒性、易燃性或氧化性等性质中的一种或数种。

1.腐蚀性

腐蚀性物质与人体、其他物品接触后，都能形成不同程度的腐蚀。其中对人体的伤害通常又称为化学烧伤（或化学灼伤）。

（1）对人体的烧伤。具有腐蚀性的固体、液体和气体物品都会对皮肤表面或器官的表面（如眼睛、食管等）产生化学烧伤。

（2）对物品的腐蚀。腐蚀性物质中的酸、碱甚至盐都能不同程度地对金属进行腐蚀。它们会腐蚀金属的容器、车厢、货舱、机舱及设备等。即使这些金属物品不直接与腐蚀性物质接触，也会因腐蚀性物质蒸气的作用而锈蚀。如化工物品运输车辆的损耗程度要比普通运输车辆的损耗程度大得多。

2.毒性

腐蚀性物质中有很多物品还具有不同程度的毒性,如五溴化磷、偏磷酸、氢氟硼酸等。特别是具有挥发性的腐蚀性物质,如发烟硫酸、发烟硝酸、浓盐酸、氢氟酸等,能挥发出有毒的气体和蒸气,在腐蚀肌体的同时,还能引起中毒。

3.易燃性和可燃性

有机腐蚀性物质具有可燃性,这是所有有机物的通性,是它们本身的化学构成所决定的。挥发性强的有机腐蚀性物质如冰醋酸、水合肼的闪点比较低,接触明火会引起燃烧。

有些强酸强碱,在腐蚀金属的过程中放出可燃的氢气。当氢气在空气中占一定的比例时,遇高热、明火即燃烧,甚至引起爆炸。

4.氧化性

腐蚀性物质中的含氧酸大多是强氧化剂。它们本身会分解释放出氧,或在与其他物质作用时,夺得其电子将其氧化,如硝酸暴露在空气中就会分解产生氧气。

氧化性有时也可以被利用,浓硫酸和浓硝酸的强氧化性,使铁、铝金属在冷的浓酸中被氧化,在金属表面生成一层致密的氧化物薄膜,保护了金属,这种现象称为"钝化"。根据这一特点,可用铁制容器盛放浓硫酸,用铝制容器盛放浓硝酸。

5.遇水反应性

腐蚀性物质中很多物质与水会发生反应,并放出大量的热量。遇水反应的腐蚀性物质都能与空气中的水汽发生反应而冒烟(实质是雾,习惯称为烟),它对眼睛、咽喉和肺有强烈的刺激作用,而且有毒。由于反应剧烈,并同时放出大量的热量,当满载这些物品的容器遇水后,则可能因漏进水滴,猛烈反应,使容器炸裂。所以尽管没有给这些物品贴上"遇潮时危险"的副标志,其防水的要求应和4.3项危险货物(遇水放出易燃气体的物质)相同。

第十节　杂项危险货物和物品的危险特性

危险货物第9类杂项危险物质和物品,包括危害环境物质,是指存在危险但不能满足其他类别定义的物质和物品,包括:

(1)以微细粉尘吸入可危害健康的物质,如UN 2212。

(2)会放出易燃气体的物质,如UN 2211。

(3)锂电池组,如UN 3090。

(4)救生设备,如UN 2990。

(5)一旦发生火灾可形成二噁英的物质和物品,如UN 2315。

(6)在高温下运输或提交运输的物质,是指在液态温度达到或超过100℃,或固态温度达到或超过240℃条件下运输的物质,如UN 3257。

(7)危害环境物质,包括污染水生环境的液体或固体物质,以及这类物质的混合物(如制剂和废物），如 UN 3077。

（8）不符合6.1项毒性物质或6.2项感染性物质定义的经基因修改的微生物和生物体，如 UN 3245。

（9）其他，如 UN 1841。

第9类杂项危险物质和物品标志如图1-3-19所示。

（符号：黑色；底色：白色）

图1-3-19　杂项危险物质和物品标志

第四章　危险货物品名及运输要求索引

本章主要介绍《危险货物品名表》(GB 12268)的结构和作用、危险货物道路运输特殊规定以及有限数量及例外数量危险货物。在我国，《危险货物分类和品名编号》(GB 6944)和《危险货物品名表》(GB 12268)是同时颁布、同时修订的相互配套使用的标准，也是危险货物道路运输的工具书。

第一节　危险货物一览表的结构

本节主要介绍《危险货物品名表》(GB 12268)中《危险货物品名表》的结构和作用。

一、《危险货物品名表》的结构

在我国，危险货物以列入强制性国家标准《危险货物品名表》(GB 12268)的为准。《危险货物品名表》由联合国编号、名称和说明、英文名称、类别或项别、次要危险性、包装类别和特殊规定等7项组成，其具体样式见表1-4-1。

《危险货物品名表》样式　　　　　　　　　　表1-4-1

联合国编号	名称和说明	英文名称	类别或项别	次要危险性	包装类别	特殊规定
(1)	(2)	(3)	(4)	(5)	(6)	(7)
0004	苦味酸铵，干的，或湿的，按质量含水低于10%	AMMONILM PICRATE dry or wetted with less than 10% water, by mass	1.1D			
		……				
0016	发烟弹药，带有或不带起爆装置、发射剂或推进剂	AMmLNITION, SMOKE with or without burster, expelling charge or propelling charge	1.3G			204
0018	催泪弹药，带有起爆装置、发射剂或推进剂	AMmLNITION, TEAR - PRODUCING with burster, expelling charge or propelling charge	1.2G	6.18		

《危险货物品名表》各栏的含义：

第1栏"联合国编号"——即危险货物编号，是根据联合国分类制度给危险货物划定的系列编号。

第2栏"名称和说明"——危险货物的中文正式名称，用黑体字(加上构成名称一部分的数字、希腊字母、另、特、间、正、邻、对等)表示;也可附加中文说明,用宋体字表示。

第3栏"英文名称"——危险货物的英文正式名称,用大写字母表示;附加说明用小写字母表示。

第4栏"类别或项别"——危险货物的主要危险性,其中第1类危险货物还包括其所属的配装组,危险货物的类别或项别以及爆炸品配装组划分按《危险货物分类和品名编号》(GB 6944)确定。

第5栏"次要危险性"——除危险货物主要危险性以外的其他危险性的类别或项别,按《危险货物分类和品名编号》(GB 6944)确定。

第6栏"包装类别"——按照联合国包装类别给危险货物划分的类别号码,按《危险货物分类和品名编号》(GB 6944)确定。

第7栏"特殊规定"——与物品或物质有关的任何特殊规定,其适用于特定物质或物品的所有包装类别。如果此栏对应单元格为空,表示该行对应的危险货物没有特殊规定。

二、《危险货物品名表》的作用

《危险货物品名表》是从事危险货物运输作业的重要依据,危险货物运输各方从业人员从中可以获取各种有用的信息,用以确保危险货物运输、装卸作业的安全。另外,由于国家有关法规引用了《危险货物品名表》(GB 12268),故其具有法律效力,危险货物运输各方从业人员都必须严格遵守其各项规定。

1.确定了危险货物的范围

首先,危险货物以列入《危险货物品名表》的为准;其次,由于《危险货物品名表》中列名的均为根据分类、试验等确定的危险货物,其必须按照《危险货物品名表》中相关要求进行运输。没有列名的货物有两种情况:一种是已知的排除在危险货物以外的普通货物,另一种是化工新产品,不能确定其是否属于危险货物或是属于哪一种类的危险货物。

2.规定了危险货物的正式运输名称

化学物品的命名是一个非常复杂的问题。同一个物品有工业名称、商业名称、习惯名称、民俗简称、译名和学名等;同是译名,从英语、日语、俄语翻译过来又各不相同;同是学名,又有习惯命名法和系统命名原则之别。例如,氯苯,又称为氯化苯、一氯化苯、苯基氯。

危险货物名称的不统一将会给运输带来很大的隐患,如错误认定危险货物性质,进而造成货物包装、适用运输规定、注意事项、应急措施等一系列错误,甚至会导致灾难性事故。因此,必须按《危险货物品名表》上的正式运输名称(第2栏黑体字部分)来制作各种运输单据和凭证。

3.了解所运危险货物相关信息

危险货物道路运输企业承运危险货物时,首先要确定所运危险货物的联合国编号。然后通过其联合国编号,在《危险货物品名表》其他"栏"中进一步了解所运危险货物的相关信息。

4.《危险货物品名表》有关说明

1)危险货物编号在国际上统一

鉴于《危险货物品名表》与联合国危险货物运输专家委员会《关于危险货物运输建议书　规章范本》(第16修订版,以下简称《规章范本》)第3部分"危险货物一览表、特殊规定和例外"的技术内容一致,故可以认为,我国《危险货物品名表》的有关内容是与国际接轨、一致的,符合世界各国进出口、国际贸易的基本要求。

2)《危险货物品名表》中设有"未列名"项

目前,世界上存在的化学品超过1000余万种,日常使用的有700余万种,每年还会有千余种新化学品问世,随着化工生产的发展,新品种不断涌现,《危险货物品名表》不可能列举齐全无遗漏。因此,《危险货物品名表》中设有"未列名"项,主要用于危险性质属于本类而品名表中未列名的危险货物。

三、《道路运输危险货物一览表》简介

2018年新修订发布的《危险货物道路运输规则　第3部分:品名及运输要求索引》(JT/T 617.3),在附录中给出了道路运输危险货物一览表,在此介绍其结构。

JT/T 617.3道路运输危险货物一览表中每一行的物质或物品都对应一个特定的联合国编号。当同一联合国编号下的物质或物品具有不同的化学、物理性质和/或不同的运输条件时,将分行依次列明。

JT/T 617.3道路运输危险货物一览表中每一列专门用于一个特定的要求:

(1)前4列,列明了该行所属的物质或物品属性信息【有关的附加信息在第(6)列特殊规定中加以注明】;

(2)其他列,采用完整的信息或编码形式列明了适用的特殊要求。在《危险货物道路运输规则　第1部分:通则》(JT/T 617.1,以下简称JT/T 617.1)~《危险货物道路运输规则　第7部分:运输条件及作业要求》(JT/T 617.7,以下简称JT/T 617.7)的相关部分、章节或条目中对这些信息和编码作出了相应的解释。单元格为空时表示该处只适用一般要求,或者表示适用于说明性注释中的运输限制。

JT/T 617.3道路运输危险货物一览表分为20列,具体说明如下。

第(1)列"联合国编号":危险物质或物品的联合国编号。

第(2a)列"中文名称和描述":包括物质或物品的中文名称。

第(2b)列"英文名称和描述":包括物质或物品的英文名称。

第(3a)列"类别":包括物质或物品的类别编号。

第(3b)列"分类代码":包含危险物质或物品的分类代码。

(1)对第1类危险物质或物品,根据《危险货物道路运输规则　第2部分:分类》(JT/T 617.2,以下简称JT/T 617.2)中5.1.1.5分配分类代码,分类代码包括项别和配装组别;

(2)对第2类危险物质或物品,分类代码由一个数字和危险性组别组成,见JT/T 617.2中

5.2.1.4；

（3）对第3类、4.1项、4.2项、4.3项、5.1项、5.2项、6.1项、6.2项、第8类和第9类危险物质或物品，分类代码要求分别见JT/T 617.2中5.3.1.2、5.4.1.1.2、5.4.2.1.2、5.4.3.1.2、5.5.1.1.2、5.5.2.1.2、5.6.1.1.2、5.6.2.1.2、5.8.1.2、5.9.1.2；

（4）对第7类危险物质或物品，没有分类代码。

第（4）列"包装类别"：包括物品或物质的包装类别（Ⅰ、Ⅱ或Ⅲ），根据JT/T 617.2的程序和标准指定。部分物品和物质没有包装类别。

第（5）列"标志"：包括用于粘贴或悬挂在包件、集装箱、罐式集装箱、可移动罐柜、多单元气体容器和车辆上的标志规格和分类，标志规格和分类见《危险货物道路运输规则　第5部分：托运要求》（JT/T 617.5，以下简称JT/T 617.5）中6.2.2和7.1.1。对于包件，标志的一般性条款见JT/T 617.5中6.2.1；对于集装箱、罐式集装箱、可移动罐柜、多单元气体容器和车辆，标志的一般性条款见JT/T 617.5中7.1。

注：第（6）列的特殊规定也许会改变以上标志的规定。

第（6）列"特殊规定"：包括应遵守的特殊规定，特殊规定主要与第（1）~（5）列的内容有关。特殊规定用数字代码表示，数字代码具体内容在附录B中按数字顺序依次列出。如果第（6）列对应单元格为空，表示该行对应的危险货物没有针对第（1）~（5）列内容的特殊规定。

第（7a）列"有限数量"：规定了按照第7章要求，每个内包装或物品的最大数量。

第（7b）列"例外数量"：包含具有以下含义的字母数字代码。

（1）"E0"表示JT/T 617.1 ~ JT/T 617.7没有对危险货物给予例外数量豁免；

（2）所有字母"E"开头的字母数字代码所代表的含义见第8章。

第（8）列"包装指南"：包括危险货物适用的包装指南的字母数字代码，在《危险货物道路运输规则　第4部分：运输包装使用要求》（JT/T 617.4，以下简称JT/T 617.4）中附录A按数字顺序依次列出相应详细说明。字母数字代码含义如下：

（1）字母"P"开头的字母数字代码，是针对包装和容器的包装指南（中型散装容器和大型包装除外）；

（2）字母"R"开头的字母数字代码，是针对轻型标准金属容器的包装指南；

（3）字母"IBC"开头的字母数字代码，是针对中型散装容器的包装指南；

（4）字母"LP"开头的字母数字代码，是针对大型包装的包装指南。

注：第（9a）列的特殊包装规定也许会改变以上的包装指南。

第（9a）列"特殊包装规定"：包括适用特殊包装规定的字母数字代码，在JT/T 617.4中附录A的具体相关包装指南的结尾部分，按照第（8）列对应的包装指南字母数字代码，列出相应详细说明。字母数字代码含义如下：

（1）字母"PP"或"RR"开头的字母数字代码，是包装和容器的还应遵守的特殊包装规定（中型散装容器和大型包装除外）。

（2）字母"B"或"BB"开头的字母数字代码，是中型散装容器的还应遵守的特殊包装规定。

（3）字母"L"开头的字母数字代码，是大型包装的还应遵守的特殊包装规定。

第（9b）列"混合包装规定"：包含以字母"MP"开头的字母数字编码，适用于混合包装规定，相应说明按数字顺序列于 JT/T 617.4 中附录 C。如果第（9b）列没有包含以字母"MP"开头的编码，则只适用于一般要求（见 JT/T 617.4 中 4.1）。

第（10）列"可移动罐柜和散装容器的指南"：包含危险货物适用的可移动罐柜导则和散装容器指南的字母数字代码。

（1）可移动罐柜导则以字母"T"开头，相应说明见 JT/T 617.4 中附录 D。可移动罐柜使用（例如充装）的一般性要求见 JT/T 617.4 中 5.1 ~ 5.8；

（2）字母"M"表示该物质可以在多单元气体容器中运输；

（3）散装容器指南以字母"BK"开头，相应说明见《危险货物道路运输规则　第6部分：装卸条件及作业要求》（JT/T 617.6，以下简称 JT/T 617.6）中 6.2。

注：在第（11）列中叙述的特殊规定可能改变以上要求。

第（11）列"可移动罐柜和散装容器的特殊规定"：列出了应遵守的可移动罐柜特殊规定，以字母"TP"开头的字母数字代码表示。相应说明见 JT/T 617.4 中附录 E。

第（12）列"罐体代码"：包括罐体类型的字母数字代码，相应说明见 JT/T 617.4 中 6.5.1：

（1）本列中针对固体（S）和液体（L）的罐体代码，表示这类物质应该在固体或液体（熔融）状态下运输。一般这种规定适用于熔点在 20 ~ 180℃的物质。对于固体，如果本列只有液体（L）的罐体代码，表示该物质只能在液体（熔融）状态下运输。

（2）关于使用的一般性要求（例如最大充装率，最小试验压力）见 JT/T 617.4 中 6.1 ~ 6.4。

（3）罐体代码之后的"M"表示这类物质同样适用于管束式车辆或多单元气体容器的运输。

（4）罐体代码之后的"+"表示只有当批准型号证书中有明确规定时，才允许罐体替代使用。

注：第（13）列叙述的特殊规定可能改变以上要求。

第（13）列"罐体的特殊规定"：应遵守的罐体特殊规定，以字母"TU"开头的字母数字代码表示。详细说明见 JT/T 617.4 中附录 F。

第（14）列"罐式运输车辆"：使用罐体运输的车辆（包括罐式汽车、半挂牵引车和半挂车等）的代码。

第（15）列"运输类别/（隧道通行限制代码）"：单元格上部包含一个表示运输类别的数字，用于一个运输单元最大载运量的计算，详细说明见 JT/T 617.1 中 5.1。单元格下部包含一个隧道通行限制代码（位于括号内），是针对运输物质或物品的车辆通过道路隧道的限制要求，详细说明见 JT/T 617.7 中附录 B。如果没有指定隧道通行限制代码，用"（—）"表示。

第（16）列"运输包件的特殊规定"：包括以字母"V"开头，适用于包件运输的特殊规定的字母数字代码,详细说明见JT/T 617.6中附录A。包件运输的一般性规定见JT/T 617.6中第4章和第5章。

注:此外,应当注意第(18)列关于装卸和操作的特殊规定。

第(17)列"散装运输的特殊规定":包括以字母"VC"或"AP"开头,适用于散装运输的特殊规定的字母数字代码,见JT/T 617.6中6.3和附录B。

无编码或者JT/T 617.1~JT/T 617.7没有明确列明,则表示该危险货物不允许散装运输。关于散装运输的一般性和附加规定见JT/T 617.6中第4章和第6章。

注:此外,应当注意第(18)列关于装卸和操作的特殊规定。

第(18)列"运输装卸的特殊规定":包括以字母"CV"开头,适用于装卸和操作的特殊规定的字母数字代码,见JT/T 617.6中附录C。无编码表示只适用于一般性规定(见JT/T 617.6中8.1~8.8)。

第(19)列"运输操作的特殊规定":包括以字母"S"开头,适用于操作的特殊规定的字母数字代码,见JT/T 617.7中附录B。此外,还应遵守JT/T 617.7中第4章至第6章的规定;但当两者冲突时,优先采用特殊规定。

第(20)列"危险性识别号":包括一个由两个或三个数字组成的号码(某些号码前有字母"X"前缀),用于第2类至第9类的物质和物品;对于第1类的物质和物品,则为分类代码【见第(3b)列】。危险性识别号的解释与使用见JT/T 617.5中7.2。

第二节　危险货物运输特殊规定

危险货物道路运输特殊规定,是指针对危险货物道路运输管理方面特殊要求,涉及人员、设备,输豁免等要求。

一、危险货物的运输管理

从危险货物自身来说,某些危险货物自身具有不稳定性,会产生各种不同的危险性,如爆炸品具有爆炸性、聚合性,遇热会分解出易燃、有毒、腐蚀或窒息性气体等。对于大多数危险货物,自身的不稳定性可以通过适合的包装、稀释、添加稳定剂、添加抑制剂、控制温度或采取其他特殊措施来控制,以达到运输要求。例如,添加抑制剂的正丁基乙烯(基)醚、经稀释或含量不大于27%的过氧化(二)丙酰都可以进行运输。

从运输管理方面来说,主要从承运人资质、车辆、设备、从业人员、运输、装卸等方面对运输危险货物进行管理。

(1)承运人资质要求。《危险化学品安全管理条例》《中华人民共和国道路运输条例》要求危险货物承运人必须经过资质认定,达到《道路危险货物运输管理规定》要求的资质条件。

(2)车辆、设备要求。车辆安全技术状况应符合《机动车运行安全技术条件》(GB 7258)

的要求；车辆技术状况应达到一级车况标准；车辆应配置符合《道路运输危险货物车辆标志》(GB 13392)的标志；车辆应配置运行状态记录装置；易燃易爆危险货物运输车辆的排气管应安装隔热和熄灭火星装置，并配备导静电装置；车辆应有切断总电源和隔离电火花装置，切断总电源装置应安装在驾驶室内；装卸易燃易爆危险货物的机械和工属具应有消除火花的措施等。

《道路危险货物运输管理规定》明确规定，除铰接列车、具有特殊装置的大型物件运输专用车辆外，严禁使用货车列车装运危险货物；倾卸式车辆只准装运散装硫黄、萘饼、粗蒽、煤焦沥青等危险货物。

（3）从业人员要求。从业人员的素质、技术水平是决定运输安全的重要因素，所以，国家对危险货物道路运输从业人员实行资格认定制度。从业人员必须通过所在地设区的市级人民政府交通运输主管部门的考核，领取从业资格证书后上岗作业。

（4）运输、装卸要求。我国对危险货物的运输、装卸等进行限制。例如，运输途中不得进入危险货物运输车辆禁止通行的区域；驾驶人员连续行车时间不得超过4小时，一天驾驶总时间不得超过8小时；装卸操作时要轻拿轻放，谨慎操作，严防跌落、摔碰、溢漏，禁止撞击、拖拉翻滚、投掷等。危险货物承运人、装卸人员必须严格按照规定进行作业。

二、危险货物的运输豁免

1.根据工作实践提出的豁免

交通运输部根据危险货物道路运输安全管理的工作实践经验，提出了"分类管理"的原则，即突出重点、区别对待不同危险程度危险货物的道路运输，强化对危险性较高的危险货物的道路运输安全管理，弱化对道路运输安全影响不大的危险货物的道路运输安全管理。这样不但加强了对危险性较高危险货物的重点监管力度，降低了行业监管成本，还有利于减少企业运输成本，提高运输效率，降低全社会的物流成本。

同时，考虑到现行使用的《危险货物品名表》(GB 12268)是适用于海运、航空、铁路等各种运输方式的，故在实际工作中也存在一些不符合道路运输实际情况的问题。如《危险货物品名表》(GB 12268)中潮湿棉花，在海运时装满船舱，由于长时间运输，一旦发生自燃就难以施救；而在道路上用载货汽车运输时，由于运输时间短、运量小，发生自燃的概率极小，即使发生自燃事故，也不会发展成重大事故，故其在道路运输时不应算作危险货物，但针对棉花的道路运输，要注意不可采用厢式货车运输，以防棉花自燃后，无法施救。

根据上述理念和工作实践，交通运输部制定《道路危险货物运输管理规定》时，一方面，加强了对剧毒化学品、爆炸品道路运输的管理，如从事剧毒化学品、爆炸品道路运输的驾驶人员、装卸管理人员、押运人员，应当取得注明为"剧毒化学品运输"或者"爆炸品运输"类别的从业资格；运输剧毒化学品、爆炸品的企业，其自有专用车辆应在10辆以上；另一方面，针对道路运输安全影响不大的危险货物，提出了建立危险货物按普通货物道路运输的豁免制度；放宽了对危险货物中危害极小物品的运输要求，提出"交通运输部可以根据相关行业协会的申请,经组织专家论证后,统一公布可以按照普通货物实施道路运输管理的危险货物"的豁免办法。这是首次提出危险货物道路运输的豁免和申请豁免的办法。

2.根据"特殊规定"的豁免

有的货物其品名虽然列在《危险货物品名表》中,但在一定的条件下,其危险性会降低到相当低的程度或可控制在很小的范围内,而在运输过程中不致造成人身伤亡和财产损毁,从方便运输、方便托运人的角度出发,可以将这些危险货物视作普通货物运输,称为危险货物运输的免除,又称危险货物豁免运输。

豁免分为全部豁免和限量豁免。《危险货物品名表》的第7栏是"特殊规定",其使用2位或3位阿拉伯数字表示。阿拉伯数字的具体含义,可查《危险货物品名表》(GB 12268)中附录B。如:特殊规定的"37"是指,硅铝粉,如有涂料,即不作为危险货物运输;特殊规定的"106"是指定,仅在空运时作为危险货物;特殊规定的"117"是指定,仅在海空运时作为危险货物;特殊规定的"204"是指,含有符合第8类标准法人具有腐蚀性发烟物质的物品,应贴有"腐蚀性"次要标签;特殊规定的"43"是指,作为农药托运时,应在有关农药的条目之下,按有关农药的规定运输。

简单说,豁免即不作为危险货物运输。在此强调,危险货物豁免是针对不同运输方式的。

《危险货物品名表》(GB 12268)中附录B涉及豁免的主要内容可扫描封面二维码查看。

三、限制运输

限制运输,即不可以运输或者有特殊运输要求。如特殊规定的"48"规定,如含氰氧酸高于20%,除非经有关主管机关特别批准,否则禁止运输;特殊规定的"60"规定,高氯酸,如按质量含酸浓度大于2%,除非经有关主管机关特别批准,否则禁止运输。

此外,从危险货物自身来说,某些危险货物自身具有不稳定性,会产生各种不同的危险性,如爆炸性、聚合性、遇热分解出易燃、有毒、腐蚀或窒息性气体等。对于大多数危险性物质,自身的不稳定性可以通过适合的包装、稀释、添加稳定剂、添加抑制剂、控制温度或采取其他特殊措施来控制其不稳定性,通过使用这些技术处理,以达到运输要求。例如,未加抑制剂的正丁基乙烯(基)醚、未经稀释或含量大于27%的过氧化(二)丙酰都是禁运物品。

《危险货物品名表》(GB 12268)中附录B涉及限制运输的主要内容可扫描封面二维码查看。

第三节　有限数量及例外数量危险货物运输

危险货物因其自身危险性,必须在一些特定的条件下运输。为确保运输安全,联合国危险货物运输专家委员会对危险货物的本身状态以及危险货物的包装、包装件限量、运输

量、运输和装卸操作、车辆等做了一系列的限定。根据限定的种类,大体可以分为例外数量和有限数量。

一、例外数量

1.例外数量的概念

《危险货物例外数量及包装要求》(GB 28644.1)提出了"例外数量"的概念。为了介绍例外数量,在此先介绍一下标准中的《危险货物例外数量表》,见表1-4-2。

危险货物例外数量表　　　　　　　　　　　　表1-4-2

联合国编号	名称和说明	英文名	类别和项别	次要危险性	包装类别	例外数量
1002	压缩空气	AIR,COMPRESSED	2.2			E1
		……				
1051	氰化氢,稳定的,含水少于3%	HYDROGEN CYANIDE,STABILIZED containing less than3% water	6.1	3	I	E5
		……				
1080	六氟化硫	SULPHUR HEXAFLUORIDE	2.2			E1
1088	乙缩醛	ACETAL	3		II	E2
1089	乙醛	ACETALDEHYDE	3		I	E2
1090	丙酮	ACETONE	3		II	E3

第1栏至第6栏,与表1-4-1相同。

第7栏"例外数量"规定:本栏对按照本标准准许运输的例外数量危险货物,列出了例外数量编码,规定了每个内容器和外容器可以运输的危险货物的最大数量(表1-4-3)。该条款明确了以下内容:

(1)列出按照本标准准许运输的例外数量危险货物的编码,编码是E1～E5。

(2)规定了每个内容器和外容器可以运输的危险货物的最大数量。

例外数量编码E1～E5的含义　　　　　　　　表1-4-3

编号	每件内容器的最大净装载量(固体为g,液体和气体为mL)	每件外容器的最大净装载量(固体为g,液体和气体为mL,在混装情况下为g和mL之总和)
E1	30	1000
E2	30	500
E3	30	300
E4	1	500
E5	1	300

在表1-4-3中,"每个内容器和外容器的最大净装载量"中最大值分别为30g(mL)和1000g(mL),"每个内容器和外容器的最大净装载量"中最小值分别为1g(mL)和300g(mL)。由此可知,例外数量,是指小包装限量豁免。如从字面上理解"例外数量危险货物",就是

"在一定数量下,危险货物例外(不作为危险货物)"。同时,考虑到该标准对其使用包装物(包括内容器和外容器)的要求很高,故例外数量危险货物,主要应用于航空货物运输。但也可以用于道路运输的零担货运。

例外数量运输,还考虑了一个运输工具(载货汽车)在一次装载运送中危险货物的最大允许载运量。标准的4.4规定"任何货运车辆、铁路货车或多式联运集装箱所能装载的以例外数量运输的危险货物包件,最大数量不应超过1000个"。如按"每个外容器的最大净装载量"的最大值1000g计算,1车最多可以载重1000kg(1t);如按"每个外容器的最大净装载量"的最小值300g计算,1车最多可以载重300kg(0.3t)。这也说明,例外数量危险货物的量较少。

2.包装

例外数量的包装要求主要有:

(1)危险货物应装在质量良好的容器中,容器应足够坚固,能够承受得住运输过程中通常遇到的冲击和荷载,包括运输装置之间和运输装置与仓库之间的转载以及搬离托盘或外包装供随后人工或机械操作。

(2)危险货物以例外数量运输时应使用内容器,内容器的制造必须使用塑料(在用于液体危险货物时,其厚度不得小于0.2mm),或玻璃、瓷器、石器、陶器或金属,每个内容器的封口必须使用金属丝、胶带或其他可靠手段紧固;任何带有模压螺纹瓶颈的贮器,必须配有防漏的螺纹型瓶盖。封口必须能够耐内装物的腐蚀。

(3)每个内容器都应牢靠地装在带衬垫材料的中间容器中,以确保在正常运输条件下不会破裂、穿孔或内装物泄漏。在发生破裂或泄漏的情况下,不论包件的方向如何,中间容器都应能够完全盛载内装物。装载液态危险货物的中间容器,应含有足够的吸收材料,可吸收内容器的全部内装物。在这种情况下,吸收材料可以是衬垫材料。危险货物不应与衬垫材料、吸收材料和包装材料产生危险反应,或降低材料的完整性或作用。

(4)中间容器应牢靠地包装在坚固、硬质的外包装内(木材、纤维板或其他同样坚固的材料)。

(5)危险货物以例外数量运输时,每种型号的包件都必须符合第8章的规定。

(6)危险货物以例外数量运输时,每个包件的尺寸应保证有足够的地方做所有必要的标记。

(7)危险货物以例外数量运输时,可以使用外包装。外包装可装有危险货物包件,或不受危险货物运输管理的货物。

3.标记和单证

1)标记

以例外数量运输的危险货物包件,应做永久、清楚的标记(图1-4-1)。标记的尺寸应至少为100mm×100mm。

当危险货物运输从业人员的培训要求和危险货物分类、分类程序及包装组标准符合

《规章范本》,以及以例外数量运输的危险货物满足本标准规定时,可免除危险货物运输的其他要求。

图1-4-1 例外数量标记

注:1.影线和符号使用同一颜色,红或黑,白底或适当反差底色。

　　2.*此处显示类别,或如果已经划定,显示项别。

　　3.**如果包件没有在其他位置显示发货人或收货人的姓名,则在此处显示。

2)单证

危险货物以例外数量运输时,危险货物运输单证(如提单或空运货单)应注明"例外数量的危险货物",并注明包件的数量。

4.豁免

以例外数量运输的危险货物除了以下两个方面外,满足本标准之规定,可免除危险货物运输的其他要求:

(1)从事危险货物运输人员的培训要求,见《规章范本》1.3;

(2)危险货物分类、分类程序和包装组标准,见《规章范本》第2部分。

二、有限数量

1.有限数量的概念

《危险货物有限数量及包装要求》(GB 28644.2)提出了"有限数量"的概念。为了介绍有限数量,在此先介绍一下标准中的危险货物有限数量表,见表1-4-4。

危险货物有限数量表　　　　表1-4-4

联合国编号	名称和说明	英文名	类别和项别	次要危险性	包装类别	有限数量
1002	压缩空气	AIR, COMPRESSED	2.2			120mL
......						
1080	六氟化硫	SULPHUR HEXAFLUORIDE	2.2			120mL
1088	乙缩醛	ACETAL	3		Ⅱ	1L
......						

第1栏至第6栏,与表1-4-1和表1-4-2相同。

第7栏"有限数量"规定:本栏对按照本标准准许运输的有限数量危险货物,规定了每个内容器或物品所装的最大数量。

当满足表1-4-4的"有限数量"要求和本标准关于包装、标记等要求时,有限数量危险货物可以豁免,按普通货物运输。

2.包装

有限数量的包装要求主要有:

(1)危险货物以有限数量运输时应装在有合适外容器的内容器中,并且可以使用中间容器。对于喷雾器或"装气体的小型器"等物品,则无须使用内容器。容器应符合附录A和附录B的规定,包件的总毛重不应超过30kg。

(2)装有危险货物的物品或内容器的外容器,可采用符合附录A规定的收缩包装或拉伸包装托盘。但玻璃、瓷器、粗陶瓷或某些塑料等材料制造的易碎或易破的内容器应放在合适的中间容器中。中间容器应符合附录A和附录B的规定,且包件的总毛重不应超过20kg。

(3)装有第8类(腐蚀性物质)、Ⅱ类包装液态货物的玻璃、瓷器、粗陶瓷内容器应放在相容的坚硬中间容器内。

(4)以有限数量包装的不同危险货物可以放在同一外容器中,条件是在发生渗漏时它们不会发生危险反应。

附录A给出了容器的一般技术要求,共7条。具体样式可扫描封面二维码查看。

附录B常用包装容器的代码、类别及要求,给出了各种常用包装容器的代码、类别及要求。常用包装容器主要有:钢桶、铝桶、钢或铝以外的金属桶、钢罐、铝罐、胶合板桶、纤维纸桶、塑料桶和罐、天然木箱、胶合板箱、再生木箱、纤维板箱、塑料箱、钢或铝箱、纺织品袋、编制塑料袋、塑料膜袋、纸袋等。具体样式可扫描封面二维码查看。

3.标记和单证

1)标记

除航空运输外,内装有有限数量危险货物的包件不需要以内装物的正式名称或联合国编号作出标签或标记,但应显示图1-4-2的标记。

标记必须明显,清晰,并能承受露天暴露而不明显减低效果。标记的上下部分和边线应为黑色,中心区域为白色或适当反差底色;标记最小尺寸:100mm×100mm;菱形边的最小宽度:2mm;如包件的大小有需要,可缩小尺寸,但不得小于50mm×50mm,且标记仍必须清晰可见。

在航空运输情况下,内装有有限数量危险货物的包件应显示图1-4-3的标记。

标记必须明显,清晰,并能承受露天暴露而不明显减低效果。标记的上下部分和边线应为黑色,中心区域为白色或适当反差底色;标记最小尺寸:100mm×100mm;菱形边的最小宽度:2mm;符号"Y"置于标记中央,须清晰可见;如包件的大小有需要,可缩小尺寸,但不得小于50mm×50mm,且标记仍必须清晰可见。

图1-4-2　有限数量包件标记(航空运输除外)　图1-4-3　有限数量包件标记(航空运输)

有限数量的最大值为5kg(5L),有限数量的最小值为500g(100mL)。有限数量对其包装、容器也有较高、较明确的要求。有限数量危险货物最小值分别为:500g(100mL)时,远远大于"每个内容器的最大净装载量"中的最小值为1g。由此可见,有限数量危险货物所涉及的最小重量大于例外数量危险货物所涉及的最小重量的500倍,故有限数量危险货物运输主要用于道路运输,也可以说是危险货物道路运输限量豁免。如小包装5L以下的白酒(乙醇饮料,按体积含乙醇高于24%,但不超过70%,UN 3065),可以豁免按普通货物运输。

综上所述,例外数量、有限数量,规定了限量运输的相关危险货物及每一内包装可运输的最大数量。有限数量大于例外数量可运输的数量。

2)单证

(1)在航空运输和水路运输的情况下,危险货物以有限数量运输时,在危险货物运输单证的危险货物说明中应写入"有限数量"或"LTDQTY"一词。

注:LTDQTY(Limited Quantity)为"有限数量"的英文缩写。

(2)除航空运输和水路运输外,危险货物以有限数量运输时,无须适用《规章范本》5.4.1中对危险货物运输单证的要求。

4.豁免

(1)印有图1-4-3所示标记"有限数量包件标记(航空运输)"的装有危险货物的包件,视为已符合第6章的规定,无须再印有图1-4-2所示标记"有限数量包件标记(航空运输除外)"。

(2)以有限数量包装的危险货物,在同一车或一个集装箱内,无须适用任何隔离要求。

(3)以有限数量包装的危险货物时,无须适用《规章范本》1.4中安全规定和《规章范本》7.2.4中对公路运输、铁路运输的安全规定。

针对道路运输而言,有限数量包装的危险货物可按普通货物运输。

三、《危险货物道路运输安全管理办法》有关规定

2019年,交通运输部、工业和信息化部、公安部、生态环境部、应急管理部、国家市场监督管理总局联合下发的《危险货物道路运输安全管理办法》(交通运输部令2019年第29号)

"第三章例外数量与有限数量危险货物运输的特别规定"中,对例外数量与有限数量危险货物运输作出了具体的规定。其主要要求有:

(1)例外数量危险货物的包装、标记、包件测试,以及每个内容器和外容器可运输危险货物的最大数量,应当符合《危险货物道路运输规则》(JT/T 617)的要求。

(2)有限数量危险货物的包装、标记,以及每个内容器或者物品所装的最大数量、总质量(含包装),应当符合《危险货物道路运输规则》(JT/T 617)的要求。

(3)托运人托运例外数量危险货物的,应当向承运人书面声明危险货物符合《危险货物道路运输规则》(JT/T 617)的包装要求。承运人应当要求驾驶人员随车携带书面声明。

托运人应当在托运清单中注明例外数量危险货物以及包件的数量。

(4)托运人托运有限数量危险货物的,应当向承运人提供包装性能测试报告或者书面声明危险货物符合《危险货物道路运输规则》(JT/T 617)的包装要求。承运人应当要求驾驶人员随车携带测试报告或者书面声明。

(5)例外数量、有限数量危险货物包件可以与其他危险货物、普通货物混合装载,但有限数量危险货物包件不得与爆炸品混合装载。

(6)运输车辆载运例外数量危险货物包件数不超过1000个或者有限数量危险货物总质量(含包装)不超过8000kg的,可以按照普通货物运输。

注:《危险货物道路运输安全管理办法》中通过引用《危险货物道路运输规则》(JT/T 617),规定了有关例外数量与有限数量危险货物运输问题。为便于读者学习和理解,本节以强制性国家标准《危险货物例外数量及包装要求》(GB 28644.1)、《危险货物有限数量及包装要求》(GB 28644.2)为依据,介绍例外数量与有限数量危险货物运输的有关概念、要求。

第五章 危险货物道路运输包装

包装,是指在流通过程中为保护产品,方便储运,促进销售,按一定技术方法而采用的容器、材料及辅助物等的总体名称(图1-5-1)。也指为了达到上述目的,在采用容器、材料和辅助物的过程中开展的操作活动。

图1-5-1 包装举例

危险货物道路运输包装是指采用一定的材料和技术,对危险货物施加一种保护性措施,以保证其在运输过程中完好无损。其对确保运输安全及人民生命财产安全有重大意义。

依据我国的法规,托运人(危险货物生产、经营企业)应负责危险货物道路运输包装的选择以及使用,并保证危险货物的包装,符合国家标准、行业标准,悬挂或粘贴化学品安全技术说明书和化学品安全标签,是合格产品。为了保证危险货物道路运输的安全,承运人也应了解一些危险货物运输包装相关知识。

第一节 危险货物包装的作用及分类

一、危险货物包装的作用

1.包装的作用

因不同危险货物具有不同程度的危险特性,其包装不仅须保证与所装货物的危险性相容（即能承受所装货物的侵蚀、化学反应等），同时还要确保货物在运输、装卸、储存、销售等过程中的安全。不恰当的危险货物道路运输包装不但会影响所装货物的质量，还可能在运输、装卸等过程中造成运输工具、设施的损害和污染以及人员伤亡和财产损毁。

危险货物的危险性主要取决于其自身的理化性质，同时也会受到外界条件的影响，如温度、雨雪水、机械作用以及不同性质货物之间的影响。除了一般的经济学、市场营销学上的意义外，危险货物道路运输包装还具有如下重要作用。

（1）能够防止危险货物因接触雨雪、阳光、潮湿空气和杂质而使货物变质，或发生剧烈化学反应所造成的事故。

（2）可以减少货物在运输过程中所受到的碰撞、振动、摩擦和挤压，使危险货物在包装的保护下保持相对稳定状态，从而保证运输过程的安全。

（3）可以防止因货物撒漏、挥发以及与性质相悖的货物直接接触而发生事故或污染运输设备及其他货物的事情发生。

（4）便于储运过程中的堆垛、搬动、保管，提高车辆生产率、运送速度和工作效率。

2.包装的要求

为了保证危险货物包装应起的作用，危险货物道路运输包装必须满足以下基本要求。

1）包装的适应性要求

材质、形式、规格、方法和内装货物质量应与所装危险货物的性质和用途相适应，应根据所装危险货物的性质和用途选择相对应的运输包装材质。如危险货物具有腐蚀特性，则其运输包装材质必须防腐蚀。如同属强酸的浓硫酸可用铁质容器，而其他任何酸都不能用铁器盛装，这是因为75%以上的浓硫酸会使铁的表面氧化生成一层薄而结构致密的氧化物保护膜，能阻止浓硫酸与铁质容器的连续反应。不过不能将盛装浓硫酸的铁器敞开置放，否则浓硫酸会吸收空气中的水分变稀而变成稀硫酸，稀硫酸能破坏已形成的四氧化三铁保护膜，使铁容器被腐蚀。铝可以用作硝酸、醋酸的容器，但不能盛装其他酸。氢氟酸不能使用玻璃容器等。运输包装与内装物直接接触部分，必要时应有内涂层或进行防护处理，运输的包装材质不应与内装物发生化学反应而形成危险产物或导致包装强度被削弱。

2）包装的合理性和质量要求

危险货物道路运输包装应结构合理、质量良好，并具有足够的强度，防护性能好，其构造和封闭形式应能承受正常运输条件下的各种作业风险，不应因温度、湿度或压力的变化而发生任何渗（洒）漏，表面应清洁，不允许黏附有害的危险物质。同时，运输包装还应具有足够强度，以保护包装内货物不受损失。危险货物道路运输包装的强度，与所装货物性质、形态密切相关，对于气体，处于较高的压力下，使用的是耐压钢瓶，强度极大；又因各种气体的临界温度和临界压力不同，要求钢瓶耐受的压力大小也不一样。我国现阶段所用的各种气瓶的设计、制造、充装、运输、储存、销售、使用和检验等，均应符合原国家质量技术监督局颁发的《气瓶安全监察规定》（国家质量监督检验检疫总局令2015年第166号）的有关规定。

盛装液体货物的容器,应能经受在正常运输条件下产生的内部压力。灌装时必须留有足够的膨胀余量(预留容积),除另有规定外,应保证在温度55℃时,内装液体不致完全充满容器。同时,考虑到液体货物热胀冷缩系数比固体大,液体货物的包装强度应比固体的高。同是液体货物,沸点低的可能产生较高的蒸气压力;同是固体货物,密度大的在搬动时产生的动能也大,这些都要求包装有较大的强度。

一般来说,当危险货物危险性较高时,发生事故的危害性也较大,其运输包装强度也应相对较高一些。同一种危险货物,单件包装质量越大,包装强度也应越高。同一类包装运距越长、装卸次数越多,包装强度也应越高。

检验包装强度的方法,是根据在运输过程中可能遇到的各种情况做各种不同的模拟试验,以检验包装构造是否合理,能否经受起正常运输条件下所遇到的冲撞、挤压、摩擦等。通常运输包装试验有液压试验、气密试验、跌落试验、堆码试验等,但不是每一种包装都要做以上的各种试验,而是根据货物性质,所用包装材质和形式选做其中一项或几项。

3)包装封口的要求

包装封口应根据内装物性质采用严密封口、液密封口或气密封口。一般来说,危险货物包装的封口应严密不漏。特别是挥发性强或腐蚀性强的危险货物,封口更应严密,但对有些危险货物不要求封口严密,甚至还要求设有排气孔。如盛装需浸湿或加有稳定剂的物质时,其容器封闭形式应能有效地保证内装液体(水、溶剂和稳定剂)的百分比,在储运期间保持在规定的范围以内;而对有降压装置的包装,其排气孔设计和安装应能防止内装物泄漏和外界杂质进入,排出的气体量不得造成危险和污染环境。

4)内外包装间填充材料的要求

内外包装之间应有适当的衬垫材料或吸附材料。运输包装有很多是复合包装。直接用于商品销售的包装称销售包装,为方便销售,一般单件质量较小,故又称小包装。为了运输的方便,将若干个小包装组合起来再包装成一个大件,称运输包装。这样的运输包装就是一个组合包装,组合包装由外包装(又称大包装)和内包装两部分组成。

使用复合包装时,内容器应予固定,并与外包装紧密贴合,外包装不得有擦伤内容器的凸出物。此外,如内容器易碎且盛装易洒漏货物,应使用与内装物性质相适应的衬垫材料或吸附材料衬垫妥实。

实际中,通常使用的衬垫材料有瓦楞纸、细刨花、草套、草垫、纸屑等有机物以及气泡塑料、发泡塑料、硅藻土、蛭石、陶土、黄沙等惰性材料。

5)包装适应温度、湿度变化的要求

危险货物道路运输包装应能适应一定范围的温度和湿度变化。我国幅员辽阔,地区之间环境条件差异较大,同一时间各地气温、气候、湿度等相差很大,国际货物运输的温差和湿差相差则更大。

温差和湿差对危险货物运输有重要影响,运输包装也必须适应这些环境和条件的变化。如氯化氢、氰化氢、四氧化氮是经过降温加压后装在钢瓶内呈液态的物质,它们的沸点极低,一般在20℃以上即变成气体。这些气体有毒,不能允许其逸出,这样必然增加了包装内压,故这些货物需用耐压钢瓶盛装。又如无水醋酸(俗称冰醋酸),在低于16℃时即凝成固体,体积会膨胀,易将盛装的容器胀裂,或部分结冰在容器内晃动,将易碎容器敲破而发生事故,因此,温差较大地区内的运输,不能用易碎品作冰醋酸的内包装。

此外,因为各地湿度存在差异,运输包装的防潮措施应按相对湿度最大的地区考虑,以利于防止货物吸潮后变质和吸潮后引起化学反应而发生事故。通常包装用的防潮衬垫有塑料袋、沥青纸、铝箔纸、耐油纸、蜡纸以及干燥剂等,同时一些外包装如纸箱、纸袋、木箱等也有一定的防潮作用与性能。

6)单件包装满足运输的要求

单件包装货物的质量、规格和形式应满足运输要求。每件运输包装的质量和体积应符合规定,不能过重或过大,否则不便于搬运。较重的货件应有便于提起的提手或抓手,应有便于使用装卸机械的吊环扣或底部槽间隙。一般来说,危险性大的货物,单件货物质量要小一些;危险性小的货物,可以允许采用较大一些的包装。单件货物质量不只是与危险货物的性质有关,还与各种运输方式的货舱大小、运输形式和装卸手段有关。以铁桶为例,海运规定单件货物的最大容积为450L,最大净质量为400kg,因为在港口装卸有庞大的船舶起重机、港口起重机可供使用,船舱是上部开门,货物进出货舱很方便,这样的体积和质量对海运不存在什么困难。单件质量为400kg对铁路运输来说是可以接受的,但是450L体积的大铁桶要进入火车的车厢就会很困难,所以铁路运输规定,铁桶的件容积不得超过220L。而航空运输则规定桶的最大容积220L,最大净质量200kg。

同样,包装的外形尺寸也应与运输工具相适应,包括集装箱的容积、装载量应和装卸机具相配合,以便于装卸、积载、搬运和储存。

7)包装标志的要求

为了实现危险货物运输安全,使从事危险货物的运输、装卸、储存等有关人员在进行危险货物运输作业时提高警惕,以防发生危险,并在一旦发生事故时能及时采取正确的施救措施,故危险货物运输包装必须符合《危险货物包装标志》(GB 190)的规定。标志应正确、明显、牢固、清晰。一种危险货物同时具有两种以上危险性质的,应分别具有表明该货物主次特性的主次标志。一个集合包件内具有几种不同性质的货物,所有这些货物的危险性质标志都应在集合包件的表面标示出来。

为了说明货物在装卸、保管、运输、开启时应注意的事项(如易碎、禁用手钩、怕湿、向上、吊装位置等),危险货物运输包装上必须同时粘贴有符合《包装储运图示标志》(GB/T 191)规定的图示标志。包装的表面还必须有内装货物的正确品名(必须与托运书中所列品名一致)、货物的质量等运输识别标志以及表明包装本身的质量等级的标志等。

8)对包装进行性能试验的要求

由于危险货物性质的特殊性,为确保运输安全,避免货物在正常运输条件下受到损害,对于危险货物的运输包装还必须按照有关规定进行性能试验。经试验合格后并在包装表面标注上持久、清晰、统一的合格标记后方可使用。

一般来说,每种包装形式或包装材质在生产前都应该对该包装的设计、尺寸、体积、选材、制造以及包装方法进行试验,如果在设计、选材、制造和使用等环节有任何变动或改动,都应进行重复试验,以确保性能标准满足运输安全的要求。对重复使用的包装除清洗整理外,应定期进行重复试验,不论实际上是否对重复使用的包装进行过试验,在其使用时都必须达到性能试验的要求和标准。

9)盛装爆炸品包装的附加要求

盛装爆炸品容器的封闭形式,应具有防止渗漏的双重保护;除内包装能充分防止爆炸品与金属接触外,铁钉和其他没有防护涂料的金属部件不得穿透外包装。

双重卷边接合的钢桶、金属桶或以金属做衬里的包装箱,应能防止爆炸物进入间隙。钢桶或铝桶的封闭装置必须有合适的垫圈。包装内的爆炸物质和物品,包括内容器,必须衬垫妥实,在运输中不得发生危险性移动。

盛装有对外部电磁辐射敏感的电引发装置的爆炸品,包装应具备防止所装物品受外部电磁辐射影响的功能。

二、危险货物包装的分类

《危险货物运输包装通用技术条件》(GB 12463)根据盛装内装物的危险程度不同,将运输包装分为3个类别,即Ⅰ类包装:适用内装危险性较大的货物;Ⅱ类包装:适用内装危险性中等的货物;Ⅲ类包装:适用内装危险性较小的货物。

《危险货物分类和品名编号》(GB 6944)将除第1类、第2类、第7类、5.2项和6.2项物质,以及4.1项的自反应物质以外的物质,根据其危险程度,划分为3个包装类别,即Ⅰ类包装:具有高度危险性的物质;Ⅱ类包装:具有中等危险性的物质;Ⅲ类包装:具有轻度危险性的物质。同时,《危险货物品名表》的第6栏"包装类别"中列出了该危险货物应使用的包装等级。

危险货物道路运输包装的分类方法主要有以下3种。

1.按危险货物的物质种类分类

危险货物自身的物理化学性质在客观上决定了包装的特殊要求,各类危险货物有的可采用通用的危险货物包装,有的只能或必须采用分类物品的专用包装。所以,按危险货物的物种划分,一般可分为通用包装、爆炸品专用包装、气体(气瓶)专用包装、腐蚀性物质包装、特殊物品专用包装等5种。

气体危险货物的专用包装,其最显著的特点是能承受一定程度的内压力,所以又称压力容器包装。

2.按危险货物的包装材料分类

按危险货物使用的包装材料分类,一般可分为木制包装(木桶、木箱)、金属制包装(热轧薄钢板、热轧薄钢板、镀锌钢板、镀锡钢板、塑料复合钢板、铝薄板)、纸制包装(纸箱、纸盒、纸桶、纸袋等）、玻璃陶瓷制包装（玻璃瓶、陶坛、瓷瓶）、棉麻织品制包装（用棉麻织品及塑料编织纤维做成的包装，一般统称袋）、塑料制包装（桶、袋、箱、瓶、盒、罐等）和编织材料包装（由竹、柳、草三种材料编织而成的容器，常见的有竹箩、竹箱、竹笼、柳条筐、柳条篓、薄草席包、草袋等）等。

3.按危险货物的包装类型分类

按危险货物包装容器类型分类，一般可分为桶（罐）类（钢桶、铝桶、钢罐、木琵琶桶、胶合板桶、硬质纤维板桶、硬纸板桶、塑料桶等）、箱类（金属箱、木箱、胶合板箱、硬纸板箱、再生木板箱）、袋类（塑料编织袋、纸袋、）、坛类、筐篓类以及复合包装等多种。

第二节　危险货物包件（包装）、中型散装容器和大型包装使用要求

一、有关名词

1.危险货物包件

包件，是指包装作业的完结产品，包括准备好供运输的包装、大型包装或中型散装容器及其内装物（图1-5-2）。

注1：包括气体容器，以及因各种原因（如尺寸、质量或构造）可以采用无包装运输或放置在支架、围板箱或其他装置中。

注2：除放射性物质运输外，不包括散货运输和罐车运输的物质。

图1-5-2　危险货物包件

2.中型散装容器

中型散装容器（IBC），是指满足下列条件的硬质或者柔性可移动容器。

（1）容量。

①装包装类别Ⅱ和包装类别Ⅲ的固体和液体时不大于3.0m³。

②包装类别Ⅰ的固体若装在柔性、硬塑料、复合、纤维板和木制中型散装容器时不大于1.5m³。

③包装类别Ⅰ的固体若装在金属中型散装容器时不大于3.0m³。

④装第7类放射性物质时不大于3.0m³。

(2)设计适用于机械装卸。

(3)能经受装卸和运输中产生的各种应力,该应力由试验确定(图1-5-3)。

图1-5-3　中型散装容器

3.大型包装

大型包装(LP),是指由一个内装多个物品或内包装的外包装组成的包装,并且设计适用于机械方法装卸,其净质量超过400kg或容积超过450L,但体积不超过3m³(图1-5-4)。

二、包装、中型散装容器和大型包装的使用要求

1.包装、中型散装容器和大型包装的一般规定

(1)危险货物应装在质量合格的包装(包括中型散装容器和大型包装)内。

新的、再次使用的、修复过的和改制的包装(包括中型散装容器和大型包装)应足够坚固,能够承受仓储搬运、运输、周转时遇到的冲击和荷载。包装(包括中型散装容器和大型包装)应结构合理、具有良好的密封性,能够防止正常运输过程中由于振动,以及温度、湿度或压力的变化(如因海拔不同所致)引起的任何内装货物损失。

图1-5-4　大型包装

在运输过程中,不应有任何危险残余物质黏附在包装(包括中型散装容器和大型包装)的外表面。

(2)包装(包括中型散装容器和大型包装)与危险货物直接接触的各个部位:

①不应由于危险货物的影响使其强度明显减弱。

②不应在包件内造成危险效应,例如促使危险货物起反应或与危险货物起反应。

③在正常的运输条件下不会发生危险货物渗透情况。

④必要时,与危险货物直接接触的各个部位可有适当的内涂层或经过适当的处理。

(3)每个包装、中型散装容器和大型包装(内包装除外),应按照相关质量保证体系进行生产和检测试验。每种设计型号的包装、中型散装容器和大型包装应按照国家相关要求进

行性能检验或型式认可,性能检验按照如下要求进行:

①包装应按照《公路运输危险货物包装检验安全规范》(GB 19269)第7章的规定进行性能检验并取得试验(检测)报告。

②中型散装容器应按照《危险货物中型散装容器检验安全规范》(GB 19434)第7章的规定进行性能检验,每个批次的产品还须取得检验机构签发的检验合格证书。

③大型包装应按照《危险货物大包装检验安全规范》(GB 19432)第7章的规定进行性能检验并取得合格报告。

④气雾剂包装(容量不大于1000mL,压力不大于1.2MPa)应按照《危险货物小型气体容器检验安全规范》(GB 19521.13)进行检验并取得合格报告。

⑤对于在常温状态下,工作压力不大于2.43MPa(表压),水容积1L~25L,充装低压液化气体或溶解气体的金属气瓶应按照《危险货物中小型压力容器检验安全规范》(GB 19521.14)第8章的规定进行性能检验并取得合格报告。

(4)其他规定。

①危险货物应装在质量合格的包装内。

②应足够坚固,能够承受仓储搬运、运输、周转时遇到的冲击和荷载。

③包装应按照相关质量保证体系进行生产和检测试验,每种设计型号的包装、中型散装容器和大型包装应按照国家相关要求进行性能检验或型式认可。

④装载液体时,应留有足够的膨胀空间。

⑤内包装应合理放置在外包装中,确保在正常运输条件下,内包装不会破裂、被刺穿或内装物渗漏到外包装中。

⑥规定了无须另做包装试验的条件,具体可参见JT/T 617.4中表1最大充装度。

⑦装有潮湿或稀释物质的包装,其封闭装置应能保证液体(水、溶剂或减敏剂)的浓度在运输过程中不会下降到规定的限值以下。

⑧规定了托运人的职责,即在装货和移交运输之前,托运人应检查每个包装、中型散装容器和大型包装,确保无腐蚀、污染或其他破损,应检查每个中型散装容器辅助设备是否正常工作。

⑨除非已采取适当措施消除危险性,否则装载过危险货物的空包装(包括中型散装容器和大型包装),应与装有该物质的包装适用相同要求。

⑩除非另有规定,塑料桶和罐、刚性塑料中型散装容器、带塑料内容器的复合中型散装容器,允许使用期限为从包装的制造日期起最多不超过五年。

2.救援包装及大型救援包装的使用

1)基本概念

救援包装,是指用于放置为了回收或处理损坏、有缺陷、渗漏或不符合规定的危险货物包装,或者溢出或漏出的危险货物的特殊包装。

大型救援包装,是指在回收或处置运输中,用来放置已损坏、有缺陷或已渗漏的危险货物包件,或者已溢出或泄漏的危险货物的一种特殊包装。

注:包装设计适用于机械方法装卸,其净质量超过400kg或容积超过450L,但体积不超过3m³。

2)基本要求

(1)有损坏、缺陷、渗漏的包件,可以装在大型救援包装中运输。除非另有规定,救援包装或大型救援包装应能够装载固体或内包装,并且按照包装类别Ⅱ的要求进行试验和标记。也可使用更大尺寸的包装(包括中型散装容器和大型包装)作为救援包装。

(2)应采取适当措施,防止损坏或渗漏的包件在救援包装内剧烈移动。当救援包装盛装有液体时,应添加足够的惰性材料以吸收渗漏的液体。

(3)应采取适当措施,确保救援包装不会由于压力升高而造成危险。

(4)救援压力容器每次使用后都应清洗、消毒和外观检查,并按照《压力容器定期检验规则》(TSG R7001)的要求进行定期检验。

3.有关包装指南的一般规定

为了规范危险货物包装,保障运输安全,本部分给出了第1~9类危险货物的包装指南,每一包装指南根据情况列出了可接受的单一包装和组合包装。组合包装的指南,列出了可接受的外包装、内包装,以及使用时每个内包装或外包装中允许的最大数量。

对于具体品名的危险货物,其包装方法可以通过JT/T 617.3道路运输危险货物一览表第(8)列或第(9)列,查出该物品或物质应使用的"包装指南"及其"特殊包装规定"代码,进而通过JT/T 617.4附录A包装指南一览表和附录B运输包装代码和标记要求,查出代码明确的包装规定。

第三节 危险货物可移动罐柜运输使用要求

一、可移动罐柜

可移动罐柜,一种符合《规章范本》定义的多式联运罐体。当其用于运输第2类气体时,其容积大于450L。可移动罐柜具有以下特点:

(1)运输危险货物的包装容器,可以用于多式联运。

(2)包括壳体和与其链接的辅助设备和结构设备。

(3)可以在不打开其机构装置的情况下进行装卸货物。

(4)壳体通常处于外部梁保护之下。

(5)其机构设计使其可以被吊到公路、铁路车辆或船上;通常以罐式集装箱的形式出现,使用于《1972年国际集装箱安全公约》(CSC)(图1-5-5)。

二、可移动罐柜的使用要求

可移动罐柜,由JT/T 617.3道路运输危险货物一览表第(10)列的可移动罐柜导则表示。

图1-5-5　可移动罐柜

　　本部分给出了使用可移动罐柜运输第3类至第9类物质、非冷冻液化气体和加压化学品、冷冻液化气的一般规定，提出了使用可移动罐柜运输危险品的要求。明确了多单元气体容器使用的一般规定，确定了可移动罐柜指南的适用范围和可移动罐柜的特殊规定。

　　（1）用于运输这些物质的可移动罐柜导则和特殊规定见JT/T 617.3道路运输危险货物一览表第（10）列和第（11）列，其具体含义可通过查询JT/T 617.4附录D可移动罐柜导则和附录E可移动罐柜特殊规定确定。

　　（2）当可移动罐柜采用集装箱结构时，还应符合《1972年国际集装箱安全公约》（CSC）以及《系列1集装箱　分类、尺寸和额定质量》（GB/T 1413）、《系列1集装箱　技术要求和试验方法 液体、气体及加压干散货罐式集装箱》（GB/T 16563）和《集装箱　代码、识别和标记》（GB/T 1836）等标准的技术要求。

　　（3）当可移动罐柜属于移动式压力容器时，还应满足特种设备相关安全技术规范的要求。

　　（4）如果某些物质的化学性质不稳定，托运人应采取必要的措施，防止运输途中发生危险化学反应。

　　（5）在运输期间，应采取足够的防护措施防止因受到横向、纵向的碰撞及侧翻，导致可移动罐柜壳体及其装卸设备的损坏。

　　（6）在运输期间，可移动罐柜壳体（不包括开口及其封闭装置）或隔热层外表面的温度不应超过70℃。若有需要，壳体应具有绝热层。

　　（7）未进行清洁、残留有气体的空罐柜，应按照先前充装物质的要求运输。

　　（8）可相互发生危险化学反应的物质，不得装在罐柜相邻的隔舱内运输。

　　（9）可移动罐柜应按照《规章范本》和相关要求进行制造检验并取得相应证书和牌照，此后，每2.5年应进行定期检验，并取得相应的检验报告和具有相应的定期检验标识。

第四节　危险货物运输罐式车辆罐体使用要求

一、罐式车辆罐体（固定式罐体）

罐式车辆罐体（固定式罐体），是指容积大于1000L的罐体，且与车辆走行装置永久性连接（进而成为罐式车辆）或者与该车车架形成一个整体（图1-5-6）。

图1-5-6　罐式车辆罐体

二、罐式车辆罐体使用要求

本部分给出了罐式车辆、罐式集装箱，以及金属罐式交换箱体、管束式集装箱、长管拖车和多单元气体容器（MEGCs）的使用范围、适用于所有类别的规定、适用于第1～9类的特殊规定，提出JT/T 617.3道路运输危险货物一览表第（13）列中特殊规定的要求。

罐式车辆罐体的使用要求的一般规定：

（1）液体危险货物罐式车辆金属常压罐体的制造、检验应满足《道路运输液体危险货物罐式车辆　第1部分：金属常压罐体技术要求》（GB 18564.1）的要求。液体危险货物罐式车辆非金属常压罐体的制造、检验应满足《道路运输液体危险货物罐式车辆　第2部分：非金属常压罐体技术要求》（GB 18564.2）的要求。

（2）冷冻液化气体汽车罐车罐体的制造、检验应满足《冷冻液化气体汽车罐车》（NB/T 47058）的要求。液化气体汽车罐车罐体的制造、检验应满足《液化气体汽车罐车》（GB/T 19905）的要求。

（3）当罐式车辆罐体适用于特种设备中移动式压力容器的要求时，还应满足特种设备有关安全技术规范的规定。

（4）JT/T 617.3道路运输危险货物一览表第（12）"罐体代码"列的含义：

①P开头的罐体代码表示可以装载液化气体或溶解气体的罐体；

②R开头的罐体代码表示可以装载冷冻液化气体的罐体；

③S开头的罐体代码表示可以装载固体；

④L开头的罐体代码表示可以装载液态物质的罐体。

（5）当JT/T 617.3道路运输危险货物一览表第（12）列标明了罐体代码时，该货物才能使用罐式车辆运输，某些特定货物还应遵守JT/T 617.3道路运输危险货物一览表第（13）列中标明的特殊规定。特殊规定的具体含义可通过查询JT/T 617.4附录F罐式车辆罐体特殊规定确定。

（6）运输过危险货物的罐体不得装运食品。

（7）罐车所有人应保存并维护罐体档案，应保留至罐体报废后的12个月。罐体档案主要内容包括罐体质量证明、罐体出厂检验报告、定期检验报告等。在罐体生命周期内若发生所有者变更时，罐体档案应移交给新所有人。

（8）未经清洗的空罐体。

①在运输过程中，充装物质的危险残留物不应黏附在罐体的外部。

②未经清洗的空罐体应按照先前充装物质的要求进行运输。

三、充装作业

（1）在罐体充装和卸货时，要采取适当措施防止过量的危险气体或蒸气泄漏。充装人在罐体充装后应检查罐体封闭装置是否泄漏。

（2）当多道封闭装置串联在一起时，最靠近充装物质的封闭装置应首先关闭。

（3）除非隔舱隔板厚度大于罐体壁厚，否则可能发生危险化学反应的物质不得在罐体相邻隔舱内运输。可能发生危险化学反应的物质可以使用一个空舱隔开。

第六章　危险货物道路运输托运

本章参照 JT/T 617.5,主要介绍危险货物道路运输托运人基本要求以及危险货物运输包件标记与标志、危险货物运输罐体及车辆标记与标志、危险货物托运清单。

第一节　危险货物道路运输托运人基本要求

一、有关托运人的规定

1.《危险化学品安全管理条例》

第十五条　危险化学品生产企业应当提供与其生产的危险化学品相符的化学品安全技术说明书,并在危险化学品包装(包括外包装件)上粘贴或者拴挂与包装内危险化学品相符的化学品安全标签。化学品安全技术说明书和化学品安全标签所载明的内容应当符合国家标准的要求;危险化学品的包装应当符合法律、行政法规、规章的规定以及国家标准、行业标准的要求。

第四十六条　通过道路运输危险化学品的,托运人应当委托依法取得危险货物道路运输许可的企业承运。

第四十五条第二款　用于运输危险化学品的槽罐以及其他容器应当封口严密,能够防止危险化学品在运输过程中因温度、湿度或者压力的变化发生渗漏、洒漏;槽罐以及其他容器的溢流和泄压装置应当设置准确、起闭灵活。

第六十三条　托运危险化学品的,托运人应当向承运人说明所托运的危险化学品的种类、数量、危险特性以及发生危险情况的应急处置措施,并按照国家有关规定对所托运的危险化学品妥善包装,在外包装上设置相应的标志。

运输危险化学品需要添加抑制剂或者稳定剂的,托运人应当添加,并将有关情况告知承运人。

第六十四条　托运人不得在托运的普通货物中夹带危险化学品,不得将危险化学品匿报或者谎报为普通货物托运。

任何单位和个人不得交寄危险化学品或者在邮件、快件内夹带危险化学品,不得将危险化学品匿报或者谎报为普通物品交寄。邮政企业、快递企业不得收寄危险化学品。

对涉嫌违反本条第一款、第二款规定的,交通运输部门、邮政部门可以依法开拆查验。

拓展知识

依据《危险化学品安全管理条例》第十五条、第六十三条规定，危险化学品生产企业、托运人应对危险化学品包装质量负责。

包装产品质量包括：

(1)提供与其生产的危险化学品相符的化学品安全技术说明书(简称"一书")，在危险化学品包装上粘贴或者拴挂与包装内危险化学品相符的化学品安全标签(简称"一签")。

(2)包装符合法规标准。

(3)设置相应的标志。

(4)向承运人说明所托运的危险化学品的种类、数量、危险特性以及发生危险情况的应急处置措施。而对危险货物道路运输企业(承运人)而言，其主体责任是道路运输。

由于"危险货物"的特殊性，承运人应根据托运人提供的"一签一书"等资料了解所运"危险货物"的有关危险信息，保证运输过程中"危险货物"的安全。简单来讲，托运人负责所托运危险货物的包装合格，承运人负责危险货物道路运输，同时应了解所运危险货物的有关特性，应对突发情况以及交通事故造成危险货物包装损坏情况。

2.《道路危险货物运输管理规定》

第二十七条　危险货物托运人应当委托具有道路危险货物运输资质的企业承运。

危险货物托运人应当对托运的危险货物种类、数量和承运人等相关信息予以记录，记录的保存期限不得少于1年。

第二十八条　危险货物托运人应当严格按照国家有关规定妥善包装并在外包装设置标志，并向承运人说明危险货物的品名、数量、危害、应急措施等情况。需要添加抑制剂或者稳定剂的，托运人应当按照规定添加，并告知承运人相关注意事项。

危险货物托运人托运危险化学品的，还应当提交与托运的危险化学品完全一致的安全技术说明书和安全标签。

第三十八条第二款　危险货物运输托运人和承运人应当按照合同约定指派装卸管理人员；若合同未予约定，则由负责装卸作业的一方指派装卸管理人员。

3.《危险货物道路运输安全管理办法》

第十条　托运人应当按照《危险货物道路运输规则》(JT/T 617)确定危险货物的类别、项别、品名、编号，遵守相关特殊规定要求。需要添加抑制剂或者稳定剂的，托运人应当按照规定添加，并将有关情况告知承运人。

第十一条　托运人不得在托运的普通货物中违规夹带危险货物，或者将危险货物匿报、谎报为普通货物托运。

第十二条　托运人应当按照《危险货物道路运输规则》(JT/T 617)妥善包装危险货物，

并在外包装设置相应的危险货物标志。

第十三条 托运人在托运危险货物时,应当向承运人提交电子或者纸质形式的危险货物托运清单。

危险货物托运清单应当载明危险货物的托运人、承运人、收货人、装货人、始发地、目的地、危险货物的类别、项别、品名、编号、包装及规格、数量、应急联系电话等信息,以及危险货物危险特性、运输注意事项、急救措施、消防措施、泄漏应急处置、次生环境污染处置措施等信息。

托运人应当妥善保存危险货物托运清单,保存期限不得少于12个月。

第十四条 托运人应当在危险货物运输期间保持应急联系电话畅通。

注:

(1)办法首次提出"危险货物托运清单"要求。

(2)托运人负责制作"危险货物托运清单",并向承运人提交。

(3)办法明确了"危险货物托运清单"应当载明的信息。

(4)办法规定了"托运人应当在危险货物运输期间保持应急联系电话畅通"。一般情况下,托运人是货主,更了解其生产的"危险货物",故在应急方面具有权威的指导意见。

二、托运人的基本要求

(1)危险货物交付运输时,托运人应依据JT/T 617.2对危险货物进行分类,且确认该货物允许进行道路运输。

(2)使用的包装、大型包装、中型散装容器和罐体应符合JT/T 617.4的规定,并按照其中第6章包件标记和标志和第7章集装箱、罐体与车辆标志牌及标记的要求粘贴标记、标志。

(3)托运人应向承运人如实提供危险货物特性信息,以及JT/T 617.5中8.2危险货物托运清单规定的托运清单、法规要求的相关证明文件。

(4)危险货物道路运输车辆标志牌的材质、性能及试验方法应符合《道路运输危险货物车辆标志》(GB 13392)的规定。车辆标志牌的规格样式及使用要求应符合第7章集装箱、罐体与车辆标志牌及标记的规定。

第二节 危险货物道路运输包件标记与标志

一、有关名词

1.标记

标记,是指一种图形标志,标识于货物外包装上,提示运输信息、注意事项等,主要包括危险货物联合国编号(以"UN"开头,简称"UN编号")、货物名称,或高温、危害环境、放置方向等特殊信息(图1-6-1)。

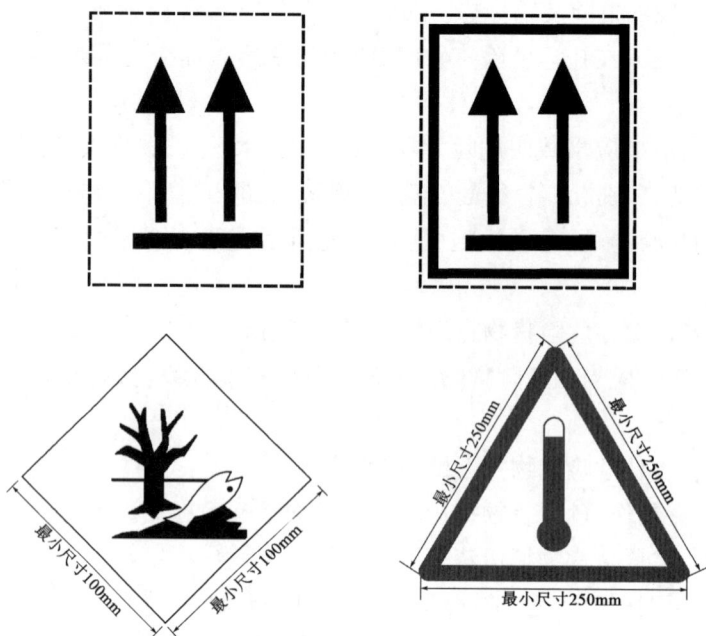

图1-6-1　危险货物运输包件标记标志举例

2.包件标志

包件标志，是指粘贴（或喷涂）在包件外表面，形状呈菱形，标明包件中危险货物的主要和次要危险性的标志。

《危险化学品安全管理条例》规定，托运人负责"按照国家有关规定对所托运的危险化学品妥善包装，在外包装上设置相应的标志"。

3.菱形标志牌

菱形标志牌，是指外形为菱形，用于标识运输对象危险特性的标志牌，喷涂或固定（粘贴、悬挂）于运输单元上，标明运输单元所载危险货物的主要和次要危险性（图1-6-2）。菱形标志牌的样式和悬挂规定，见《道路运输危险货物车辆标志》（GB 13392）。

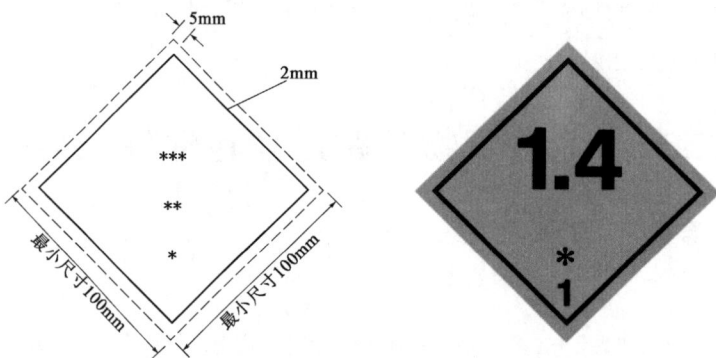

图1-6-2　菱形标志牌的样式

4.矩形标志牌

矩形标志牌,是指外形为矩形、底色为橙色,喷涂或固定(粘贴、悬挂)于运输单元上,标明所载危险货物的危险性识别号和UN编号的标志牌(图1-6-3)。矩形标志牌的样式和悬挂规定,见《道路运输危险货物车辆标志》(GB 13392)。

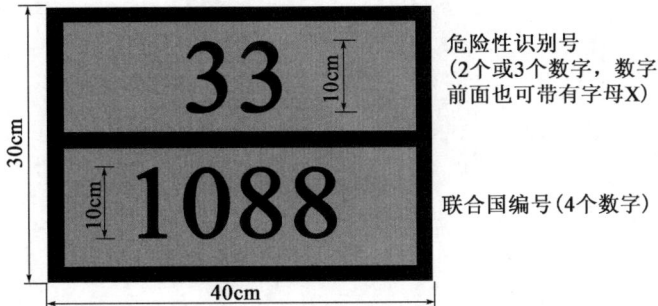

危险性识别号
(2个或3个数字,数字
前面也可带有字母X)

联合国编号(4个数字)

图1-6-3　矩形标志牌的样式

5.集合包装

集合包装,是指为了方便运输过程中的装卸和存放,将一个或多个包件装在一起以形成一个独立包装单元所用的包装物。如将多个包件放置或堆垛在托盘上,并用塑料带、收缩膜或其他适当方式紧固;或放在箱子或板条箱等外保护包装中。对放射性物质而言,集合包装为由单一托运人使用的包装。

6.主容器

装载 UN 2814、UN 2900、UN 3373、UN 3507、UN 3245危险货物的包装中,具有防渗漏特性的最内层容器。

7.集合包装要求

应按以下要求对集合包装粘贴(或喷涂)标记和标志:

(1)集合包装上标明"集合包装"字样,或同时标明"OVERPACK"字样,文字高度不小于12mm。

(2)从集合包装外部无法清晰识别内装所有包件上的 UN 编号、标志和标记的,按照6.1.1.1和6.1.1.2的要求在集合包装上标注 UN 编号,按照6.2的要求粘贴危险货物对应的标志,如果所托运货物具有环境危害性,按6.1.4的要求粘贴危害环境物质标记。

(3)包件内装的不同危险货物对应相同的 UN 编号、标志或危害环境物质标记,则只需粘贴一个即可。

(4)从集合包装外部无法清晰识别内装包件方向标记的,在集合包装相对的两面粘贴方向标记。

(5)集合包装中的每个危险货物包件,都应符合《危险货物道路运输规则》(JT/T 617)的规定。集合包装不应损害包件的性能。

(6)标有方向标记的危险货物包件放在集合包装或大型包装内时,其放置方向应符合相应的标记。

（7）集合包装应符合JT/T 617.6中8.2包件混合装载要求（图1-6-4）。

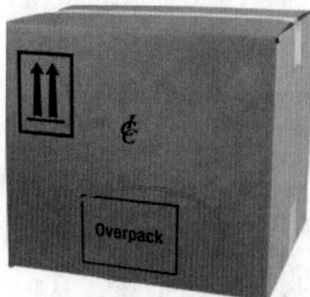

图1-6-4　集合包装的样式

8.混合包装要求

两种及以上危险货物装在同一个外包装内时，包件上应按照每种危险货物的要求作标记和粘贴标志。若危险货物对应的标志相同，则只需在外包装上粘贴一个标志（图1-6-5）。

图1-6-5　混合包装的样式

二、包件标记及要求

1.包件标记

（1）包件的外部应醒目、耐久地标上内装危险货物对应的UN编号。一般情况下，字母"UN"和编号的高度应不小于12mm，但对于容量小于或等于30L，净重小于或等于30kg的包件或水容积小于或等于60L的气瓶，标记高度应不小于6mm；对于容积小于或等于5L或净重小于或等于5kg的包件，标记的尺寸可适当缩小。无包装物品的标记应标示在物品或其托架或装卸、存储设施上。

（2）包件标记应满足以下要求：

①清晰可见且易辨识；

②能够经受日晒雨淋而不显著减弱其显示功能。

（3）救援包装和救助压力容器应另外标明"救援"字样，或同时标明"SALVAGE"字样，"救援"或"SALVAGE"字样的高度应不小于12mm。

（4）容积超过450L的中型散装容器和大型包装，应在其相对的两面作标记。

2.包件要求

(1)包件的外部应醒目、耐久地标上内装危险货物对应的 UN 编号,如图 1-6-6 所示。

图 1-6-6　包件的外部编号

(2)救援包装和救援压力容器应另外标明"救援"字样,或同时标明"SALVAGE"字样
(图 1-6-7)。

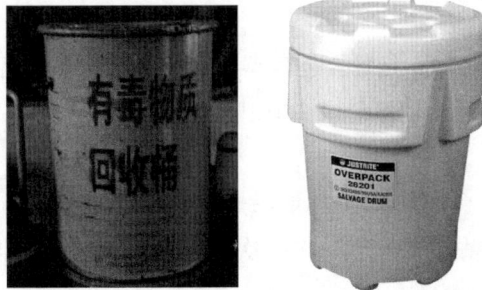

图 1-6-7　标明"SALVAGE"字样

回收包装,是指特殊的包装,用于运输途中重新回收或者清理损坏或者不密封的包件
的洒出或者泄漏的危险物品。

(3)在爆炸品的包件上标记危险货物正式运输名称(图 1-6-8)。

图 1-6-8　包件的外部名称

(4)对于包装第 2 类气体的,有关要求如下:

①在可再重装容器上,应标记气体或混合气体的 UN 编号和正式运输名称。

②当可再重装容器充装的是压缩气体或液化气体时,要标记其最大充装质量和容器自
重,或总质量。

③可再充装容器应标记容器下次检验的日期（年-月）。

三、包件标志

1.标志使用要求

（1）除非 JT/T 617.3 道路运输危险货物一览表第（6）列特殊规定有要求，危险货物的包件应粘贴 JT/T 617.3 道路运输危险货物一览表第（5）列标志给出的主要或次要危险性类别对应的标志。

（2）除 6.2.2.5（内装第2类气瓶）所规定的情况之外，标志符合下列要求：

①如果包件的尺寸足够大，所有标志应粘贴在包件同一表面；

②对于内装第1类爆炸品的包件，标志还应粘贴在紧邻危险货物正式运输名称的位置；

③粘贴标志不应被遮盖；

④多个标志应彼此紧邻粘贴；

⑤当包件形状不规则或尺寸太小时，可在包件上牢固系挂一个标牌来粘贴标志，也可采取其他等效方式。

（3）对于容量超过450L的中型散装容器和大型包装，应在相对的两个侧面上粘贴标志。

（4）对于 JT/T 617.2 附录 E 和附录 F 中已列明的自反应物质和有机过氧化物，标志还应满足下列特殊要求：

①粘贴了4.1项标志已表明货物具备易燃特性，无须粘贴第3类易燃液体标志。另外，B型自反应物质的包件应粘贴第1类爆炸品次要危险性标志，除非试验数据证明此类包装中的自反应物质不具有爆炸性。

②粘贴了5.2项标志已表明货物具备易燃特性，无须粘贴第3类易燃液体标志。但还需粘贴以下标志：

a.B型过氧化物应粘贴符合第1类爆炸品的标志，除非试验数据证明此类包装中的自反应物质不具有爆炸性。

b.若货物符合第8类腐蚀性包装类别Ⅰ和包装类别Ⅱ的包装标准，则需粘贴第8类标志。

（5）对于感染性物质包件，除粘贴6.2项感染性物质标志之外，还应根据该物质的其他危险特性粘贴相应标志。

2.标志规格和分类

（1）标志的颜色、符号和式样应符合 JT/T 617.5 附录 A 菱形标志牌图形要求。国际多式联运的道路运输部分，如果包件标志与本部分存在差异，但满足国际多式联运其对应运输方式的要求，可视为满足本部分的要求。

（2）标志应粘贴在反衬颜色的表面上，或用虚线或实线标出外缘。

（3）标志形状为与水平线呈45°角的正方形（菱形），尺寸最小应为100mm×100mm，菱形边缘内侧线的最小宽度应为2mm，内侧线与边缘之间的距离为5mm。上面两条边缘线的颜色与标志上部图形或符号相同,下面两条边缘线的颜色与标志下部类号或项号的颜色一致,标志图例如图1-6-9所示。在未明确规定的情况下,标志的所有要素均应与图例比例一致。

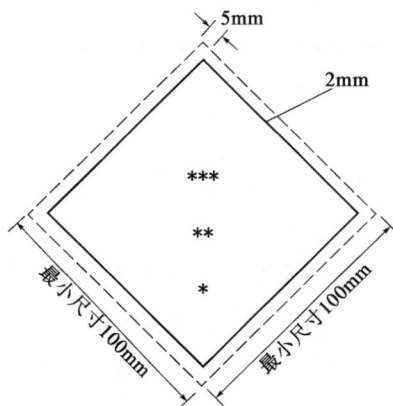

图1-6-9 标志图例

注:

*对4.1项、4.2项和4.3项的标志,图例底角显示数字"4"。对6.1项和6.2项的标志,图例底角显示数字"6"。

**标志的下半部分显示附加文字/数字/字母。

***标志的上半部分显示类别图形;对1.4项、1.5项和1.6项的标志,显示项号;对符合7E号式样的标志,显示"易裂变"字样。

(4)若包件较小,标志的尺寸可以缩小,但符号和标志中的要素应清晰可见。标志边缘内平行线与标志外缘线之间的距离为5mm。边缘内直线宽度应为2mm。

(5)内装第2类气体的气瓶,可根据其形状、放置方向和运输固定装置,粘贴符合《气瓶警示标签》(GB/T 16804)要求的标志。标志大小可按照《气瓶警示标签》(GB/T 16804)的规定予以缩小,以便牢固粘贴在气瓶的非圆柱体部分(肩部)。如有危害环境特性的,还应粘贴危害环境物质标记。标志和危害环境物质标记可适当重叠粘贴,但应保证危险性标志文字和符号不被遮盖。

(6)除符合1.4项、1.5项和1.6项外,标志的上半部分应为图形符号,下半部分应包含以下内容:

①第1类、第2类、第3类、5.1项、5.2项、第7类、第8类和第9类危险货物的类号或项号;

②第4类中4.1项、4.2项和4.3项,显示数字"4";

③第6类中6.1项和6.2项,显示数字"6"。

(7)根据6.2.2.8规定,标志内可包含文字,如UN编号或说明危险性的文字(如"易燃"),但这些文字不应遮盖其他标志要素。

(8)除1.4项、1.5项和1.6项外,第1类的标志应在下半部分、分类数字上方,显示危险货物的项别和配装组字母。1.4项、1.5项和1.6项的标志，应在上半部分显示项别，在下半部分显示类别和配装组字母。

（9）第7类以外的标志，在类别图形下的空白处填写的文字（类别或项别除外）应仅限于表明危险货物的危险性和搬运注意事项。

（10）标志的符号、文字和数字应清晰可见、不易磨损，并以黑色显示。但下述情况除外：

①第8类的标志、文字和类号用白色显示；

②标志底色为绿色、红色或蓝色时，符号、文字和数字应以白色显示；

③5.2项的标志，符号可用白色显示；

④粘贴在装有 UN 1011、UN 1075、UN 1965 和 UN 1978 气体的气瓶和气筒上的符合 2.1 项式样的标志，可以容器的颜色作为底色，但需和符号、文字等有明显的颜色反差。

（11）标志应能够经受日晒雨淋而不显著减弱其显示功能。

第三节　危险货物道路运输罐体及车辆标记与标志

本节依据《道路运输危险货物车辆标志》(GB 13392)编写，介绍危险货物运输车辆标志。

一、标志的分类

道路运输危险货物车辆标志分为三类：矩形标志牌、菱形标志牌、特殊标志牌（图1-6-10）。

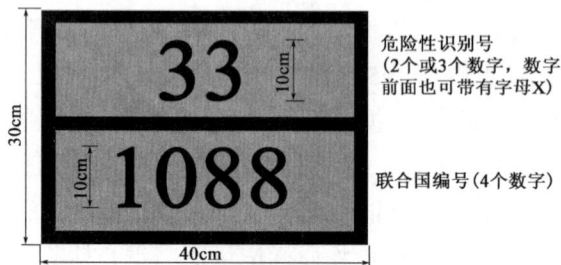

a)矩形标志牌

b)菱形标志牌

图 1-6-10

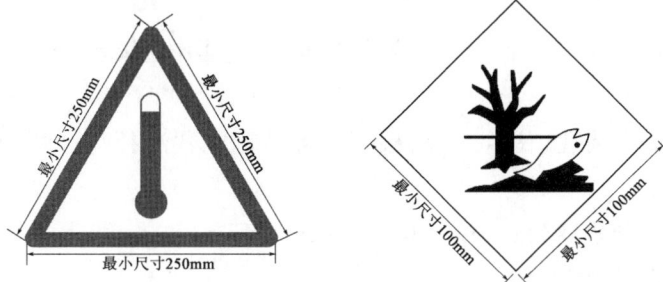

c)特殊标志牌

图1-6-10　危险货物车辆标志

二、矩形标志牌

矩形标志牌外形为矩形,底色为橙色,喷涂或固定(粘贴、悬挂)于运输单元上,用于标明所载危险货物的危险性识别号和UN编号。

1.外观与尺寸

矩形标志牌按尺寸大小分为标准版和缩小版。

1)标准版矩形标志牌

(1)4个边应有边缘线;应在垂直方向二分之一处,以与边缘线等宽的水平线将矩形标志牌分为上、下两部分。

(2)材质应反光,板底长400mm、高300mm,并有15mm宽的黑色水平边缘线将其分为两部分,周边边缘线宽15mm。

(3)上部分为危险性识别号;下部分为UN编号。

2)缩小版矩形标志牌

(1)若车辆(总质量为小于或等于3500kg以下的CT型车辆)没有足够大的表面悬挂矩形标志牌,可将标志牌的底板长度缩小为300mm、高度缩小为120mm、黑色边缘线缩小为10mm。

(2)仅显示UN编号(图1-6-11)。

3)空白矩形标志牌

空白矩形标志牌是指无UN编号、危险性识别号和分隔线的矩形标志牌(图1-6-12)。

图1-6-11　缩小版矩形标志牌

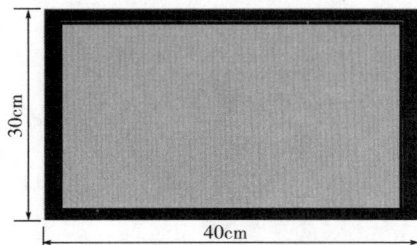

图1-6-12　空白矩形标志牌

4）其他要求

（1）底色应为橙色，数字、字母字体应为黑体、位置居中，边缘线和数字、字母颜色应为黑色。

（2）顶部有两个安装孔，位置对称，根据实际装用方式选择打孔装用或只标画位置不打孔。

2.如何确定矩形标志牌的UN编号和危险性识别号

1）确定所运危险货物的"UN编号"

根据所运危险货物（危险货物托运清单、化学品安全说明书、化学品安全标签、危险货物运单、危险货物道路运输安全卡）等，确定其"UN编号"，即矩形标志牌下部分阿拉伯数字。

2）确定所运危险货物的"危险性识别号"

由所运危险货物的"UN编号"，查询JT/T 617.3道路运输危险货物一览表第（20）列"危险性识别号"，确定危险货物对应的危险性识别号，即矩形标志牌上部分阿拉伯数字。

举例说明：如所运危险货物为柴油，查询UN编号为1202，第（20）列"危险性识别号"为"30"。

3）确定所运危险货物的"危险性识别号"的含义

可通过查询JT/T 617.3附录A确定。

三、菱形标志牌

1.外观与尺寸

菱形标志牌的材质为金属板材，形状为菱形（图1-6-13）。图形应符合《道路运输危险货物车辆标志》（GB 13392）附录B菱形标志牌及特殊标志牌图形的要求。具体内容可扫描封面二维码查看。

图1-6-13　菱形标志牌示意

菱形标志牌分为:100mm×100mm、250mm×250mm、300mm×300mm。

2.如何确定菱形标志牌

由所运危险货物的"UN编号",首先查询JT/T 617.3道路运输危险货物一览表第(5)列"标志"相对应的数字,再由《道路运输危险货物车辆标志》(GB 13392)附录B菱形标志牌及特殊标志牌图形确定菱形标志牌。

举例说明:如所运危险货物为柴油,查询UN编号为1202,第(5)列"标志"为"3"。《道路运输危险货物车辆标志》(GB 13392)附录B菱形标志牌及特殊标志牌图形中对应的菱形标志牌如图1-6-14所示。

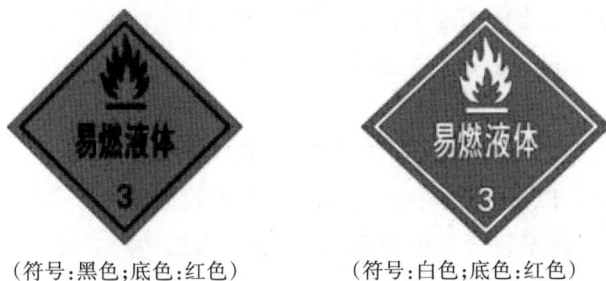

(符号:黑色;底色:红色)　　　(符号:白色;底色:红色)

图1-6-14　柴油对应的菱形标志牌

四、次要危险性

"次要危险性",是指除危险货物主要危险性以外的其他危险性的类别或项别。

当所运危险货物具有主要危险性和次要危险性时,危险货物道路运输车辆要同时悬挂主标志牌(主要危险性)、副标志牌(次要危险性)。同时要注意两个菱形标志牌位置应紧邻。

举例说明:如所运危险货物为硫酸,发烟的,查询UN编号为1831,第(5)列"标志"为"8+6.1",即主要危险性为腐蚀性,次要危险性为毒性,《道路运输危险货物车辆标志》(GB 13392)附录B菱形标志牌及特殊标志牌图形中对应的菱形标志牌如图1-6-15所示。

主要危险性　　　　　　　　　次要危险性

图1-6-15　硫酸,发烟的(UN 1831)对应的菱形标志牌

五、特殊标志牌

1.危害环境物质标记

危害环境物质,是指污染水生环境的液态或固体物质或这类物质的溶液和混合物,以

及基因改变的微生物和生物。

1）外观和尺寸

危害环境物质标记按尺寸大小分为标准版、缩小版和放大版。形状为菱形,4个内角为直角。标记图形及颜色应符合《危险货物包装标志》(GB 190)的规定(图1-6-16)。

2）如何确定危害环境物质标记

JT/T 617.2中5.9.7危害环境物质(水生环境),给出了"危害环境物质"的确定方法。

危害环境物质有:

UN 3077对环境有危害的固态物质,未另作规定的;

UN 3082对环境有危害的液态物质,未另作规定的;

UN 3245基因改变的微生物或基因改变的生物。

2.高温物质标记

高温物质包括运输或托运温度高于或等于100℃的液态物质(若该物质有闪点,则该物质温度应低于其闪点),以及高于或等于240℃的固态物质。

注:高温物质只有在不符合其他类别时,才能划入第9类。

1）外观和尺寸

高温物质标记按尺寸大小分为标准版、缩小版和放大版。形状为等边三角形,3个边有实线条,3个角导圆角。标记图形及颜色应符合《危险货物包装标志》(GB 190)的规定(图1-6-17)。

图1-6-16 危害环境物质标记　　　　　　图1-6-17 高温物质标记

2）如何确定高温物质标记

JT/T 617.2中5.9.7危害环境物质(水生环境),给出了"高温物质"的确定方法。

高温物质有:

UN 3257[加热液体,未另作规定的,温度高于或等于100℃并低于其闪点(包括熔融金属、熔融盐类等),在温度高于190℃时充装];

UN 3257[加热液体,未另作规定的,温度高于或等于100℃并低于其闪点(包括熔融金属、熔融盐类等),在温度低于或等于190℃时充装];

UN 3258(加热固体,未另作规定的,温度高于或等于240℃)。

六、标志牌悬挂要求

1.菱形标志牌、特殊标志牌悬挂

1)运输单一危险货物

(1)危险货物道路运输车辆,2侧+尾部,共计3块。

(2)集装箱、集装罐,2侧+前后,共计4块。

2)运输多种危险货物

以2种危险货物为例:

(1)危险货物道路运输车辆,2侧(各2种)+尾部(2种),共计6块。

(2)集装箱、集装罐,2侧(各2种)+前后(各2种),共计8块。

2.矩形标志牌悬挂

1)运输单一危险货物

危险货物道路运输车辆,2侧+尾部+前后,共计4块。

2)运输多种危险货

以2种危险货物为例:

危险货物道路运输车辆,2侧(各2种)+尾部(1块空白矩形标志牌),共计6块。

具体标志牌悬挂要求,参见《道路运输危险货物车辆标志》(GB 13392),可扫描封面二维码查看。

第四节　危险货物道路运输托运清单

一、一般要求

《危险货物道路运输安全管理办法》第十三条规定,托运人在托运危险货物时,应当向承运人提交电子或者纸质形式的危险货物托运清单。

危险货物托运清单应当载明危险货物的托运人、承运人、收货人、装货人、始发地、目的地、危险货物的类别、项别、品名、编号、包装及规格、数量、应急联系电话等信息,以及危险货物危险特性、运输注意事项、急救措施、消防措施、泄漏应急处置、次生环境污染处置措施等信息。

托运人应当妥善保存危险货物托运清单,保存期限不得少于12个月。

因此,托运人在托运危险货物时,应向承运人提交危险货物托运清单;托运剧毒化学品时,应向承运人提供公安部门核发的许可或批准文件;托运危险废物(包括医疗废物,下同)时,应向承运人提供环境保护主管部门核发的危险废物转移联单。危险货物托运清单可以是电子或纸质形式。

二、托运清单基本信息

危险货物托运清单至少应包含以下信息：

(1)托运人的名称和地址。

(2)收货人的名称和地址。

(3)装货单位名称。

(4)实际发货/装货地。

(5)实际收货/卸货地址。

(6)运输企业名称。

(7)所托运危险货物的UN编号(含大写"UN"字母)。

(8)危险货物正式运输名称。

(9)危险货物类别及项别。

(10)危险货物包装类别及规格。

(11)危险货物运输数量。

(12)24小时应急联系电话。

(13)必要的危险货物安全信息,作为托运清单附录,主要包括操作、装卸、堆码、储存安全注意事项以及特殊应急处理措施等。

三、托运清单填写要求

(1)托运人、收货人、装货单位的名称及地址可使用全称或简称。

(2)始发地、目的地可填写具体地址或地址简称,但一般情况下名称应包括地级市。

(3)运输企业名称需用全称。

(4)所托运危险货物UN编号应符合JT/T 617.2、JT/T 617.3道路运输危险货物一览表的要求,如托运汽油时,UN编号为UN 1203。

(5)危险货物正式运输名称应按照JT/T 617.3道路运输危险货物一览表第(2a)列规定填写:

①如果JT/T 617.3道路运输危险货物一览表第(2a)列中含有"或"或用逗号隔开,选择对应的名称,如UN 1203对应的正式运输名称是"车用汽油或汽油",托运清单上的危险货物正式运输名称可以填写为"车用汽油"或"汽油"。

②如果所托运的危险货物属于类属或未另作规定的条目,且按照JT/T 617.3道路运输危险货物一览表第(6)列特殊规定含有274或318特殊规定,则需在危险货物正式运输名称之后附加技术名称,如"UN 1993,易燃液体,未另作规定的(含有二甲苯和苯)"。

③如果所托运的危险货物属于危险废物,则需在危险货物正式运输名称之前注明"危险废物",如"危险废物对环境有害的固态物质"。

④如果所托运的是多隔舱罐式车辆或多罐体运输单元,托运清单上应注明每一隔舱装

载的危险货物。若多隔舱装载危险货物相同,则填写一次即可。

⑤若危险货物以液态在温度大于或等于100℃,或以固态在温度等于或大于240℃环境下运输,交付运输危险货物的正式运输名称不能体现高温状态,如使用单词"熔融"或"高温"作为正式运输名称的一部分时,应在正式运输名称之前加上"热"一词。

⑥如果所托运的货物属于运输时需温度控制稳定性的危险货物,且"稳定的"一词是正式运输名称的一部分,因稳定性是通过温度控制实现的,故控制温度和应急温度应在运输单据中备注,如"控制温度:XXX℃;应急温度:XXX℃"。

⑦如果所托运的货物是危害环境物质(水生环境),托运清单中应备注"环境危害"或"海运污染/环境危害"。该说明不适用于UN 3077和UN 3082或6.1.4.1中的例外情况。

(6)危险货物正式运输名称、类别及项别应符合JT/T 617.2、JT/T 617.3道路运输危险货物一览表的要求。

(7)包装类别按照JT/T 617.2包装类别号码,加上前缀"PG"(如"PG Ⅱ")。

(8)包装规格为危险货物包装容器的材质、形状、容积(如30m³罐车)。

(9)危险货物数量可用体积(如m³)、重量(如t)或件数表示。

(10)应急联系电话为能够为承运人或应急救援队伍提供该产品泄漏、吸入等意外情况应急处置措施指导的电话。该电话应保证24小时畅通。

(11)有关危险货物危险特性、运输注意事项等内容附录,可附在托运清单之后,也可单独制作一个文档提供给承运人。

托运清单上要求填写的信息应清晰、易辨,并将危险货物安全技术说明书(SDS)提供给运输企业。

四、不同类别危险货物特殊填写要求

1.第1类爆炸品的特殊填写要求

运单中危险货物运输数量除满足8.2.1.2i)的要求外,还需注明以下信息:

(1)每一不同UN编号对应的爆炸品所含爆炸性成分的总净重,单位为千克(kg)。

注:物品的"爆炸性成分"是指包含于物品内的爆炸性物质。

(2)运输单据中所有爆炸品所含爆炸性成分的总净重,单位为千克(kg)。

2.第2类气体的特殊填写要求

对于罐体(固定式罐体、可移动罐柜)内装有混合物的运输,应在危险货物正式运输名称后面标注混合物各成分的体积百分比或质量百分比。成分低于1%的不须标注。若将特殊规定581、582或583中要求的技术名称补充到正式运输名称时,混合物的成分不需标注。

3.4.1项自反应物质和5.2项有机过氧化物的特殊填写要求

对于4.1项自反应物质和5.2项有机过氧化物的运输,除满足8.2.1.2的要求外,运单中还需注明以下信息:

(1)对于需控温运输的4.1项自反应物质和5.2项有机过氧化物,控制温度和应急温度应标注在运输单据中。

（2）装运有机过氧化物或自反应物质的样本时，应在运输单据备注中注明，如"依据有机过氧化物或有机过氧化物新配制品的样品相关规定运输"。

（3）装运 G 型自反应物质时，应在运输单据中注明，如"G 型 4.1 项自反应物质"；装运 G 型有机过氧化物时，应在运输单据中注明，如"G 型 5.2 项物质"。

（4）除收货人信息外，收货方联系人的姓名和电话号码也应标注在托运清单上。

第七章 危险货物道路运输装卸

本章参照 JT/T 617.6，主要适用危险货物道路运输企业的装卸管理人员或装卸人员。值得注意的是，在危险化学品生产企业内（社会车辆不得进入的厂区），由生产企业（托运人）负责危险货物装卸。

第一节 危险货物装卸作业基本要求

一、危险货物装卸的有关规定

1.《危险化学品安全管理条例》涉及装卸的要求

第四十四条第二款 危险化学品的装卸作业应当遵守安全作业标准、规程和制度，并在装卸管理人员的现场指挥或者监控下进行。

这是危险货物道路运输装卸作业的基本准则。

2.《危险货物道路运输安全管理办法》涉及装卸的要求

第二十八条 装货人应当在充装或者装载货物前查验以下事项；不符合要求的，不得充装或者装载：

（一）车辆是否具有有效行驶证和营运证；

（二）驾驶人、押运人员是否具有有效资质证件；

（三）运输车辆、罐式车辆罐体、可移动罐柜、罐箱是否在检验合格有效期内；

（四）所充装或者装载的危险货物是否与危险货物运单载明的事项相一致；

（五）所充装的危险货物是否在罐式车辆罐体的适装介质列表范围内，或者满足可移动罐柜导则、罐箱适用代码的要求。

充装或者装载剧毒化学品、民用爆炸物品、烟花爆竹、放射性物品或者危险废物时，还应当查验本办法第十五条规定的单证报告。

第二十九条 装货人应当按照相关标准进行装载作业。装载货物不得超过运输车辆的核定载质量，不得超出罐式车辆罐体、可移动罐柜、罐箱的允许充装量。

第三十条 危险货物交付运输时，装货人应当确保危险货物运输车辆按照《道路运输危险货物车辆标志》（GB 13392）要求安装、悬挂标志，确保包装容器没有损坏或者泄漏，罐式车辆罐体、可移动罐柜、罐箱的关闭装置处于关闭状态。

爆炸品和剧毒化学品交付运输时，装货人还应当确保车辆安装、粘贴符合《道路运输爆炸品和剧毒化学品车辆安全技术条件》(GB 20300)要求的安全标示牌。

第三十一条　装货人应当建立危险货物装货记录制度,记录所充装或者装载的危险货物类别、品名、数量、运单编号和托运人、承运人、运输车辆及驾驶人等相关信息并妥善保存,保存期限不得少于12个月。

第三十二条　充装或者装载危险化学品的生产、储存、运输、使用和经营企业,应当按照本办法要求建立健全并严格执行充装或者装载查验、记录制度。

第三十三条　收货人应当及时收货,并按照安全操作规程进行卸货作业。

第三十四条　禁止危险货物运输车辆在卸货后直接实施排空作业等活动。

3.其他

1)有关概念

根据JT/T 617.1,装货人是指,承担下列任务的企业或者单位:

(1)将危险货物包件、小型集装箱或可移动罐柜装进车辆或集装箱中。

(2)将集装箱、散装容器、罐式集装箱或可移动罐柜装载在车辆上。

根据JT/T 617.1,包装人是指,任何将危险货物装入包装(包括大型包装、中型散装容器))中,并按要求做好运输准备(如贴标志、标记等))的单位或企业。

根据JT/T 617.1,充装人是指,将危险货物装进罐体,或者将散货装进车辆或集装箱的单位或企业。

根据JT/T 617.1,卸货人是指,承担下列任务的企业或者单位:

(1)将集装箱、散装容器、罐式集装箱或可移动罐柜从车辆上卸下。

(2)将危险货物包件、小型集装箱或可移动罐柜从车辆上或集装箱中取出。

2)有关要求

(1)车辆、大型集装箱、散装容器、罐式集装箱或可移动罐柜等,应符合安全、安保防范、清洁及装卸操作等相关管理规定。

(2)装货人在对车辆、大型集装箱、散装容器、罐式集装箱或可移动罐柜及其装卸载设备检查时,发现不满足法规或标准要求时,不得进行装载。

(3)装卸操作人员在装卸之前应检查车辆、罐体或集装箱等,如果发现安全隐患,不得进行装卸作业。

二、装货人应遵循的基本要求

(1)仅将允许道路运输的危险货物移交给承运人。

(2)将危险货物交付运输时,应检查包装是否损坏;若包装已损坏或者有泄漏风险,不应将包件交付给承运人。

(3)将危险货物装入车辆或者集装箱时,应遵循JT/T 617.6的规定。

(4)应遵守危险货物混合装载的相关规定,以及与其他货物的隔离要求。

三、包装人应遵循的基本要求

(1)JT/T 617.4中有关打包或者混合包装的要求。

(2)JT/T 617.5中有关包件标记和标志的要求。

四、充装人应遵循的基本要求

(1)充装前,确认罐体在检验有效期内,罐体及其辅助设备技术状况良好。

(2)充装前,应确认罐体可以充装该危险货物,且符合JT/T 617.4的要求。

(3)充装时,应遵循有关罐体相邻隔舱危险货物的要求。

(4)充装过程中,应遵守所充装物质的最大允许充装系数或者每升容积的最大允许充装质量要求。

(5)充装完成后,应确保所有的封口装置均处于关闭状态且无泄漏,罐体外表面无充装物质的危险残留物。

(6)在准备交付运输时,应确保矩形标志牌、菱形标志牌、高温物质、熏蒸或者环境危害物质的标记正确粘贴或悬挂在罐体(或者车辆、集装箱)上。

(7)使用车辆或集装箱装载散装危险货物时,应遵守JT/T 617.6第6章的有关要求。

五、罐式集装箱或可移动罐柜经营者应遵循的基本要求

(1)确保罐式集装箱或可移动罐柜检验和标记符合相关要求。

(2)定期对罐式集装箱或可移动罐柜的壳体及辅助设备进行日常维护。

六、卸货人应遵循的基本要求

1.卸货人应遵循的要求

(1)卸载前,将运输单据与包件、集装箱、罐体或车辆的相关信息进行核对,确保卸载正确的货物。

(2)卸载前,应检查包件、罐体、车辆或集装箱是否已损坏或者存在安全风险,若已损坏或存在风险应采取适当措施后方可卸载。

(3)卸载过程中,应遵守JT/T 617.6中有关卸载的作业要求。

(4)卸载完成后,应立即清除卸载过程中粘在罐体、车辆或集装箱外侧的危险残留物,同时确保按照要求关闭阀门和辅助设备。

(5)对车辆或者集装箱进行必要的清洗和去污处理。

2.卸货人委托其他企业或单位

卸货人委托其他企业或单位进行清洗、去污的,应采取适当措施保证其遵守本部分及JT/T 617.2 ~ JT/T 617.7的要求。

第二节　危险货物包件运输装卸条件及要求

一、包件运输装卸条件

（1）包件采用的包装若由易受潮湿环境影响的材质制成，应通过侧帘车辆、封闭式车辆、软开顶集装箱或封闭式集装箱进行装载。

（2）运输包件车辆或箱体，应符合 JT/T 617.3 道路运输危险货物一览表第（16）列中代码表示的特殊规定，代码含义见附录 A 包件运输的装卸操作特殊规定。

（3）除上述（2）之外，包件可用下列类型的车辆或集装箱装载：

①封闭式车辆或封闭式集装箱。

②侧帘车辆或软开顶集装箱。

③敞开式车辆或开顶集装箱。

二、包件运输的特殊规定

运输包件的车辆或箱体，应符合 JT/T 617.3 道路运输危险货物一览表第（16）列中代码表示的特殊规定，代码含义见附录 A 包件运输的装卸操作特殊规定。

（1）第（16）列代码表示"运输特殊规定、包件"。

（2）"运输特殊规定、包件"：包括以字母"V"开头，适用于包件运输的特殊规定的字母数字代码，详细说明见 JT/T 617.6 附录 A。

第三节　危险货物散装运输装卸条件及要求

一、一般要求

（1）对于 JT/T 617.3 道路运输危险货物一览表第（10）列为 BK 代码且满足 6.2 规定的货物，或者第（17）列为 VC 代码且满足 6.3 规定的货物，可采用散装形式将货物装在散装容器、集装箱或车厢内进行运输。

（2）易受温度影响而液化的物质不能采取散装运输。

（3）散装容器、集装箱以及车体应防溢洒，并在运输过程中保持关闭，防止由于振动，或者温度、湿度、压力变化使得货物溢洒。

（4）装载散装固体时，应均匀分布以减少移动，防止散装容器、集装箱及车辆损坏或者货物溢洒。

（5）通风装置应保持洁净并处于运行状态。

（6）货物不得与散装容器、集装箱和车厢、衬垫、设备（盖子和防水帆布）的材料发生危险反应，或者与货物直接接触的保护涂层发生反应或明显降低包装材料的使用性能。

(7)充装和交付运输前,应检查和清理每一个散装容器、集装箱或车辆以确保无下列情形的残留物:

①可能与即将运输的物质发生危险的化学反应。

②对散装容器、集装箱或车辆的结构完整性产生不利影响。

③影响散装容器、集装箱或车辆对危险货物的适装性。

(8)运输途中,应确保散装容器、集装箱或车体的外表面没有危险货物残留。

(9)多个封口装置串联时,充装货物之前应首先关闭最靠近所装货物的封口装置,并依次关闭剩余封口装置。

(10)装载过固体危险货物的空散装容器、集装箱和车辆,若未采取措施消除危险,应遵守装有该物质的散装容器、集装箱和车辆的规定。

(11)容易发生粉尘爆炸或者释放出易燃气体的货物的散装运输,应在运输、充装和卸货时采取消除静电措施。

(12)如果危险货物与其他货物容易发生下列危险反应,两者不能混装:

①燃烧或释放大量热。

②释放易燃或有毒气体。

③生成腐蚀性液体。

④生成不稳定物质。

(13)充装货物之前,应对散装容器、集装箱或车辆采取目视检查,确保其内壁、顶板和底板无凸起或损坏,内衬和货物固定装备没有明显裂痕或损伤;顶部和底部的侧梁、门槛和门楣,底横梁、角柱、角件等结构组成部分不存在下列重大缺陷:

①在结构或支撑部件上出现影响散装容器、集装箱或车体完整性的凹陷、裂缝和断裂。

②顶部或底部的端梁、或门楣中出现多于一处的拼接或任何不正确拼接(如搭接的拼接)。

③顶部或底部的侧梁出现超过两处的拼接。

④门槛、角柱上出现任何拼接。

⑤门铰链和部件出现卡住、扭曲、破裂、丢失或因其他原因失灵。

⑥门胶条和封口不密封。

⑦足以影响到起吊设备和车架系固操作的整体变形。

⑧升降设备或装卸设备接口出现任何损坏。

⑨操作设备出现任何损坏。

二、具有BK代码的危险货物散装运输

(1)JT/T 617.3道路运输危险货物一览表第(10)列中的BK代码包括BK1和BK2,分别代表下列含义:

①BK1：允许通过软开顶散装容器进行散装运输。

②BK2：允许通过封闭式散装容器进行散装运输。

（2）所使用的散装容器应符合《危险货物中型散装容器检验安全规范》（GB 19434）、《危险货物金属中型散装容器检验安全规范　性能检验》（GB 19434.5）、《危险货物复合中型散装容器检验安全规范　性能检验》（GB 19434.6）、《危险货物刚性塑料中型散装容器检验安全规范　性能检验》（GB 19434.8）和《危险货物包装　中型散装容器振动试验》（GB/T 27864）等规定。

（3）使用散装容器装载4.2项货物，货物自燃温度应大于55℃。

（4）运输4.3项货物，应由防水散装容器装载。

（5）运输5.1项货物，散装容器应经过特殊设计以防止货物与木质或其他不兼容材料接触。

（6）运输6.2项货物的散装容器使用要求如下。

①运输含有传染源的动物制品（UN 2814、UN 2900和UN 3373），散装容器应满足下列条件：

a.在未达到最大装载量，能够避免货物与篷布发生接触的情况下，可使用BK1或BK2散装容器。

b.散装容器及其开口，应采用防漏设计或安装合适的衬垫防止货物泄漏。

c.动物制品在装载前，应经过彻底消毒。

d.软开顶散装容器应额外覆盖顶部衬垫，并且衬垫上加盖一层经过消毒的可吸收性材料。

e.散装容器在经过彻底清洁和消毒前不得重复使用。

②运输6.2项废弃物（UN 3291），散装容器使用时应符合下列规定：

a.封闭式散装容器及其开口处应为密封设计。散装容器应具有防水性能的内表面，且无裂痕等风险特性。

b.废弃物应装入通过UN包装类别Ⅱ固体测试的密封防漏塑料袋内，并做好包装标记；此类塑料袋应当通过抗撕裂与耐冲击试验。

c.废弃物中含有液体的，应装载在含有足够吸收液体材料的塑料袋中，防止液体洒落在散装容器内。

d.废弃物中含有锋利物质的，应采用符合JT/T 617.4表B.1中包装指南P621，以及IBC620或LP621的刚性包装。

e.装有废弃物的刚性包装和塑料袋同时装载在封闭式散装容器时，两类废弃物之间应通过使用硬性屏障、隔板或其他方法妥善分离，以防在正常运输条件下造成包装损坏。

f.装载在塑料袋中的废弃物，采用封闭式散装容器运输时，应严禁挤压，防止包装密封失效。

g.每次运输后,应检查封闭式散装容器是否存在泄漏或溢出的废弃物。存在泄漏或溢出废弃物时,容器在经彻底清洁和消毒净化之前不得重复使用。除医疗或兽医废弃物外,任何货物不得与 UN 3291 废弃物一同运输。任何同 UN 3291 废弃物一同运输的废弃物必须检查是否受到污染。

(7)运输未包装的放射性物质,应遵守《放射性物品安全运输规程》(GB 11806)的规定。

(8)运输第8类腐蚀性物质,应使用防水的散装容器运载。

(9)运输第9类杂项危险物质和物品中 UN 3509 货物,应使用封闭式散装容器(代码BK2)。散装容器应密封,或装有密封圈和耐穿刺的密封衬垫(或密封袋),并在容器内采用吸收材料等方法吸收运输过程中溢出的液体。运输未清洁的、废弃的、空的、含有 5.1 项残留物的包装材料,应使用散装容器并且容器材质不得为木质或其他易燃材料。

三、具有VC代码的危险货物散装运输

1.“VC”:具有 VC 代码的危险货物散装运输(VC1、VC2、VC3)

JT/T 617.3 道路运输危险货物一览表第(17)列中的 VC 代码包括 VC1、VC2 和 VC3,分别代表下列含义:

(1)VC1 允许通过侧帘车辆、软开顶集装箱或软开顶散装容器进行散装运输。

(2)VC2 允许通过封闭式车辆、封闭式集装箱或封闭式散装容器进行散装运输。

(3)VC3 运输方案经具有资质的专业机构认可后方可散装运输。

2.“AP”:附录 B 具有 VC 标记的散装运输危险货物操作特殊规定(AP1 ~ AP10)

按照 JT/T 617.3 道路运输危险货物一览表第(17)列中 VC 代码规定,采用散装运输时,还应遵守该列内 AP 代码的装卸操作特殊规定。特殊规定见 JT/T 617.6 附录 B 具有 VC 标记的散装运输的装卸操作特殊规定。

注:“附录 B 具有 VC 标记的散装运输的装卸操作特殊规定”,应该是“具有 AP 标记的散装运输的装卸操作特殊规定”。无编码,则表示该危险货物不允许散装运输。

例如,钙锰硅,UN 2844,第(17)列对应代码为 VC1、VC2、AP3、AP4、AP5,分别查询 JT/T 617.3 和 JT/T 617.6 可知:

(1)VC1 允许通过侧帘车辆、软开顶集装箱或软开顶散装容器进行散装运输。

(2)VC2 允许通过封闭式车辆、封闭式集装箱或封闭式散装容器进行散装运输。

(3)AP3 侧帘车辆和软开顶集装箱应能运输碎片状物质而非粉末状、颗粒状、粉尘状或灰烬状物质。

(4)AP4 封闭式车辆和封闭式集装箱应安装气密口以防止装卸时气体溢出和水汽进入。

(5)AP5 封闭式车辆或封闭式集装箱的货舱门上应使用不小于 25mm 高的字体,书写“警告”“不通风”“小心开启”标记。托运人或承运人应向从业人员说明标记的含义。

第四节 危险货物罐式运输装卸条件及要求

一、有关名词

罐式运输方式分为可移动罐柜运输和罐式车辆运输。

可移动罐柜，是一种符合《规章范本》定义的多式联运罐体。当其用于运输第2类气体时，其容积大于450L。用JT/T 617.3道路运输危险货物一览表第（10）列的可移动罐柜导则表示。

罐式车辆，是固定式罐体内充装液体、粉状或颗粒状危险货物，且与定型汽车底盘或半挂车行走机构采用永久性连接的道路运输罐式车辆。

二、罐式运输装卸条件

（1）仅当JT/T 617.3道路运输危险货物一览表第（10）或（12）列有明确罐体代码标注，方可采用罐式运输（可移动罐柜或罐式车辆运输）危险货物。罐式运输的车辆选择应符合JT/T 617.3道路运输危险货物一览表第（14）列的规定。

①第（10）列"可移动罐柜和散装容器、指南"，由JT/T 617.4附录D可移动罐柜导则确定。

②第（11）列"可移动罐柜和散装容器、特殊规定南"，由JT/T 617.4附录E可移动罐柜特殊规定确定。

③第（12）列"罐体、罐体代码"，其中罐体（设计）代码分为4个部分，如L4BN，为罐体类型（L=针对液态物质的罐体）+计算压力+开口（B=充装或卸载开口在底部）+安全泄放装置（N=不安装紧急泄放装置，需安装安全阀的罐），具体内容参见《道路运输液体危险货物罐式车辆　第1部分：金属常压罐体技术要求》（GB 18564.1）。

④第（14）列"罐体、特殊规定"，源自《国际危险货物道路运输欧洲公约》（ADR）第7.4章罐装运输的相关规定和第9部分关于车辆制造和批准的要求（9.1、9.2、9.7）。

（2）"第（14）列"涉及车辆类型。

我国国家标准《危险货物运输车辆结构要求》（GB 21668），是依据欧洲经济委员会《危险货物汽车特定结构的统一规定和型式认证规定》（ECER105：2000）和2003年版《国际危险货物道路运输欧洲公约》（ADR）的有关内容制定的。根据《危险货物运输车辆结构要求》（GB 21668），危险货物运输车辆分为以下几种类型。

①EX/Ⅱ型车辆，附录A序列Ⅱ。

②EX/Ⅲ型车辆，运输爆炸品；附录A序列Ⅲ。

③FL型车辆，用于运输闪点高于61℃的液体或用于运输易燃气体的车辆，其载货容器为车载罐或罐式集装箱，容器的容积大于3m³。

④OX型车辆,用于运输稳定的过氧化氢或其水溶液(浓度大于60%)的车辆,其载货容器为车载罐或罐式集装箱,容器的容积大于3m³。

⑤AT型车辆,载货容器与FL型和OX型车辆相同的非FL型和OX型车辆。

如,柴油,UN 1202,第(10)列"可移动罐柜和散装容器、指南"为"T2";第(12)列"罐体、罐体代码"为"LGBF";第(14)列"罐体、特殊规定"为"AT"。

汽油,UN 1203,第(10)列"可移动罐柜和散装容器、指南"为"T2";第(12)列"罐体、罐体代码"为"LGBF";第(14)列"罐体、特殊规定"为"FL"。

根据JT/T 617.4附录D可移动罐柜导则可知,"T2"的含义为最低试验压力0.15MPa等;根据《道路运输液体危险货物罐式车辆　第1部分:金属常压罐体技术要求》(GB 18564.1)可知"LGBF"的具体含义;根据《危险货物运输车辆结构要求》(GB 21668)可知,"AT"的含义是AT型车辆,载货容器与FL型和OX型车辆相同的非FL型和OX型车辆。"FL"的含义是FL型车辆,用于运输闪点高于61℃的液体或用于运输易燃气体的车辆,其载货容器为车载罐或罐式集装箱,容器的容积大于3m³。

注:

《道路危险货物运输管理规定》规定,运输爆炸品的罐式专用车辆的罐体容积不得超过20m³,但符合国家有关标准的罐式集装箱除外;运输爆炸品的非罐式专用车辆,核定载质量不得超过10t,但符合国家有关标准的集装箱运输专用车辆除外。

《道路运输爆炸品和剧毒化学品车辆安全技术条件》(GB 20300)4.2.3.2规定,非罐式车辆的最大允许装载质量不得超过10000kg。

三、装卸作业要求

1.一般规定

(1)车辆、大型集装箱、散装容器、罐式集装箱或可移动罐柜等,应符合安全、安保防范、清洁及装卸操作等相关管理规定。

(2)装货人在对车辆、大型集装箱、散装容器、罐式集装箱或可移动罐柜及其装卸载设备进行检查时,发现不满足法规或标准要求时,不得进行装载。

(3)装卸操作人员在装卸之前应检查车辆、罐体或集装箱等,如果发现安全隐患,不得进行装卸作业。

(4)按照JT/T 617.3道路运输危险货物一览表第(17)和(18)列的运输特殊规定,某些特定的危险货物应采用单次专用形式运输。

(5)包件与集合包装应按其方向标记进行装卸。液体危险货物应尽可能装载在干燥的危险货物下方。

(6)危险货物装卸操作应按照其预先设计要求或测试过的操作方法进行。

2.操作和堆放

(1)在车辆或集装箱上,应视情况配备紧固和搬运装置。

①含有危险物质的包件或无包装的危险货物应通过紧固带、滑动板条或扣式装置等合适手段进行紧固,防止运输途中货物出现晃动,改变包件朝向或造成损毁;

②危险货物与其他非危险货物混合运输时,应确保所有货物已安全固定,防止危险货物泄漏;

③可以通过衬垫、填充物或支撑物等方式填充空隙,防止货物的移动;

④使用紧固带或绑带时,不要固定过紧以防造成包件的变形和损毁。

(2)除非包件设计为可堆码,否则不应堆码。不同类型包件装载堆码时,应避免包件堆码可能导致的挤压、破损。堆码不同包件应根据需要使用承载装置,以防下层包件受损。

(3)装卸过程中,应采取保护措施防止装有危险货物的包件受损。

(4)装载、堆放和卸载集装箱、罐式集装箱、可移动罐柜应遵守8.5.1、8.5.2和8.5.3中的规定。

(5)车组成员不可打开装有危险货物的包件。

3.卸载后的清洗

(1)装有危险货物的车辆或集装箱卸载后,若发现有危险货物遗洒,应及时对其进行清洗,可再次装载。如果不可能在卸载点清洗,车辆或集装箱应被安全运输到最近的合适地点进行清洗。应采取适当措施保证其安全运输,防止发生更大的遗洒或泄漏。

(2)散装运输的危险货物车辆或集装箱,在再次装载前应正确清洗,除非要装载货物与前次的危险货物相同。

4.其他

(1)禁止吸烟。装卸过程中,禁止在车辆或集装箱的附近和内部吸烟,以及使用电子香烟等其他类似产品。

(2)预防静电。在装卸可燃性气体,或闪点不超过60℃的液体,或包装类别为Ⅱ的UN 1361,应在装卸作业前将车辆底盘、可移动罐柜或罐式集装箱进行接地连接,并要限定充装流速。

第八章　危险货物道路运输

本章参照JT/T 617.7,主要介绍随车装备、培训、运单、车辆停放等内容。

第一节　危险货物道路运输随车装备

一、基本概念

1.运输单元

危险货物应使用载货汽车单车或牵引车与半挂车组成的汽车列车作为载运危险货物的运输单元。

2.标志牌和标记

危险货物运输单元应按照《道路运输危险货物车辆标志》(GB 13392)和《道路运输爆炸品和剧毒化学品车辆安全技术条件》(GB 20300)的要求粘贴或悬挂菱形标志牌、矩形标志牌和标记。

3.灭火器具

运输单元运载危险货物时,应随车携带便携式灭火器。灭火器应适用于扑救《火灾分类》(GB/T 4968)规定的A、B、C三类火灾。

A类火灾:固体物质火灾。这种火灾通常具有有机物性质,一般在燃烧时能产生灼热的余烬;

B类火灾:液体或可溶化的固体物质火灾;

C类火灾:气体火灾。

二、灭火器的配备

(1)便携式灭火器的数量及容量应符合表1-8-1的规定。

运输单元应携带便携式灭火器的数量及容量要求　　　　　表1-8-1

运输单元最大总质量 M（t）	灭火器配置最小数量（个）	适用于发动机或驾驶室的灭火器		额外灭火器	
		最小数量（个）	最小容量（kg）	最小数量（个）	最小容量（kg）
$M \leqslant 3.5$	2	1	1	1	2
$3.5 < M \leqslant 7.5$	2	1	1	1	4

续上表

运输单元最大总质量 M（t）	灭火器配置最小数量（个）	适用于发动机或驾驶室的灭火器		额外灭火器	
		最小数量（个）	最小容量（kg）	最小数量（个）	最小容量（kg）
M>7.5	3	1	1	2	4

注：容量是指干粉灭火剂（或其他同等效用的适用灭火剂）的容量。

（2）运输剧毒和爆炸品的车辆灭火器数量要求应符合《道路运输爆炸品和剧毒化学品车辆安全技术条件》（GB 20300）的规定。驾驶室内应配备一个干粉灭火器。在车辆两边应配备与所装载介质相适应的灭火器各一个，灭火器应固定牢靠、取用方便。

符合 JT/T 617.1 中 5.1 规定的运输单元，应配备至少 1 个最小容量为 2kg 干粉灭火器（或其他同等效用的适用灭火器）。

（3）便携式灭火器应满足有关车用便携式灭火器的规定。如果车辆已装备可用于扑灭发动机起火的固定式灭火器，则其所携带的便携式灭火器无须适用于扑灭发动机起火。

（4）便携式灭火器应在检验合格有效期内。

（5）灭火器应放置于运输单元中易于被车组人员拿取的地方。

三、用于个人防护的装备

（1）应根据所运载的危险货物标志式样（包括包件标志、车辆或集装箱标志牌）选择个人防护装备。危险货物标志式样应符合 JT/T 617.5 的规定。

（2）运输单元应配备以下装备：

①每辆车需携带与最大允许总质量和车轮尺寸相匹配的轮挡；

②一个三角警示牌；

③眼部冲洗液（第1类和第2类除外）。

（3）运输单元应为每名车组人员配备以下装备：

①反光背心；

②便携式照明设备；

③合适的防护性手套；

④眼部防护装备（如护目镜）。

（4）特定类别危险货物还应包括以下附加装备：

①对于危险货物危险标志式样为 2.3 项或 6.1 项，每位车组人员随车携带一个应急逃生面具，逃生面具的功能需与所装载化学品相匹配（如具备气体或粉尘过滤功能）；

②对于危险货物危险标志式样为第3类、4.1 项、4.3 项、第8类或第9类固体或液体的危险货物，配备：

a.一把铲子（对具有第3类、4.1 项、4.3 项危险性的货物，铲子应防爆）；

b.一个下水道口封堵器具,如堵漏垫、堵漏袋等。

防护装备举例如图1-8-1所示。

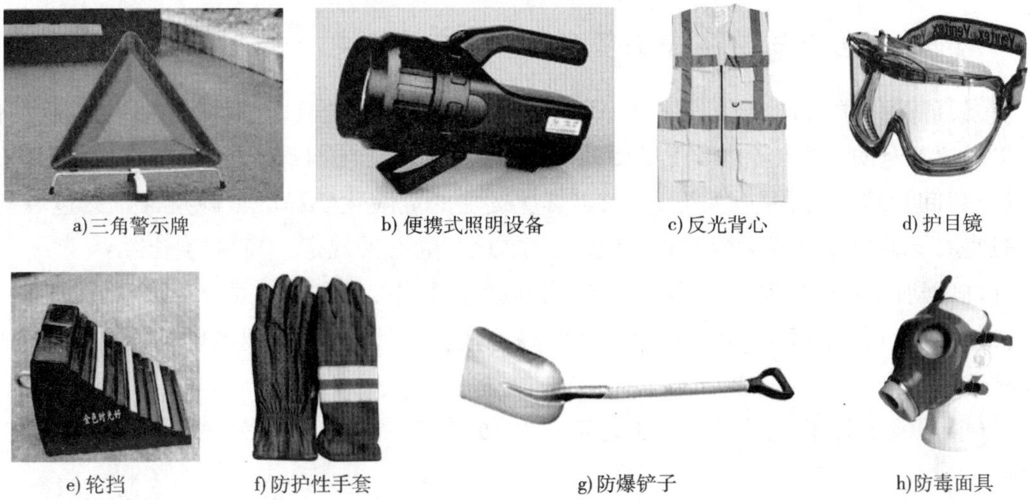

| a)三角警示牌 | b) 便携式照明设备 | c) 反光背心 | d) 护目镜 |

| e) 轮挡 | f)防护性手套 | g)防爆铲子 | h)防毒面具 |

图1-8-1　防护装备举例

四、化学品安全技术说明书(CSDS)

所运危险货物的化学品安全技术说明书,是把握所运危险货物危险特性、消防措施(灭火方法及灭火剂)、个人防护以及运输信息(运输注意事项)等权威且重要依据。

CSDS包括16个部分,各部分内容如下:

(1)化学品及企业标识;

(2)成分/组成信息;

(3)危险性概述;

(4)急救措施;

(5)消防措施;

(6)泄漏应急处理;

(7)操作处置与储存;

(8)接触控制/个体防护;

(9)理化特性;

(10)稳定性和反应性;

(11)毒理学资料;

(12)生态学资料;

(13)废弃处置;

(14)运输信息;

(15)法规信息;

(16)其他信息。

第二节　危险货物道路运输人员培训要求及内容

一、执行《危险化学品安全管理条例》有关规定

根据《危险化学品安全管理条例》"运输危险化学品,应当根据危险化学品的危险特性采取相应的安全防护措施,并配备必要的防护用品和应急救援器材""运输危险化学品的驾驶人员、装卸管理人员、押运人员,应当了解所运输的危险化学品的危险特性及其包装物、容器的使用要求和出现危险情况时的应急处置方法"的有关规定,本教材突出:

(1)根据所运输的危险化学品(危险货物)的危险特性,采取相应的安全防护措施;

(2)根据所运输的危险化学品(危险货物)的危险特性,配备必要的防护用品和应急救援器材;

(3)根据所运输的危险化学品(危险货物)的危险特性,了解其包装物、容器的使用要求;

(4)根据所运输的危险化学品(危险货物)的危险特性,了解出现危险情况时的应急处置方法。

在此说明,首先,上述规定是从业人员的法定职责;其次,因为从业人员在实际工作中,所运输的危险货物类别、项别是有限的(可能仅运输一两种危险货物,如油罐车),故要突出重点,把握所运输危险货物的基本知识,了解其他危险货物的常识。

二、《危险货物道路运输规则》(JT/T 617)有关要求

1. JT/T 617.1有关要求

1)人员培训基本要求

企业或者单位应对新聘用的危险货物道路运输从业人员进行岗前培训和考核。

企业或者单位应根据法律法规、技术标准或安全操作要求的变化,定期对危险货物道路运输从业人员进行复训。

2)培训对象及主要内容

托运人、承运人、收货人、充装人等危险货物运输各参与方聘用的,从事危险货物运输业务的下列人员,在上岗作业前应接受危险货物道路运输专业知识培训:

(1)对危险货物进行分类和确定其正式运输名称的人员(P1)。

(2)对危险货物进行包装作业的人员(P2)。

(3)对包件贴标记、标志的人员(P3)。

(4)从事包件货物装卸作业的人员(P4)。

(5)从事罐车、可移动罐柜及其他散装货物装卸作业的人员(P5)。

(6)制作托运清单、运输单证的人员(P6)。

(7)危险货物运输车辆驾驶人员(P7)。

(8)危险货物运输车辆押运人员(P8)。

(9)危险货物运输应急处置人员(P9)。

危险货物道路运输专业知识培训内容应至少包括基础知识培训和业务操作培训,主要培训内容可扫描封面二维码查看。

部分岗位的人员还需接受安全应急培训和安保防范培训,具体要求如下:

(1)基础知识培训内容应主要包括危险货物运输有关法规、各类危险货物的特性、标志、标记、标志牌、包装、装卸、隔离等基础内容。

(2)业务操作培训应与接受培训人员所承担的职责、义务及岗位操作相适应,其中驾驶人员还应符合JT/T 617.7第5章规定的培训要求。

(3)安全应急培训应考虑事故发生时的人员暴露风险和应履行的职责,主要包括下列内容:

①各类危险货物的基本危险特性和个人防护方法,如个人防护设备的正确使用。

②事故预防措施和程序。

③可获得的应急响应信息和使用方法。

④发生意外时应遵循的应急响应程序。

(4)安保防范培训仅适用于从事高风险危险货物道路运输业务的相关人员。

岗前培训记录应至少保存至从业人员离职后12个月。日常培训记录保存不得少于12个月。

2. JT/T 617.7有关要求

驾驶人员上岗前应经过危险货物运输基本知识培训,掌握必需的知识和技能,并通过考核。驾驶人员还应定期接受继续教育培训,培训内容包含法规标准新要求、车辆新技术等。

1)驾驶人员培训内容

基本知识培训应至少包含以下内容:

(1)危险货物运输有关的法律法规。

(2)主要危险特性。

(3)危险废物转移过程中环境保护的有关要求。

(4)针对不同类型的危险货物所应采取的相关预防和安全措施。

(5)事故发生后要采取的应急处置措施(急救、安全防护设备使用的基本知识,危险货物道路运输安全卡所规定的要求等)。

(6)标记、标志、菱形标志牌和矩形标志牌等的含义和使用要求。

(7)道路通行限制要求。

(8)危险货物运输过程中,允许和禁止驾驶人员操作的事项。

(9)车辆相关设备的用途和使用方法。

（10）在同一辆车或集装箱中混合装载的禁止性条款。

（11）装卸危险货物时的注意事项。

（12）包件的堆放要求。

（13）安全驾驶规范。

（14）安全意识。

2）罐体运输专业知识培训内容

（1）专业知识包括：

①车辆在道路上的运行特点。

②车辆的特殊规定。

③各种装货、卸货设备的基础知识。

④车辆标记、标志牌使用的特殊规定。

（2）实际操作培训包括：

①牵引车与半挂车的连接。

②罐车附件（包括紧急切断阀、安全阀等）的操作。

③轮胎、设备、罐体的常规检查。

④罐车转向、制动驾驶。

3）运输第1类物质和物品的专业知识培训内容

（1）与爆炸物质和烟火类物质或物品相关的特殊危险性。

（2）第1类物质和物品在混合装载时的特殊规定。

第三节　危险货物道路运输单证

一、《危险货物道路运输安全管理办法》有关要求

第四章　危险货物承运

第二十四条　危险货物承运人应当制作危险货物运单，并交由驾驶人随车携带。危险货物运单应当妥善保存，保存期限不得少于12个月。

危险货物运单格式由国务院交通运输主管部门统一制定。危险货物运单可以是电子或者纸质形式。

运输危险废物的企业还应当填写并随车携带电子或者纸质形式的危险废物转移联单。

第五章　危险货物装卸

第二十八条　装货人应当在充装或者装载货物前查验以下事项；不符合要求的，不得充装或者装载：

（一）车辆是否具有有效行驶证和营运证；

（二）驾驶人、押运人员是否具有有效资质证件；

（三）运输车辆、罐式车辆罐体、可移动罐柜、罐箱是否在检验合格有效期内；

（四）所充装或者装载的危险货物是否与危险货物运单载明的事项相一致；

（五）所充装的危险货物是否在罐式车辆罐体的适装介质列表范围内，或者满足可移动罐柜导则、罐箱适用代码的要求。

充装或者装载剧毒化学品、民用爆炸物品、烟花爆竹、放射性物品或者危险废物时，还应当查验本办法第十五条规定的单证报告。

第三十一条　装货人应当建立危险货物装货记录制度，记录所充装或者装载的危险货物类别、品名、数量、运单编号和托运人、承运人、运输车辆及驾驶人等相关信息并妥善保存，保存期限不得少于12个月。

第九章　法律责任

第六十条　交通运输主管部门对危险货物承运人有下列情形之一的，应当责令改正，处2000元以上5000元以下的罚款：

（一）违反本办法第二十三条，未在罐式车辆罐体的适装介质列表范围内或者移动式压力容器使用登记证上限定的介质承运危险货物的；

（二）违反本办法第二十四条，未按照规定制作危险货物运单或者保存期限不符合要求的；

（三）违反本办法第二十五条，未按照要求对运输车辆、罐式车辆罐体、可移动罐柜、罐箱及设备进行检查和记录的。

第六十一条　交通运输主管部门对危险货物道路运输车辆驾驶人具有下列情形之一的，应当责令改正，处1000元以上3000元以下的罚款：

（一）违反本办法第二十四条、第四十四条，未按照规定随车携带危险货物运单、安全卡的；

（二）违反本办法第四十七条，罐式车辆罐体、可移动罐柜、罐箱的关闭装置在运输过程中未处于关闭状态的。

二、运单制作与使用

危险货物运单是传递危险货物危险性等各项重要信息的载体，是《危险货物道路运输安全管理办法》要求强制使用的运输单证。全面落实运单制度，对监督危险货物道路运输企业（以下简称运输企业）履行车辆、人员安全管理责任，强化运输过程安全管理具有重要作用。

危险货物运单是国际危险货物运输的通用规则。通过危险货物运单，能够将所运输危险货物的潜在危险性，充分地传达给运输过程中可能与该货物接触的所有人员，对于规范运输作业、防范事故风险具有重要作用。

1.承运人负责制作危险货物运单

危险货物承运人应当制作危险货物运单，并交由驾驶人员随车携带。危险货物运单应当妥善保存以及保存期限不得少于12个月。

2.运单的格式

危险货物运单格式由国务院交通运输主管部门统一制定。可参见JT/T 617.5中8.3危险货物道路运输运单。

危险货物运单可以是电子或者纸质形式。电子运单样式如图1-8-2所示。

危险货物道路运输运单

运单编号：						
托运人	名称		收货人	名称		
	联系电话			联系电话		
装货人	名称		起运日期			
	联系电话		起运地			
目的地					□城市配送	
承运人	单位名称		联系电话			
	许可证号					
	车辆信息	车牌号码(颜色)		挂车信息	车牌号码	
		道路运输证号			道路运输证号	
	罐体信息	罐体编号		罐体容积		
	驾驶员	姓名		押运员	姓名	
		从业资格证			从业资格证	
		联系电话			联系电话	
货物信息	包括序号，UN开头的联合国编号，危险货物运输名称，类别及项别，包装类别，包装规格，单位，数量等内容，每项内容用逗号隔开					
备注			（电子运单二维码＊）			
调度人：			调度日期：			

注：＊电子运单会由系统生成二维码。

图1-8-2　危险货物运单

三、《危险货物道路运输规则》(JT/T 617)有关要求

1. JT/T 617.5有关要求

1)危险货物运单基本信息

危险货物运单应至少包含以下信息：

(1)托运人的名称和联系电话。

(2)收货人的名称和联系电话。

(3)装货人(或充装人)的名称。

(4)运输企业名称、许可证号、联系电话。

(5)车辆车牌号码、道路运输证号。

(6)挂车车牌号码、道路运输证号。

(7)罐车(如适用)罐体编号、罐体容积。

(8)驾驶人员姓名、从业资格证号及联系电话。

(9)押运人员姓名、从业资格证号及联系电话。

(10)危险货物信息。

(11)实际发货/装货地址。

(12)实际收货/卸货地址。

(13)起运日期。

(14)是否为城市配送。

(15)备注。

(16)调度人、调度日期。

2)危险货物运单填写要求

(1)托运人:包括托运企业或单位名称和联系电话,联系电话应为托运方了解所托运货物的危险特性及应急处置措施的人员的电话和托运委托人电话。

(2)收货人:包括收货人名称和联系电话,联系电话应为收货方了解所接收货物的危险特性及应急处置措施的人员的电话,收货委托人电话。

(3)装货人(或充装人):包括装货人(或充装人)单位名称。

(4)运输企业名称和经营许可证号应按照《道路运输经营许可证》填写。

(5)车辆信息和道路运输证号应按照《道路运输证》填写,车牌号码应为公安交通管理部门核发的车辆牌照号码。

(6)挂车信息:包括挂车车牌号码和道路运输证号。

(7)罐体信息:包括罐体编号和罐体容积。罐体编号为罐车罐体的唯一编号或罐式集装箱箱主代码。罐体容积单位为立方米。

(8)驾驶人员和押运人员从业资格证号应按照《道路运输从业人员从业资格证》填写。

(9)危险货物信息:包括UN编号、货物正式运输名称、类别及项别、危险货物数量、包装类别、包装规格。

(10)实际发货/装货地址:装货完成,车辆开始运输的地点,应填写具体地址;实际收货/卸货地址:运输目的地所在的具体地址。

(11)起运日期:为装货完成开始运输的日期。

(12)是否为城市配送:勾选项,对于危险货物城市配送(如成品油配送)车辆,若每个收货人接收的危险货物相同,每天可只填写一个运单,收货人、目的地可为最后一个收货人的名称及地址。

(13)备注:有关危险货物的某些特殊要求(可选)。

(14)调度人:为运输企业派发该运单的调度人员的姓名。

危险货物运单上填写的信息应清晰、易辨。

3）危险货物运单使用要求

承运人派发危险货物运单开展运输作业之前应做好车辆、人员的检查工作,检查内容应至少包括:

(1)车辆卫星定位装置是否正常运行。

(2)上次运输任务期间(或上周)车辆运行轨迹是否正常(是否在线、或运行轨迹是否一致)。

(3)车辆道路运输证经营范围是否与承运货物相符,车辆是否按期年审等。

(4)驾驶人员、押运人员是否具备有效危险货物道路运输从业资格证。

承运人可通过计算机、手机APP软件等方式,在线或离线填写电子运单信息。在运单派发完成后、出车之前,承运人应将运单上传到行业管理部门,并打印纸质单据或以APP软件形式随车携带。电子运单需顺序编号,并至少保存1年。

2. JT/T 617.7有关要求

(1)应随车携带以下单据和证件:

①道路运输证、危险货物运单。

②危险货物道路运输安全卡。

③危险货物道路运输车组成员从业资格证。

④法规标准规定的其他单据。

(2)危险货物道路运输安全卡应放在易于取得的地方。

第四节　危险货物道路运输车辆停放要求

一、停车要求

(1)《危险化学品安全管理条例》第四十八条第二款规定,运输危险化学品途中因住宿或者发生影响正常运输的情况,需要较长时间停车的,驾驶人员、押运人员应当采取相应的安全防范措施;运输剧毒化学品或者易制爆危险化学品的,还应当向当地公安机关报告。

《道路危险货物运输管理规定》第三十七条规定,道路危险货物运输途中,驾驶人员不得随意停车。

因住宿或者发生影响正常运输的情况需要较长时间停车的,驾驶人员、押运人员应当设置警戒带,并采取相应的安全防范措施。

运输剧毒化学品或者易制爆危险化学品需要较长时间停车的,驾驶人员或者押运人员应当向当地公安机关报告。

根据上述规定可知:一是,不得随意停车。二是,需要较长时间停车的,驾驶人员、押运人员应当采取相应的安全防范措施。如停车时要留人看守,闲杂人员不准接近车辆,做到车在人在,确保车辆安全。三是,运输剧毒化学品或者易制爆危险化学品的需要较长时间停车,还应当向当地公安机关报告。

(2)《危险货物道路运输安全管理办法》第四十九条"有下列情形之一的,公安机关可以依法采取措施,限制危险货物运输车辆通行:(一)城市(含县城)重点地区、重点单位、人流密集场所、居民生活区;(二)饮用水水源保护区、重点景区、自然保护区;(三)特大桥梁、特长隧道、隧道群、桥隧相连路段及水下公路隧道;(四)坡长坡陡、临水临崖等通行条件差的山区公路;(五)法律、行政法规规定的其他可以限制通行的情形"是对"限制通行"的规定。

(3)应在设有危险货物道路运输车辆(危货车)专用停车场的高速公路服务区,停车休息。

(4)装运危险货物的车辆不得在居民聚居点、行人稠密地段、政府机关、名胜古迹、风景游览区停车。禁止在装卸作业区内维修道路运输危险货物车辆。

(5)遇有雷雨时,不得在树下、电线杆、高压线、铁塔、高层建筑及容易遭到雷击和产生火花的地点停车。

(6)装卸过程中,车辆发动机应熄火,并切断总电源(需从车辆取力的除外)。在有坡度的场地装卸货物时,应采取防止车辆溜坡的有效措施。

二、驻车要求

根据 JT/T 617.3 道路运输危险货物一览表第(19)列的规定,当危险货物适用于 JT/T 617.3 附录 A 中 S1d)、S14~S21 特殊规定时,危险货物车辆停车时应受到监护,并应按以下优先顺序选择危险货物车辆停车场所:

(1)未经允许不能进入的公司或工厂的安全场所。

(2)有停车管理人员看管的停车场,驾驶人员应告知停车管理人员其去向和联系方式。

(3)其他公共或私人停车场,但车辆和危险货物不应对其他车辆和人员构成危害。

(4)一般不会有人经过或聚集的、与公路和民房隔离的开阔地带。

第九章　危险货物运输事故应急处置

本章主要介绍危险货物运输事故报告流程、个人防护要点以及事故初期处置措施、应急装备使用等内容。

第一节　危险货物运输事故报告流程

运输事故中,驾驶人员和押运人员是现场的第一发现者和施救者,主要职责就是全面、准确和及时地将信息报送到相关部门,并在条件许可的情况下,采取初期的处置措施,赢得最佳救援时机。依据交通运输部《道路危险货物运输管理规定》第四十七条对事故处置的相关规定,公安部《道路交通事故处理程序规定》第三章对报警和受理的要求,以及《公路交通突发事件应急预案》3.2节对应急处置的规定,确定了驾驶人员和押运人员在事故中的主要职责为正确停车,有效的事故报警和报告,自我防护,在条件许可情况下设置警戒、警告标志,协助疏散人员和配合救援。

应急预案应当明确驾驶人员、押运人员在发生事故时应急处置的具体内容。

一、停车处置

1.停车处置的基本要求

(1)立即停车。停车后将发动机熄火并切断所有电源,同时设置明显的警戒标志;对于无法立即停车的,明确移动后停车的条件,以及停车位置的要求。

(2)撤离驾驶室时需要携带危险货物道路运输安全卡等重要资料清单,以及时了解确定所运危险货物的危险性、泄漏处理、储运要求、急救措施、灭火方法以及相关部门联系电话等。

2.停车处置应注意的问题

由于事故情况千变万化,停车处置的内容也是不同的。在事故发生初期,驾驶人员和押运人员采取的诸如正确停车、切断电源等初期处置措施,可以有效控制事故蔓延,为救援队伍争取时间。同时在事故现场采取一切可能的警示措施,如放置警告牌、设置警戒线、广播报警等,可有效避免更多的无关人员遭受伤害,把事故损失减少至最少。以下介绍几种正确的停车做法。

(1)在一般情况下,可以立即停车,熄灭发动机并切断总电源。但此时车辆要立即开启危险报警闪光灯,在车后方150m处摆放警告标志。对于无法立即停车的(如在隧道内、加油站旁等),要将车辆驶入安全区域停车。

(2)在高速公路上发生事故时,应将车停在紧急停靠带内,此时车辆要立即开启危险报警闪光灯(打开双闪灯),在车后方150m处摆放警告标志。夜间、雨、雾等天气还应当同时开启示廓灯、尾灯和后雾灯。

(3)"迅速停车,观察情况"。查看车辆和罐体损坏及现场周边情况。如果发生危险品泄漏,条件允许时,迅速将车驶离水源、城镇、加油站、村庄和人员密集场所等区域,或直接就近将车停于空旷、低洼地点实施关闭紧急制动阀,紧急封堵,容器或吸油海绵收集等措施。同时,注意严格监护车辆。

案例分析

某日凌晨,广深沿江高速K5+300m处发生一起货车与油罐车追尾相撞交通事故,导致油罐车中的溶剂油泄漏,继而引发爆燃,波及广深沿江高速公路高架桥下及周边的货物堆场、工棚,造成20人死亡,31人受伤,直接经济损失约4600万元,过火面积1396.1m²。

经调查,事故发生的直接原因是,周某驾驶超载的湘B罐车(重型半挂牵引车+重式罐式半挂车,核定载质量27.8t,实载54.22t,超载约95%)在广深沿江高速公路违法停车,将车辆停靠在道路最外侧车道和应急车道之间(图1-9-1),刘某驾驶湘L(货车,核定载质量2.98t),未采取任何避让措施,追尾碰撞B,造成B罐车罐体破损,装载的约41t溶剂油泄漏,并沿高速公路路面(斜坡路段)自西向东流淌,同时经高速公路10个排水口的排水管,流淌至离高速公路高架桥约12m下方及周边地区。

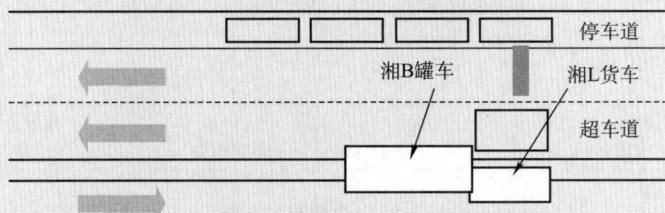

图1-9-1 事故车停车位置图

(4)发生易燃液体罐车泄漏事故时,发现罐车容器管路系统出现有微小泄漏,尽可能在救援队伍到来之前进行检修、堵漏处理,可以有效避免泄漏点扩大,减少泄漏量。而当泄漏量增大、人员无法靠近时,应设置相应警戒隔离标志并立即离开危险区域,避免由于突发爆炸、火灾事故造成人员伤亡。

由违法停车案例可知,违法停车可能造成交通事故,并由交通事故导致危险货物罐车爆炸燃烧重大事故。同时还要注意,运输危险货物的专业车辆因事故原因需要紧急停车时,也要注意停车要求,不能违法、违规停车,避免造成次生事故。

二、信息报告

危险货物运输事故发生后，驾驶人员、押运人员要立即报告事发地公安交通管理部门和本企业。由于在实际运输过程中的危险货物运输事故，大多数是交通事故或是由交通事故导致的危险货物泄漏、燃烧、爆炸等责任事故，故发生事故后第一时间报告公安部门。此外，根据《危险化学品安全管理条例》的要求，道路运输过程中发生危险化学品事故的，驾驶人员或者押运人员还应当向事故发生地交通运输主管部门报告。

企业在接到事故报告后，要及时有效地向安全生产监督管理部门、环境保护主管部门、卫生主管部门等进行通报，并立即启动应急预案，会同最了解所运危险货物性质的托运人采取检修、灭火、维护现场秩序、警戒设置等应急措施，联络、协助相关救援部门、单位进行事故救援。

事故报警流程如图1-9-2所示。

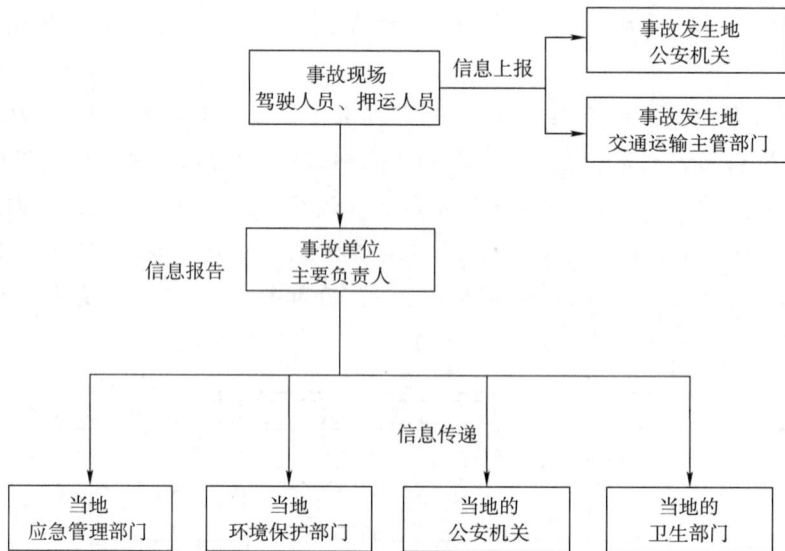

图1-9-2　事故报警流程

三、报告内容

在发生事故时，全面、准确和及时地将信息报送到相关部门是驾驶人员和押运人员最主要的职责，因此，合理地确定事故报告内容显得尤为主要。按照交通运输部《交通运输突发事件信息报告和处理办法》对信息报告的要求和规定，应从运输的危险货物及其当时的状态、运送的车辆及当时的状态、事故基本信息及其已经产生的影响、采取的措施等方面确定报送内容。

按照有关要求，事故信息报告的内容至少应包括以下部分：

（1）报告人姓名、联系方式、单位。

(2)发生事故的类型,如泄漏、燃烧、翻车、车辆损伤等以及发生部位、事故相关状况。

(3)发生时间、具体地点(如,×××公路×××km处)、行驶方向。

(4)车辆牌照、荷载吨位、车辆类型、罐车罐体容积,当前状况。

(5)UN编号、危险货物品名、数量,当前状况。

(6)人员伤亡及危害情况。

(7)已采取或拟采取的应急处置措施。

(8)如事故周围环境特殊,还应介绍环境情况及事故影响范围。

(9)如涉嫌交通肇事逃逸的,还应当报告肇事车辆的车型、颜色、特征及其逃逸方向、逃逸驾驶人的体貌特征等有关情况。

第二节 危险货物运输事故个人防护要点

一、主要装备

(1)消防头盔。头部、面部及颈部的安全防护。

(2)二级化学防护服装。化学灾害现场作业时的躯体防护。

(3)一级化学防护服装。重度化学灾害现场全身防护。

(4)灭火防护服。灭火救援作业时的身体防护,指挥员可选配消防指挥服。

(5)防静电内衣。可燃气体、粉尘、蒸汽等易燃易爆场所作业时的躯体内层防护。

(6)防化手套。手部及腕部防护,应针对有毒有害物质穿透性选择手套材料。

(7)防化靴。事故现场作业时的脚部和小腿部防护,易燃易爆场所应配备防静电靴。

(8)安全腰带。登梯作业和逃生自救。

(9)正压式空气呼吸器。缺氧或有毒现场作业时的呼吸防护,备用气瓶按照正压式空气呼吸器总量1:1备份。

(10)佩戴式防爆照明灯。单人作业照明。

(11)轻型安全绳。救援人员的救生、自救和逃生。

(12)消防腰斧。破拆和自救。

二、防护用品

各类防护服、防护用品包括耐高温手套、防滑手套、电工绝缘手套、防化水靴、轻型内置防化服、半面罩、全面罩、冷却背心、外置防化服、防静电工作服、防静电鞋等。重型防护服如图1-9-3所示。防冻服及防冻手套如图1-9-4所示。

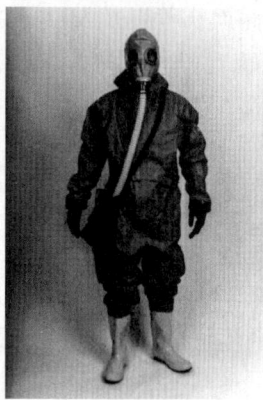

图1-9-3 重型防护服

图1-9-4 防冻服及防冻手套

第三节 危险货物运输事故初期处置措施

一、现场处置

1.基本要求

现场处置,针对灾害后果预测表中事故和灾害后果,至少应明确以下内容:

(1)个体防护措施。

(2)初期应急处置措施。

(3)放置警告标志、设置警戒、协助疏散人员方案。

(4)现场保护方案。

(5)配合政府部门开展应急救援的要求。

2.驾驶人员和押运人员采取的措施

事故发生后,驾驶人员、押运人员需采取的措施有:

(1)个体防护,以确保自身安全。如穿防护服、佩戴自供正压式呼吸器、停留在上风向等。如有需要,施救人员要抓紧取出备用的应急装备包,穿戴好防护装备,如无法取出装备,采取简易有效的防护措施保护自己。

(2)初期应急处置。事故报告后,驾驶人员应根据危险货物的不同特性,采取相应的应急措施。如针对爆炸品爆炸燃烧等事故,需用水冷却灭火,不能采取窒息法或隔离法;对其撒漏物,应及时用水湿润,再撒以锯末或棉絮等松软物品收集并保持相当湿度,报请公安部门或消防人员处理。

(3)放置警告标志、设置警戒、协助疏散人员。警告标志和警戒的设置应按照《道路交通安全法实施条例》和《道路危险货物运输管理规定》的规定规范设置。隔离事故现场,把现场人员疏散或转移至安全区域,应选择安全的撤离路线,一般是从上风侧(口)离开。

(4)现场保护。肇事车停位、伤亡人员倒位、各种碰撞碾压的痕迹、制动拖痕、血迹及其他散落物品均属保护内容,不得破坏、伪造。如危险货物泄漏有爆炸、火灾、中毒可能危及安全时,驾驶人员应劝导阻止无关人员和车辆进入现场,并在现场周边设置安全警示标志,提示过往行人和车辆注意避让。

(5)根据车上运载的危险品货物性质、危害特性、包装容器的使用特性采取相应的应急措施。如油罐运输车、液化气运输车、腐蚀品运输车选取相应的应急器材和防护用品。

(6)发生火灾等事故。遇到火灾初期,可迅速取出灭火器灭火或用路边沙土扑救;火势失控时应放弃个人扑救,采取应急疏散、撤离和逃生措施,待消防救援力量到场后,配合开展救援行为。

(7)其他相关提示:

①在高速公路上,驾驶人员、押运人员要注意自身安全防护,必须停留在安全区域。

②在高架桥上,要提示引导相关人员沿桥面疏散、撤离和逃生。

③在夜间,要摆放应急警示灯,提示过往车辆注意避让。

④在人员密集区域时要告诫围观群众远离,且现场周边严禁烟火。

⑤遇突发自然灾害时,驾驶人员应立即将危险货物车辆停放于安全地带。

二、企业应急响应

1.信息报送与通信联络

我国有关法规标准要求,信息报送与通信联络,至少应明确以下内容:

(1)当地安全生产监督管理部门、环境保护、公安、卫生主管部门有效的联络方式和手段。

(2)本企业和托运人24小时有效的应急通信联络方式。

(3)事故信息接收和通报程序、内容和时限。

2.响应分级

我国有关法规标准要求,依据事故等级确定应急响应级别。因此,企业应针对事故危害程度、影响范围和单位控制事态的能力,将事故分为不同的等级。按照分级负责的原则,明确应急响应级别。

危险货物道路运输企业可以根据事故可能造成不同程度的人员、财产及环境危害,有针对性地采取相应的应急响应,并对应急救援组织的行动作出规定,以确保有秩序地进行救援,减少事故损失。基于危险货物运输事故等级的划分,有些企业将响应级别设为三级。

Ⅲ级响应针对一般事故,要求事故发生单位立即按照现场应急处置方案采取紧急措施,相关职能部门和事发单位的主要负责人应在最短时间内赶赴现场,参与制订方案,指导、协调和督促有关人员开展工作。

Ⅱ级响应针对较大事故,需要应急指挥领导小组副组长和相关职能单位主要负责人应在最短时间内赶赴现场,参与制定方案,指导、协调和督促有关部门开展工作,并配合与协调外部救援力量和政府部门的事故应急救援行动。

Ⅰ级响应针对重大及以上事故，应急领导组组长和相关职能部门主要负责人应在最短时间内赶赴现场，参与制定方案，指导、协调和督促有关部门开展工作，并配合与协调外部救援力量和政府部门的事故应急救援行动。当事故对企业造成极恶劣的影响或企业无法自行处置时，企业应立即上报地方主管部门，必要时启动地方应急处置机制。

应急指挥部接到事件报警后，根据事件的详细信息，对警情作出判断。确定可能的响应级别后，迅速上报和通知相应的应急组织机构，及时开展应急救援工作。

第四节　常见危险货物道路运输应急装备使用

应急救援装备包括，危险化学品单位配备的用于处置危险化学品事故的车辆和各类侦检、个体防护、警戒、通信、输转、堵漏、洗消、破拆、排烟照明、灭火、救生等物资及其他器材。危险化学品单位，包括生产、经营、储存、运输、使用危险化学品和处置废弃危险化学品的企业。

危险货物道路运输企业应根据本单位危险化学品的种类、数量和危险化学品发生事故的特点进行配置应急救援物资；应急救援物资应符合实用性、功能性、安全性、耐用性以及单位实际需要的原则，应满足单位员工现场应急处置和企业应急救援队伍（针对大型企业而言）所承担救援任务的需要。

危险货物道路运输企业专职安全管理人员应根据本企业所运危险货物的特性配备相应的应急救援物资，并保证发生事故时能及时供应、正确使用。由于危险货物道路运输企业规模不同，其配置的应急救援物资的要求也不同。在此针对大型企业，介绍配置的应急救援物资的要求。中小企业的专职安全管理人员，作为常识性知识了解。

应急保障，至少应明确以下内容：

（1）与应急工作相关联的单位或人员通信联系方式和方法，并提供备用方案。

（2）本企业和托运人的应急救援队伍。

（3）应急装备、物资和储备运力，主要包括名称、型号、数量、性能、存放地点、管理者及其通信联系方式等。

（4）应急专项经费，主要包括来源、使用范围、额度和监督管理措施。

（5）其他相关保障，如运输保障、治安保障、技术保障、医疗保障、后勤保障等。

危险货物运输事故的应急保障是一项系统工程，不是某个部门或某个人所能独立解决的，而是需要处理事故的各要素主体共同参与、相互配合完成，其中包括中央及地方各级政府、危险货物道路运输相关管理部门、危险货物道路运输行业协会、危险货物道路运输企业等相关部门。政府作为事故应急保障的最核心要素，起到统筹协调、全面指导的作用。而危险货物道路运输企业作为危险货物道路运输的主要执行者，应保证基本的应急能力，形成一套完备的事故应急保障体系，至少包括与参与救援的部门联系方式、应急队伍、应急装备、物资和储备运力，以及应急专项经费和其他相关保障等。一旦发生事故，企业可以配合政府,在最短的时间内调配人力和物力,启动应急预案和快速响应机制,指挥各要素主体快速投入应急救援当中。

一、现场救援物资

1.应急救援器材专用柜

在危险化学品单位作业场所,应急救援物资应存放在应急救援器材专用柜或指定地点。危险货物道路运输企业,通常采用类似小型集装箱的应急救援器材专用柜(图1-9-5)。应急救援器材专用柜,放在本企业内随时待用。当车辆发生事故时,企业救援车辆立即吊上(装上)应急救援器材专用柜,前往事故现场。这种集装箱似的应急救援器材专用柜,便于救援车辆携带、机动性强。同时也可以配合兄弟企业救援时使用。

应急救援器材专用柜内,应根据本企业所运危险货物的特性配备应急救援物资。

图1-9-5　小型集装箱形状的应急救援器材专用柜

2.应急救援物资

应急救援物资有:

(1)正压式空气呼吸器。

(2)化学防护服。用于具有有毒腐蚀液体危险化学品的作业场所。

(3)过滤式防毒面具。根据有毒有害物质确定类型。

(4)气体浓度检测仪。用于检测气体浓度,根据作业场所的气体确定类型。

(5)手电筒。用于易燃易爆场所,防爆。

(6)对讲机。用于易燃易爆场所,防爆。

(7)急救箱或急救包。物资清单可参考《工业企业设计卫生标准》(GBZ 1)。

(8)吸附材料或堵漏器材。用于处理化学品泄漏;以工作介质理化性质选择吸附材料,常用吸附材料为沙土(具有爆炸危险性的除外)。

(9)洗消设施或清洗剂。洗消设施包括洗消门、消毒药品和洗消器材,对进入人员进行局部或全身洗消,避免将放射性灰尘、毒剂带入人防工程内,以确保人防工程内人员的安全。用于洗消受污染或可能受污染的人员、设备和器材;可随救援车配备。

(10)应急处置工具箱。工具箱内配备常用工具或专业处置工具。防爆场所应配置无火花工具。

3.应急救援车辆

有条件的大型企业可以配备救援车辆。地方人民政府也可以根据辖区内危险货物道路运输情况,组建专业性的救援队伍,配备救援车辆。

应急救援车辆车厢内相关装备,如图1-9-6所示。

a）移动供气源　　　　　　　　　b）各种防化服及呼吸器

c）排烟机　　　　　　　　　　d）水雾灭火系统

图1-9-6　应急救援车辆车厢内相关装备图

二、其他物质

1.消防器械

水雾灭火系统、消防水带、消防水枪、灭火器等消防器械，如图1-9-7所示。

a）灭火器　　　　　　　　　　b）消防水枪

图1-9-7　消防器械

2.回收设备

吸附垫、收集池、围油栏、排油泵、防爆软管泵、有毒物质回收桶、砂土、锯末、棉絮、软刷、塑料簸箕、洗消废水回收袋、废物收集池等。有毒物质回收桶、围油栏、防爆软管泵，如图1-9-8所示。

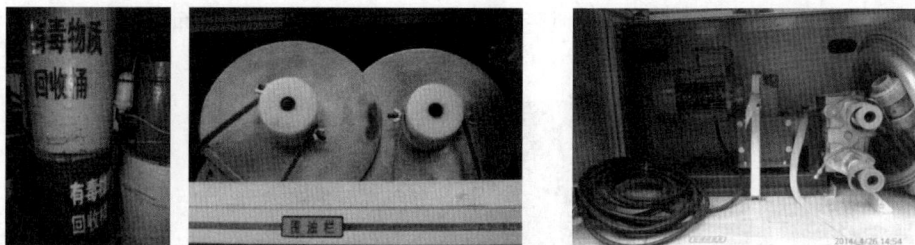

a)有毒物质回收桶和围油栏　　　　　　　　b)防爆软管泵

图1-9-8　泄漏物品回收设备

3.堵漏器材

（1）木制堵漏楔，如图1-9-9所示。用于各类孔洞状较低压力的堵漏作业；经专门绝缘处理，防裂，不变形。

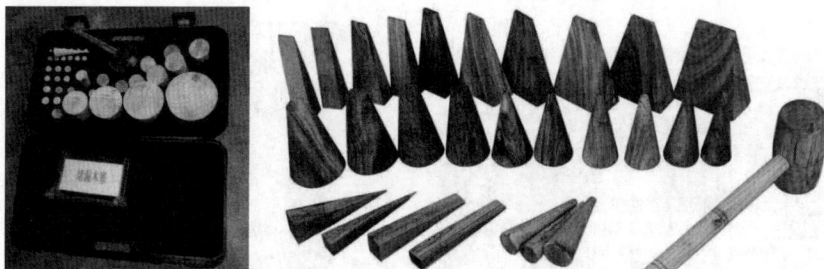

图1-9-9　木制堵漏楔（堵漏木塞）

（2）气动吸盘式堵漏工具，如图1-9-10所示。用于封堵不规则孔洞；气动、负压式吸盘，可输传作业（如输传泵，吸附、输传各种液体；易燃易爆场所应为防爆）。

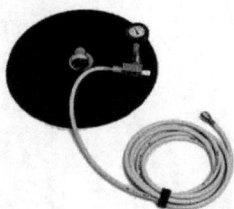

图1-9-10　气动吸盘式堵漏器

（3）粘贴式堵漏工具，如图1-9-11所示。用于各种罐体和管道表面点状、线状泄漏的堵漏作业。

图1-9-11　粘贴式堵漏工具

（4）电磁式堵漏工具，如图1-9-12所示。用于各种罐体和管道表面点状、线状泄漏的堵漏作业；适用温度不大于80℃。

图1-9-12　电磁式堵漏工具

（5）注入式堵漏工具，如图1-9-13所示。用于阀门或凸缘盘作业；无火花材料；配有手动液压泵，液压不小于74MPa，适用温度-100～400℃。

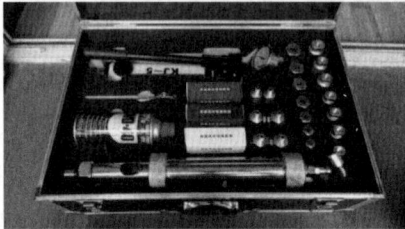

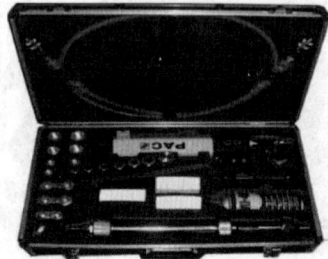

图1-9-13　注入式堵漏工具

（6）无火花工具，如图1-9-14所示。用于易燃、易爆事故现场的手动作业，铜制材料。

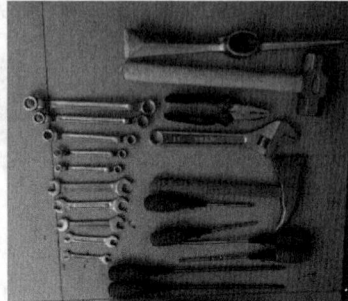

图1-9-14　无火花工具

（7）金属堵漏套管。用于各种金属管道裂缝的密封堵漏。如夹具（图1-9-15）。

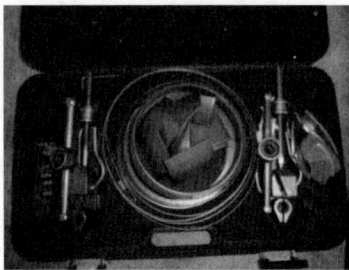

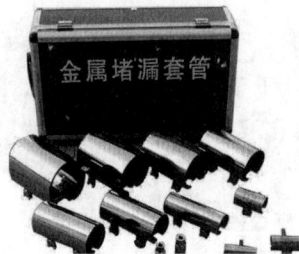

图1-9-15　夹具

4.警示器材

(1)警戒标志杆。用于灾害事故现场警戒,有反光功能。

(2)锥形事故标志柱,如图1-9-16所示。用于灾害事故现场道路警戒。

图1-9-16　锥形事故标志柱

(3)隔离警示带,如图1-9-17所示。用于灾害事故现场警戒;双面反光,每盘长度约500m。

图1-9-17　隔离警示带

(4)危险警示牌。用于灾害事故现场警戒警示;分为有毒、易燃、泄漏、爆炸、危险等5种标志,图案为反光材料。与标志杆配套使用,易燃易爆环境应为无火花材料。

(5)闪光警示灯,如图1-9-18所示。用于灾害事故现场警戒警示;频闪行,光线暗时自动闪亮。

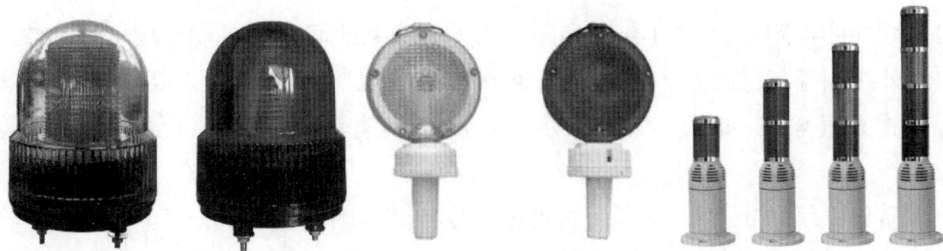

图1-9-18　危险警示牌

(6)手持扩音器,如图1-9-19所示。用于灾害事故现场指挥;功率大于10W,同时应具备警报功能。

5.救生、医疗物资

（1）救生物资主要有：逃生面罩、折叠式担架、救生软梯、安全绳等。

（2）医疗物资主要有：正压式空气呼吸器（图1-9-20）、医用氧气、医疗急救箱以及洗眼液、洗眼器、各种药品。

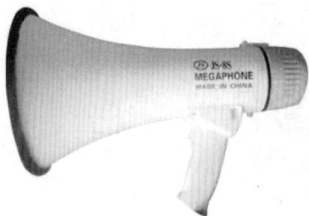

图1-9-19　手持扩音器

图1-9-20　正压式空气呼吸器

6.侦检器材

（1）有毒有害气体检测仪，如图1-9-21所示。具备自动识别、防水、防爆性能；能探测有毒、有害气体及氧含量。

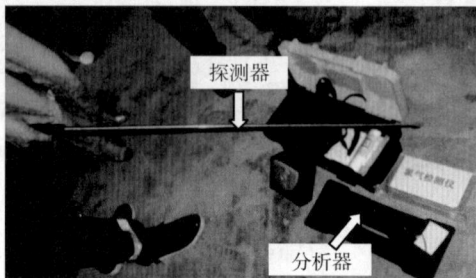

a) 氯气检测仪

b) 有毒气体检测仪

图1-9-21　有毒有害气体检测仪

（2）可燃气体检测仪，如图1-9-22所示。可检查事故现场多种易燃易爆气体的浓度。

（3）红外线测温仪，如图1-9-23所示。可测量事故现场温度；可预设高、低温危险警报。

（4）便携式气象仪，如图1-9-24所示。可测量风速、风向、温度、湿度、大气压等气象参数。

（5）水质分析仪，如图1-9-25所示。可定性分析液体内的化学成分。

各类危险货物道路运输安全及事故应急处置内容可扫描封面二维码查看。

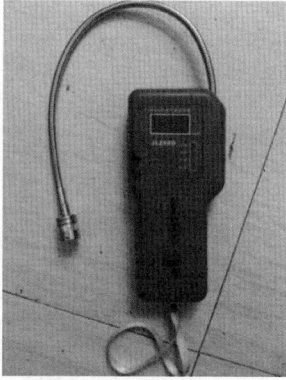

图1-9-22 可燃气体检测仪

图1-9-23 红外测温仪

图1-9-24 便携式气象仪

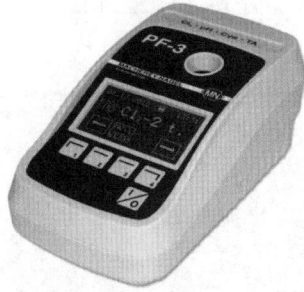

图1-9-25 便携式水质分析仪

第十章　危险货物运输事故案例

第一节　危险货物装卸过程典型事故案例分析

1.案例介绍

某日凌晨,临沂某石化有限公司发生重大爆炸着火事故,造成10人死亡,9人受伤,肇事罐车、其他车辆罐体以及液化气球罐区、异辛烷罐区等区域先后起火燃烧,直接经济损失4468万元(图1-10-1)。

图1-10-1　事故现场

2.事故原因

(1)直接原因:肇事罐车驾驶人员长途奔波、连续作业,在极度疲惫状态下午夜卸车,出现严重操作失误,致使快接口与罐车液相卸料管未能可靠连接,液化气大量泄漏。现场人员未能有效处置,泄漏的液化气气化扩散后形成爆炸性混合气体,遇点火源爆炸燃烧,引发后续车辆罐体、球罐、储罐等爆炸燃烧。据查,驾驶人员近32小时只休息4小时,押运人员无驾驶证,卸车时驾驶人员独自作业,快接口定位锁止扳把未闭合。

(2)间接原因。

企业方面:多家涉事企业未落实安全生产主体责任,存在超许可违规经营、日常安全管理混乱、疲劳驾驶失管失察、应急管理不到位、装卸环节安全管理缺失、特种设备管理混乱、工程项目违法建设等问题。

监管部门方面:交通运输部门未依法履行危险化学品运输安全监管职责,对企业超许可经营、异地经营未备案、车辆动态监控、装卸安全监管、安全教育培训、应急救援体系建设等方面存在工作失职、监督不力、疏于管理、指导不力等问题。

3.处罚结果

人民法院对相关重大责任事故案一审公开宣判。法院审理认为,涉事企业负责人、管理人员及肇事车辆押运人员等8人,因失职行为导致重大安全生产事故,造成严重后果,情节特别恶劣,其行为均构成重大责任事故罪,根据各被告人在犯罪中的地位、作用、情节、对社会的危害程度和认罪态度,依法作出判决。

拓展知识

什么是重大责任事故罪?

《中华人民共和国刑法》第一百三十四条规定,在生产、作业中违反有关安全管理的规定,因而发生重大伤亡事故或者造成其他严重后果的,处三年以下有期徒刑或者拘役;情节特别恶劣的,处三年以上七年以下有期徒刑。

强令他人违章冒险作业,因而发生重大伤亡事故或者造成其他严重后果的,处五年以下有期徒刑或者拘役;情节特别恶劣的,处五年以上有期徒刑。

第二节 危险货物道路运输过程典型事故案例分析

一、剧毒化学品泄漏事故

1.案例介绍

某日夜间,一辆核载9.9t的重型厢式货车行至四川省九寨沟县双河乡甘沟村时侧翻,车上84桶(21t)甲苯二异氰酸酯(图1-10-2)中21桶掉入汤株河。事故造成当地群众受伤、河流污染,社会影响恶劣。

2.事故原因

(1)直接原因:货车侧翻致使车上21桶剧毒化学品掉入河中。涉事的剧毒化学品生产企业、使用企业及3个承运企业均未执行国家有关剧毒运输规定,违法购买、托运、承运。有资质的企业承运后还将危险货物违法倒运给无资质企业。

图1-10-2　甲苯二异氰酸酯

（2）间接原因。

企业层面：企业未落实安全生产主体责任，相关企业职工的调度、运输、押运等行为属于职务行为，企业需为其职务违法行为承担法律责任。

管理层面：运管部门宣传不广泛，对道路危险货物运输相关法规标准宣传不到位，部分审批人员自身都不了解剧毒运输需办理通行证。审批不严，未按规定对车辆类型、核定载质量、分类管理等要求进行审批。监管不力，对企业审批后缺乏有效监督，未履行"三关一监督"中对企业经营过程的监督职责，对不符合许可要求的企业未及时要求整改或取消经营许可。

二、液氯泄漏特大事故

1. 案例介绍

某日晚，一辆罐式半挂车在京沪高速公路淮安段发生交通事故，导致车上罐装液氯大量泄漏。事故造成29人死亡，456人中毒住院治疗，1867人门诊留治，10500多村民疏散转移，大量家畜、农作物受损，环境严重污染，直接经济损失1739.94万元，京沪高速公路沭阳段约110km交通中断20小时。

2. 事故原因

（1）直接原因：车辆使用报废轮胎，严重超载（核载15t，实载40.44t，超载169.6%），导致交通事故发生，引发液氯泄漏。事故发生后肇事人逃逸，未及时采取有效措施处理泄漏液氯。

（2）间接原因：未提及相关间接原因，可能存在车辆所属企业安全管理不到位，对车辆安全技术性能检查不严格，对超载等违规行为监管不力；也可能存在运输危险化学品时押运人员未有效履行监管职责，未对超载等违规行为及时制止等情况。

3. 处罚结果

驾驶人员违反《道路交通安全法》中关于车辆安全技术性能检查、严禁超载的规定，以及《危险化学品安全管理条例》中关于危险化学品运输需配备押运人员、不得超装超载等规定，应负事故主要直接责任。其行为触犯《中华人民共和国刑法》中交通肇事罪和以其他危险方法危害公共安全罪相关条款，涉嫌相应罪名。

三、罐车泄漏重大爆炸着火事故

1.案例介绍

某日凌晨,一辆液化气运输罐车抵达临沂某石化公司卸车位卸载液化气。卸载过程中,罐车驾驶人员因极度疲惫操作严重失误,致使快接接口与罐车液相卸管未能可靠连接,大量液化气喷出并急剧汽化扩散。现场作业人员未能有效处置,液化气与空气形成爆炸性混合气体,遇点火源发生爆炸,造成事故车及其他车辆罐体相继爆炸,周边区域起火燃烧,导致10人死亡(图1-10-3)。

图1-10-3　事故现场

2.事故原因

(1)直接原因:罐车驾驶人员长途奔波、连续作业,在午夜卸车时操作失误,致使快接口与罐车液相卸料管连接不可靠,开启球阀瞬间脱离,造成液化气大量泄漏。现场人员处置无效,泄漏液化气与空气形成爆炸性混合气体遇点火源爆炸,后续引发一系列罐体爆炸和燃烧。

(2)间接原因。

多家公司未落实安全生产主体责任。如某物流有限公司超许可违规经营、日常安全管理混乱、对疲劳驾驶失管失察、事故应急管理不到位、装卸环节安全管理缺失;某石化公司安全生产风险分级管控和隐患排查治理主体责任不落实、特种设备安全管理混乱、危化品装卸管理不到位、工程项目违法建设、事故应急管理不到位;某运输有限公司对所属车辆脱管、未履行异地经营报备职责、车辆动态监控不到位、移动式压力容器管理不到位。

交通运输部门未依法履行危险化学品运输安全监管职责。存在对企业违法违规问题未采取有效监管措施、对货物运输源头管理失职、对车辆动态监管不力、对装卸安全监管失察、对企业安全教育等问题监管失察等情况。

3. 处罚结果

法院对涉及该事故的相关责任人重大责任事故案一审公开宣判。法院认为相关企业负责人及管理人员未履行相应职责，导致发生重大安全生产事故，情节特别恶劣，其行为均构成重大责任事故罪。

第三节　危险货物道路运输车辆停车、
维修典型事故案例分析

一、危险货物运输车辆爆燃事故

1. 案例介绍

某日凌晨，周某和赖某驾驶危险货物道路运输重型半挂货车，行驶至广深沿江高速K5+300m处违法停车，被同向行驶的货车追尾相撞，致使油罐中的溶剂油泄漏，继而引发爆燃，波及高速高架桥下及周边货物堆场、工棚（图1-10-4）。事故造成20人死亡，31人受伤，直接经济损失约4600万元，过火面积1369.1m²。

图1-10-4　事故现场

2. 事故原因

（1）直接原因：危险货物道路运输重型半挂货车在沿江高速公路违法停车，肇事货车追尾碰撞，造成半挂车罐体所载溶剂油泄漏。泄漏的溶剂油流淌至周边地区，挥发的可燃气体与空气混合形成爆炸性混合气体，遇桥下过往机动车产生的火花引起连环爆燃，导致重大人员伤亡。

（2）间接原因。

运输公司违法违规。擅自安装和使用不符合国家标准的油罐车，涉嫌伪造道路运输证致车辆严重超载,安全生产管理责任落实不到位,主要负责人事故后逃逸。

制造公司违规生产销售。销售过程中只生产并销售车架,出具虚假产品合格证,对罐体实际情况未有效监控检测,为违规安装罐体提供便利。

检测单位违规操作。机动车检测公司对车辆检测弄虚作假;特种设备检测中心对罐体检测把关不严;交警部门在车辆检测、核发行驶证时审核不严。

3. 处罚结果

责成相关单位对部分涉事单位通报批评,相关部门作出检讨。

对运输公司,建议由安全监管部门依法给予行政处罚,由有关部门吊销其相关证照,并查处其涉嫌伪造证照行为。

对制造公司及其董事长兼总经理,建议由安全监管部门依法给予行政处罚。

对机动车检测公司,建议由有关部门依法吊销其检测资质并处罚款。

对肇事货车实际车主,建议由交通管理部门依法进行行政处罚。

二、危险货物运输车辆非法汽车维修点爆炸事故

1. 案例介绍

某日,某市千凤路北侧一非法汽车维修点,在对一辆挂靠运输公司的罐式货车渗漏罐体进行焊接作业时发生爆炸。该维修点未注册登记,无危险货物运输车辆维修资质,焊接人员无特种作业证。罐车卸完氨水后,罐内氨挥发与空气混合达爆炸极限,焊接时未采取防火防爆措施引发爆炸,造成3人死亡、1人重伤,直接经济损失约200万元。

2. 事故原因

(1)直接原因:罐车卸完氨水后罐内形成爆炸性混合气体,焊接作业时未采取防火防爆措施,遇电焊高热金属表面引发罐内化学爆炸。

(2)间接原因:汽车维修点非法经营,不具备相关资质与安全生产条件;事故发生所在地交通运输主管部门多次发现该维修点非法经营,仅口头责令停业,未采取进一步有效措施。

3. 处罚结果

事故发生所在市人民检察院以玩忽职守罪对维修办主任查某提起公诉。法院审理认为,查某身为国家工作人员,履职中玩忽职守致使人民利益遭受重大损失,构成玩忽职守罪,但因其有自首情节,法院判决查某犯玩忽职守罪,免予刑事处罚。

氰化钾,UN 1680,化学品安全技术说明书可扫描封面二维码查看。

第十一章 剧毒化学品道路运输专业知识

本章主要介绍剧毒化学品品名、危险特性以及运输要求。

第一节 剧毒化学品品名

在国家标准《道路运输爆炸品和剧毒化学品车辆安全技术条件》（GB 20300）中，剧毒化学品被定义为：具有非常剧烈毒性危害的化学品，包括人工合成的化学品及混合物（含农药）和天然毒素。

在实际工作中，剧毒化学品以列入《危险化学品目录》，且"备注"栏标注为"剧毒"的为准。

一、《危险化学品目录》

2015年2月27日，按照《危险化学品安全管理条例》有关规定，国家安全监管总局会同工业和信息化部、公安部、环境保护部、交通运输部、农业部、国家卫生计生委、质检总局、铁路局、民航局制定了《危险化学品目录（2015版）》。《危险化学品目录（2015版）》于2015年5月1日起实施，且同时废止了《危险化学品名录（2002版）》（原国家安全生产监督管理局公告2003年第1号）、《剧毒化学品目录（2002年版）》（原国家安全生产监督管理局等8部门公告2003年第2号）。2022年10月13日，国务院有关部委调整《危险化学品目录（2015版）》，现在执行的是《危险化学品目录（2022调整版）》。

二、《危险化学品目录（2022调整版）》样式

以下结合《危险化学品目录（2022调整版）》，介绍有关问题。

1.危险化学品定义和分类

危险化学品定义：具有毒害、腐蚀、爆炸、燃烧、助燃等性质，对人体、设施、环境具有危害的剧毒化学品和其他化学品。

危险化学品分类：物理化学危害（共16小类）、健康危害（共10小类）、环境危害（共2小类），共3大类28小类。

2.剧毒化学品的定义和判定界限

剧毒化学品定义：具有剧烈急性毒性危害的化学品，包括人工合成的化学品及其混合物和天然毒素，还包括具有急性毒性易造成公共安全危害的化学品。

剧烈急性毒性判定界限：急性毒性类别1，即满足下列条件之一：大鼠实验，经口

$LD_{50} \leq 5mg/kg$，经皮 $LD_{50} \leq 50mg/kg$，吸入（4小时）$LC_{50} \leq 100mL/m^3$（气体）或 0.5mg/L（蒸气）或 0.05mg/L（尘、雾）。经皮 LD_{50} 的实验数据，也可使用兔实验数据。

3.《危险化学品目录》各栏目的含义

第1栏："序号"是指《危险化学品目录》中化学品的顺序号。

第2栏："品名"是指根据《化学命名原则》（1980）确定的名称。

第3栏："别名"是指除"品名"以外的其他名称，包括通用名、俗名等。

第4栏："CAS号"是指美国化学文摘社对化学品的唯一登记号。

第5栏："备注"是对剧毒化学品的特别注明。

《危险化学品目录（2022调整版）》样式及内容可扫描封面二维码查看。

注：

（1）每一种化学品都具有"CAS号"（唯一登记号）；

（2）化学品"CAS号"列入《危险化学品目录（2022调整版）》的，其为危险化学品；

（3）化学品"CAS号"列入《危险化学品目录（2022调整版）》且在第5栏"备注"为"剧毒"的，其为剧毒危险化学品。

为了便于剧毒化学品道路运输管理，本书根据《危险化学品目录（2022调整版）》，整理出《剧毒化学品品名表》，样式及内容可扫描封面二维码查看。

第二节　典型剧毒化学品危险特性

在实际生活和道路运输工作中，常见的典型剧毒化学品及其危险特性如下。

一、三氧化二砷

三氧化二砷，也称白砒、砒霜、亚砷（酸）酐，UN 1561，CN 61007，分子式为 As_2O_3。在我国，砒霜用于中药，它也是最古老的毒物之一（图1-11-1）。砒霜的毒性很强，进入人体后能破坏某些细胞呼吸酶，使组织细胞不能获得氧气而死亡；还能强烈刺激胃肠黏膜，使黏膜溃烂、出血；亦可破坏血管，发生出血，破坏肝脏，严重的会因呼吸和循环衰竭而死。如一次服用大量砷，可引起重度循环衰竭、血压下降、脉搏快弱、呼吸浅表、中枢神经麻痹。其症状为头晕、头疼、肌肉疼痛性痉挛，迅速不省人事，继而呼吸麻痹，1小时内可死亡。三氧化二砷中毒量为 0.005 ~ 0.05g，致死量为 0.1 ~ 0.2g。

图1-11-1　三氧化二砷样品

二、液氯

液氯，也称氯、氯气，UN 1017，CN 23002，化学符号为Cl。氯单质为黄绿色气体。在常温和6个大气压下，人们可以将氯液化为一种黄绿色的液体，叫作"液氯"。氯的产量是工业发展的一个重要标志。氯主要在化学工业尤其是有机合成工业，用于生产塑料、合成橡胶、染料及其他化学制品或中间体，还用于漂白剂、消毒剂、合成药物等。氯气具有毒性，如果空气中含有万分之一的氯气，就会严重影响人的健康；当每升大气中含有2.5毫克氯气时，可在几分钟内使人死亡。氯气可以作为一种廉价的消毒剂，一般的自来水及游泳池常采用它来消毒。

氯气密度是空气密度的2.5倍。氯气中混和体积分数为5%以上的氢气时遇强光可能会有爆炸的危险。

三、氰化钾

氰化钾，也称山奈钾，UN 1680，CN 61001，化学符号为KCN。白色圆球形硬块，粒状或结晶性粉末，剧毒（图1-11-2）。在湿空气中潮解并放出微量的氰化氢气体。易溶于水，微溶于醇，水溶液呈强碱性，并很快水解。密度1.857g/cm³，沸点1497℃，熔点563℃。接触皮肤的伤口或吸入微量粉末即可中毒死亡。

四、黄磷

黄磷，也称白磷，UN 2447，CN 42001，化学符号为P。白色或浅黄色半透明性固体，样品如图1-11-3所示。质软，冷时性脆，见光色变深。暴露空气中在暗处产生绿色磷光和白色烟雾。在湿空气中约40℃着火，在干燥空气中则稍高。白磷能直接与卤素、硫、金属等起作用，与硝酸生成磷酸，与氢氧化钠或氢氧化钾生成磷化氢及次磷酸钠。应避免与氯酸钾、高锰酸钾、过氧化物及其他氧化物接触。1g溶于300000份水、400mL无水乙醇、102mL无水乙醚、40mL氯仿、35mL苯、0.8mL二硫化碳、80mL橄榄油、60mL松节油、约100mL杏仁油。相对密度1.83（α型）、1.88（β型），熔点44.1℃（β型）。

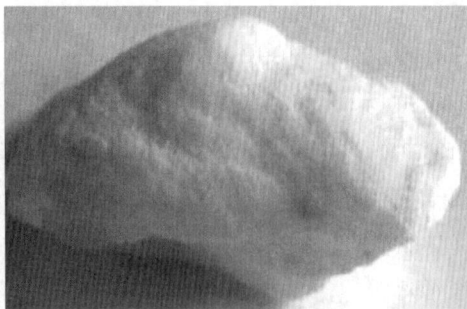

图1-11-2 氰化钾样品

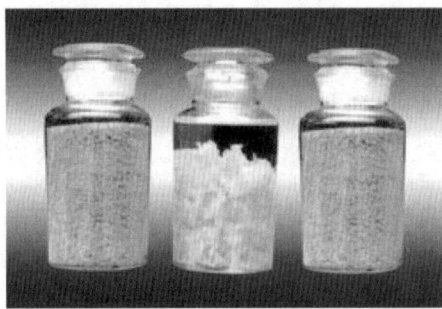

图1-11-3 黄磷样品

黄磷有剧毒。人的中毒剂量为15mg，致死量为50mg。误服白磷后很快产生严重的胃肠道刺激腐蚀症状。大量摄入可因全身出血、呕血、便血和循环系统衰竭而死。若病人暂时得以存活，亦可由于肝、肾、心血管功能不全而慢慢死去。皮肤被磷灼伤面积达7%以上时，可引起严重的急性溶血性贫血，以至死于急性肾功能衰竭。长期吸入磷蒸气，可导致气管炎、肺炎及严重的骨骼损害。

黄磷对健康的危害是急性吸入中毒,表现有呼吸道刺激症状、头痛、头晕、全身无力、呕吐、心动过缓、上腹疼痛、黄疸、肝肿大。重症出现急性肝坏死、中毒性肺水肿等。口服中毒出现口腔糜烂、急性胃肠炎,甚至发生食道、胃穿孔。数天后出现肝、肾损害。重者发生肝、肾功能衰竭等。本品可致皮肤灼伤,磷经灼伤皮肤吸收引起中毒,重者发生中毒性肝病、肾损害、急性溶血等,以致死亡。

黄磷的包装方法:小开口钢桶(黄磷顶面须用厚度为15cm以上的水层覆盖);装入盛水的玻璃瓶、塑料瓶或金属容器(用塑料瓶时必须再装入金属容器内)。物品必须完全浸没在水中,严封后再装入坚固木箱。

在工业上用黄磷制备高纯度的磷酸。利用白磷易燃产生烟(P_4O_{10})和雾(P_4O_{10}与水蒸气形成H_3PO_4等雾状物质),在军事上常用来制烟幕弹、燃烧弹。还可用白磷制造赤磷(红磷)、三硫化四磷(P_4S_3)、有机磷酸酯、燃烧弹、杀鼠剂等。

五、剧毒化学品主要危害特性

从实际情况来看,剧毒化学品的主要危险特性有以下几点,从业人员在运输、装卸过程中应引起足够的注意:

(1)具有剧烈的毒害性,少量进入机体即可造成中毒或死亡。

(2)相当多的剧毒化学品具有隐蔽性,即多为白色粉状、块状固体或无色液体,易与食盐、糖、面粉等混淆,不易识别。

(3)许多剧毒化学品还具有易燃、爆炸、腐蚀等特性,如液氯、四氧化锇、三氟化硼等。

(4)一些剧毒化学品与其他物质混合时反应剧烈,甚至可产生爆炸。如氰化物与硝酸盐、亚硝酸盐等混合时反应就相当剧烈,可以引起爆炸。

(5)一些剧毒化学品能与其他物质作用产生剧毒气体,如氰化物与酸接触生成剧毒氰化氢气体,磷化铝与水或水蒸气作用生成易燃、剧毒的磷化氢气体。

第三节　剧毒化学品运输特殊要求

由于剧毒化学品的危害极大,只要极少量就能给人或生物以极大伤害,一旦使用和管理不善,就会给社会带来危险,从而危及公众健康和公共安全。为此,世界各国都对剧毒化学品进行了严格的管理。我国对剧毒化学品在储运、销售、购买、运输、安全检查等方面均有特殊规定,还特别施行了有关许可制度以加强管理。

一、有关剧毒化学品运输的法律规定

根据我国法律法规和部门规章的要求,介绍一些涉及剧毒化学品道路运输安全管理的基本常识。

1.《道路交通安全法》及其实施条例有关规定

《道路交通安全法》中规定，机动车载运爆炸物品、易燃易爆化学物品以及剧毒、放射性等危险物品，应当经公安机关批准后，按指定的时间、路线、速度行驶，悬挂警示标志并采取必要的安全措施。《道路交通安全法实施条例》中规定，机动车驾驶人初次申领机动车驾驶证后的12个月为实习期。机动车驾驶人在实习期内不得驾驶载有爆炸物品、易燃易爆化学物品、剧毒或者放射性等危险物品的机动车。

2.《公路安全保护条例》有关规定

《公路安全保护条例》第四十二条规定，载运易燃、易爆、剧毒、放射性等危险物品的车辆，应当符合国家有关安全管理规定，并避免通过特大型公路桥梁或者特长公路隧道。确需通过特大型公路桥梁或者特长公路隧道的，负责审批易燃、易爆、剧毒、放射性等危险物品运输许可的机关应当提前将行驶时间、路线通知特大型公路桥梁或者特长公路隧道的管理单位，并对在特大型公路桥梁或者特长公路隧道行驶的车辆进行现场监管。

3.《危险化学品安全管理条例》有关规定

《危险化学品安全管理条例》对剧毒化学品运输环节作出了较为详细的规定，主要内容如下。

（1）通过道路运输剧毒化学品的，托运人应当向运输始发地或者目的地县级人民政府公安机关申请剧毒化学品道路运输通行证。

（2）运输危险化学品途中因住宿或者发生影响正常运输的情况，需要较长时间停车的，驾驶人员、押运人员应当采取相应的安全防范措施；运输剧毒化学品或者易制爆危险化学品的，还应当向当地公安机关报告。

（3）剧毒化学品、易制爆危险化学品在道路运输途中丢失、被盗、被抢或者出现流散、泄漏等情况的，驾驶人员、押运人员应当立即采取相应的警示措施和安全措施，并向当地公安机关报告。公安机关接到报告后，应当根据实际情况立即向安全生产监督管理部门、环境保护主管部门、卫生主管部门通报。有关部门应当采取必要的应急处置措施。

（4）申请剧毒化学品道路运输通行证，托运人应当向县级人民政府公安机关提交下列材料：

①拟运输的剧毒化学品品种、数量的说明。

②运输始发地、目的地、运输时间和运输路线的说明。

③承运人取得危险货物道路运输许可、运输车辆取得营运证以及驾驶人员、押运人员取得上岗资格的证明文件。

（5）本条例第三十八条第一款、第二款规定的购买剧毒化学品的相关许可证件，或者海关出具的进出口证明文件（即凭《剧毒化学品购买许可证》购买的要求）。

（6）有关处罚条款。有下列情形之一的，由公安机关责令改正，处1万元以上5万元以下的罚款；构成违反治安管理行为的，依法给予治安管理处罚：

①运输剧毒化学品或者易制爆危险化学品途中需要较长时间停车，驾驶人员、押运人

员不向当地公安机关报告的。

②剧毒化学品、易制爆危险化学品在道路运输途中丢失、被盗、被抢或者发生流散、泄漏等情况，驾驶人员、押运人员不采取必要的警示措施和安全措施，或者不向当地公安机关报告的。

4.《道路危险货物运输管理规定》有关规定

《道路危险货物运输管理规定》依据《危险化学品安全管理条例》，进一步细化了剧毒化学品安全管理规定。

1）对企业的相关要求

（1）运输剧毒化学品的，自有专用车辆（挂车除外）10辆以上。

（2）运输剧毒化学品的，应当配备罐式、厢式专用车辆或者压力容器等专用容器。

（3）运输剧毒化学品的专用车辆以及罐式专用车辆，数量为20辆（含）以下的，停车场地面积不低于车辆正投影面积的1.5倍，数量为20辆以上的，超过部分每辆车的停车场地面积不低于车辆正投影面积。

（4）申请从事剧毒化学品道路运输经营的企业或单位，向市级交通运输主管部门提交的《道路危险货物运输申请表》，在填写申请运输的危险货物（物品）范围时应当标注"剧毒"。

（5）运输剧毒化学品的企业和单位，应当配备专用停车区域，并设立明显的警示标牌。

（6）运输剧毒化学品的企业和单位，应当遵守有关部门关于运输剧毒化学品道路运输车辆在重大节假日通行高速公路的相关规定。

（7）申请从事剧毒化学品道路运输经营的企业向市级交通运输主管部门提出申请时，提交的拟投入专用车辆、设备承诺书，还应当包括运输剧毒化学品专用车辆核定载质量等有关情况。

（8）交通运输主管部门向符合许可条件的被许可人出具的《道路危险货物运输行政许可决定书》，在运输危险货物栏内标注有"剧毒"。

2）对人员的相关要求

（1）从事剧毒化学品道路运输的驾驶人员、装卸管理人员、押运人员，应当经考试合格，取得注明为"剧毒化学品运输"类别的从业资格证。

（2）运输剧毒化学品在运输途中需要较长时间停车的，驾驶人员或者押运人员应当向当地公安机关报告。

3）对车辆的相关要求

（1）运输剧毒化学品的罐式专用车辆的罐体容积不得超过$10m^3$，但符合国家有关标准的罐式集装箱除外。

（2）运输剧毒化学品的非罐式专用车辆，核定载质量不得超过10t，但符合国家有关标准的集装箱运输专用车辆除外。

（3）运输剧毒化学品专用车辆及罐式专用车辆（含罐式挂车）应当到具备危险货物道路

运输车辆维修资质的企业进行维修。

（4）交通运输主管部门向符合许可条件的专用车辆配发的《道路运输证》经营范围栏内标注有"剧毒"。

二、公安部关于运输剧毒化学品的相关规定

公安部根据《危险化学品安全管理条例》的有关规定，制定了《剧毒化学品购买和公路运输许可证件管理办法》（公安部令2005年第77号，以下简称《管理办法》）、《关于贯彻执行〈剧毒化学品购买和公路运输许可证件管理办法〉有关问题的通知》（公通字〔2005〕38号）。

在《管理办法》中，首先规定，除个人购买农药、灭鼠药、灭虫药以外，在中华人民共和国境内购买和通过公路运输剧毒化学品的，应当遵守本办法。该办法所称剧毒化学品，按照国务院安全生产监督管理部门会同国务院公安、环保、卫生、质检、交通部门确定并公布的剧毒化学品目录执行。即明确了剧毒化学品界定的办法。其次规定，国家对购买和通过公路运输剧毒化学品行为实行许可管理制度。购买和通过公路运输剧毒化学品，应当依照本办法申请取得《剧毒化学品购买凭证》《剧毒化学品准购证》和《剧毒化学品公路运输通行证》。未取得上述许可证件，任何单位和个人不得购买、通过公路运输剧毒化学品。任何单位或者个人不得伪造、变造、买卖、出借或者以其他方式转让《剧毒化学品购买凭证》《剧毒化学品准购证》和《剧毒化学品公路运输通行证》，不得使用作废的上述许可证件。即进一步强调了国家对通过公路运输剧毒化学品实行许可管理制度。

三、"易制毒化学品"道路运输的相关规定

易制毒化学品是指国家规定管制的可用于制造毒品的前体、原料和化学助剂等物质。无论是大麻、可卡因等植物天然毒品，还是冰毒、摇头丸等合成化学毒品的加工都离不开易制毒化学品，从某种意义上说，没有易制毒化学品就没有毒品。2008年3月开始施行的《中华人民共和国禁毒法》第二十一条规定，国家对易制毒化学品的生产、经营、购买、运输实行许可制度。鉴于有些"易制毒化学品"属于"危险化学品"，其道路运输不仅要遵守《易制毒化学品管理条例》，还要遵守《危险化学品安全管理条例》《道路危险货物运输管理规定》。

2005年8月26日，国务院颁布的《易制毒化学品管理条例》（国务院令第445号，自2005年11月1日起施行）规定"国家对易制毒化学品的生产、经营、购买、运输和进口、出口实行分类管理和许可制度。易制毒化学品分为三类。第一类是可以用于制毒的主要原料，第二类、第三类是可以用于制毒的化学配剂。易制毒化学品的具体分类和品种，由本条例附表列示。易制毒化学品的分类和品种需要调整的，由国务院公安部门会同国务院食品药品监督管理部门、安全生产监督管理部门、商务主管部门、卫生主管部门和海关总署提出方案，报国务院批准"。"跨设区的市级行政区域（直辖市为跨市界）或者在国务院公安部门确定的禁毒形势严峻的重点地区跨县级行政区域运输第一类易制毒化学品的，由运出地的设区的市级人民政府公安机关审批；运输第二类易制毒化学品的，由运出地的县级人民政府公安

机关审批。经审批取得易制毒化学品运输许可证后，方可运输。运输第三类易制毒化学品的，应当在运输前向运出地的县级人民政府公安机关备案。公安机关应当于收到备案材料的当日发给备案证明"。

《易制毒化学品的分类和品种目录》列明了23种易制毒化学品，并分为3类。

为加强易制毒化学品管理，规范购销和运输易制毒化学品行为，防止易制毒化学品被用于制造毒品，维护经济和社会秩序，公安部依据《易制毒化学品管理条例》，制定了《易制毒化学品购销和运输管理办法》（公安部令第87号，自2006年10月1日起施行）。

四、剧毒化学品道路运输各方责任

剧毒化学品道路运输托运人的主要责任是办理《剧毒化学品公路运输通行证》。在《管理办法》中，有关办理通行证的主要内容有：

（1）托运人应当向目的地的县级人民政府公安部门申请办理剧毒化学品公路运输通行证，并提交承运单位从事危险货物道路运输的经营（运输）许可证（复印件）、机动车行驶证、运输车辆道路运输证、驾驶人员和押运人员的身份证件及从业资格证；运输企业对每辆运输车辆制作的运输路线图和运行时间表，每辆车拟运输的载质量。

（2）通过公路运输剧毒化学品的，应当按照《剧毒化学品公路运输通行证》（图1-11-4）载明的运输车辆、驾驶人、押运人员、装载数量、有效期限、指定的路线、时间和速度运输，禁止超载、超速行驶；押运人员应当随车携带《剧毒化学品公路运输通行证》，以备查验。运输车辆行驶速度在不超过限速标志的前提下，在高速公路上不低于每小时70km、不高于每小时90km，在其他道路上不超过每小时60km。

剧毒化学品公路运输通行证

字第______号

供货单位：______________

兹批准______________将下列烟花爆竹由：______启运，经______、______、______至______。特此证明。

物品名称	规格	数量	备注

1. 此证从　　年　月　日起至　　年　月　日有效，逾期作废。
2. 严禁转让、转借、重复使用、涂改无效；
3. 物品运抵目的地后，收货单位在备注栏内签章，注明物品到达情况，应当在3日内将此证交回公安机关。

收货单位：　　　　　　　　承运人：

填 发 人：　　　　　　　　托运人：

发证机关（盖章）：

年　月　日

第二联　交承运单位

图1-11-4　《剧毒化学品公路运输通行证》式样

（3）运输剧毒化学品的车辆必须设置安装剧毒化学品道路运输专用标识和安全标示牌。安全标示牌应当标明剧毒化学品品名、种类、罐体容积、载质量、施救方法、运输企业联系电话。

（4）剧毒化学品运达目的地后，收货单位应当在《剧毒化学品公路运输通行证》上签注接收情况，并在收到货物后的7日内将《剧毒化学品公路运输通行证》送目的地县级人民政府公安机关治安管理部门备案存查。

五、剧毒化学品运输相关工作要求

1.运输前的准备工作

（1）运输剧毒化学品的专用车辆应选用符合《道路运输爆炸品和剧毒化学品车辆安全技术条件》（GB 20300）的罐式车辆或者货厢为整体封闭结构的厢式货车，罐式专用车辆的罐体容积不得超过10m³，但符合国家有关标准的罐式集装箱除外；厢式车辆的核定载质量不得超过10t，但符合国家有关标准的集装箱运输专用车辆除外。总质量大于2000kg的剧毒化学品运输车辆的发动机应为压燃式，车辆发动机燃料系统应符合《机动车运行安全技术条件》（GB 7258）的规定，车辆排气装置应具备熄灭排气火花的功能。

（2）装车前应检查运输剧毒化学品车辆的车厢或集装箱，车厢或集装箱底板应平坦完好，铺设阻燃导静电胶板。将货厢或集装箱清扫干净，罐体清洗干净，排除异物。运输液氯等氧化性较强的剧毒化学品，应认真检查货厢是否清洁，必须保证货厢内无油脂及含油脂的残留物，如油棉纱团等。

（3）检查运输剧毒化学品的车辆配备的消防器材，发现问题应立即更换或修理。驾驶室内应配备一个干粉灭火器，在车辆两边应配备与所装载介质性能相适应的灭火器各一个。

（4）根据所装货物及包装情况，备好防散失用具等应急处置器材。

（5）检查随车携带相关证件、运输文件是否齐全有效，特别是查验《剧毒化学品公路运输通行证》是否携带及有效性。

（6）驾驶人员应根据所装运剧毒化学品的毒性、状态、包装情况，配备防护用品防（如工作服、手套、防毒口罩、护目镜或者轻型防护服、毒面具等）及防散失、防雨等工、属具。运输大型气瓶（如液氯等），车上必须配备防止钢瓶滚动的紧固装置，如插桩、垫木、紧绳器等。

（7）进入装卸作业区应禁止随身携带火种、关闭随身携带的手机等通信工具和电子设备（一般情况下，要提前交到门卫保管），严禁吸烟，穿着不产生静电的工作服和不带铁钉的工作鞋。

（8）在装卸作业时应按照指定位置停车，熄灭发动机，实施手制动，装设好导静电拖地带。

（9）进入作业区，驾驶人员应根据不同剧毒化学品的危险特性，穿戴好相应的防护服装、手套、防毒口罩、防毒面具和护目镜等。

（10）进入作业现场对刚开启的仓库、集装箱、封闭式车厢要先通风排气，驱除积聚的有毒气体。

（11）在运输作业现场，人尽量站立在上风处，不能在低洼处久留，不能在货物上坐卧、休息，作业过程中不能进食、吸烟、饮水。工作前后严禁饮酒。

（12）剧毒化学品与其他危险货物混装应符合有关危险货物间配装规定。一般来说，无机剧毒化学品不得与酸性腐蚀品、易感染性物品配装；有机剧毒化学品不得与爆炸品、助燃气体、氧化剂、有机过氧化物及酸性腐蚀物品配装；剧毒化学品严禁与食用、药用的危险货物同车配装。

2.运输过程中的要求

为了保证剧毒化学品的运输安全，在运输过程中应按以下要求进行：

（1）应将车厢门锁牢后方可运行车辆，不准敞开车门行驶。

（2）汽车运输剧毒化学品时，其运输时间、路线应事先报请当地公安部门批准，按公安部门指定的时间、路线限速行驶，不得擅自改变行驶路线，以利于加强运行安全管理。车上无押运人员不得单独行驶，押运人员必须熟悉所装剧毒化学品的性能和作业注意事项等。车上严禁搭乘无关人员和危及安全的其他物资。

（3）行车中驾驶人员必须集中精力，严格遵守交通法规和操作规程，同时注意观察，保持行车平稳。

（4）行车途中应严控车速，尽量避免紧急制动，车辆转弯前应减速，保持车辆平稳运行，以防止因紧急制动、急转弯等造成装载货物摩擦、振动、坍塌、坠落，引发泄漏、火灾或车辆侧翻事故。

（5）运输途中不得随意停车，更不得在人口聚集地、交叉路口、火源附近停车。运输过程中需要停车住宿或遇有无法正常运输的情况时，应向当地公安部门报告将车停放在有利于安全防护的地方，停车时要始终有人看守。

（6）夏季高温季节，应按照作业地规定的作业时间运输。若必须运输时，车上应有有效的遮阳设施，封闭式货厢应保持车厢通风良好。

（7）中途停车时，停车点应远离热源、火种场所和人口密集区；临时停靠或途中住宿过夜，车辆应有专人看管；途中住宿过夜，应向当地公安部门报告。

（8）运输途中应每隔一定时间停车检查车上货物情况，发现包装破漏要及时处理，防止漏出物损坏其他包装，酿成重大事故。

（9）车辆重载若发生故障，在维修时应严格控制明火作业，驾驶人员不得离开车辆，要随时注意周围环境是否安全，发现问题应及时采取措施。

（10）运输途中发生燃烧、爆炸、污染、中毒或者被盗、丢失、流散、泄漏等事故，驾驶人员应会同押运人员立即根据应急预案和危险货物道路运输安全卡的要求采取应急处置措施，并向事故发生地公安部门、交通运输主管部门和本运输企业或者单位报告。

3.装卸要求

剧毒化学品道路运输的装卸管理人员，须取得注明为"剧毒化学品运输"的从业资格证，方可上岗从业。由于剧毒化学品的危害极大，因此剧毒化学品装卸工作需要注意如下事项。

1）装卸作业前的要求

（1）运输车辆应使用厢型货车、集装箱运输车辆或使用压力容器，必须配置符合《道路运输危险货物车辆标志》（GB 13392）要求的车辆；且符合《道路运输爆炸品和剧毒化学品车辆安全技术条件》（GB 20300）。

（2）除有特殊包装要求的剧毒品化学品必须采用化工物品专业罐车运输外，剧毒化学品均应采用厢型或罐式货车运输，罐式专用车辆罐体容积不得大于10m³，非罐式专用车辆最大载质量不得超过10t。

（3）剧毒化学品装卸作业场所应备有一定数量的应急解毒药品。

（4）对刚开启的剧毒化学品仓库、集装箱、全闭式车厢要先通风，使可能积聚的有毒气体排出。进行装车作业前，应认真检查包件，发现包装破损、渗漏，不得装运。

（5）装卸操作人员必须了解所装卸剧毒化学品的性质、危害特性和发生意外时的应急措施；必须接受有关法律、法规、规章和安全知识、专业技术、职业卫生防护和应急救援知识的培训，并经考核合格，方可上岗作业。装卸操作人员应根据所装卸剧毒化学品的毒性、状态及包装，为装卸人员配备（携带好）相应的劳动防护用品（如工作服、手套、防毒口罩或面具）、防散失、防雨、捆扎等工具。

2）装卸作业中的要求

（1）在装卸过程中，装卸管理人员应指导装卸人员做好以下工作：

①所有操作或接触剧毒化学品的装卸人员必须佩戴符合要求的劳动防护用品和器具，劳动防护用品和器具应专人保管，定期检修，保持完好。

②装卸人员严禁直接接触剧毒化学品，作业中不得饮食，不得用手擦嘴、脸、眼睛。每天作业完毕，必须及时用肥皂（或专用洗涤剂）洗净面部、手部，用清水漱口，防护用具应及时清洗，集中存放。

③装卸人员应正确穿戴劳动防护用品，工作结束后必须更换工作服，并进行清洗后方可离开作业场所。

④装卸要平稳，轻拿轻放，严禁肩扛、背负、冲撞、摔碰，以防止包装破损和中毒，严禁架空堆放。

（2）在装卸过程中，装卸管理人员应注意以下事项：

①应当根据剧毒化学品的种类、特性，在罐区、作业场所设置相应的监测、防火、灭火、防爆、泄压、降温、防毒、防雷、防静电、防渗漏、防护围堤或者隔离操作、密闭操作等安全设施设备，并按照国家标准和国家有关规定进行维护，保证符合安全运行要求。

②作业现场设置通信、报警装置，并保证在任何情况下处于正常使用状态。

③要严格检查剧毒化学品装卸物包装容器是否符合规定，包装必须完好，否则拒绝装卸。

④液氯不得与液氨配装。

3)装卸事故的应急措施

(1)若发生泄漏,根据操作规程的技术要求,确定采取的紧急处理措施。

(2)若发生中毒,根据中毒严重程度进行现场急救或直接送往医院医治。一般情况下可采取以下措施。

①皮肤接触:应立即脱去受污染衣服,用流动的清水冲洗或用5%硫代硫酸钠水溶液对受污染皮肤浸泡至少20分钟,有条件的可以进行温水淋浴。安排专人监护,一旦出现中毒症状,立即就医进行药物治疗。

②眼睛接触:应立即提起眼睑,用大量的流动清水或生理盐水冲洗至少15分钟,感到眼睛不适或有中毒症状的应立即就医。

③吸入:由呼吸道吸入氰化钾或氯化汞,应迅速脱离现场到空气新鲜的地方,保持呼吸通畅。如呼吸困难采取供氧措施;如呼吸停止,做人工呼吸(勿用口对口)和胸外心脏按压术,给予吸入亚硝酸异戊酯就医。

(3)若发生火灾,尽力保护好包装容器并迅速将其转移到安全的地方,防止容器破损造成剧毒化学品泄漏,同时用干粉灭火器或沙土灭火。禁用酸碱性或四氯化碳灭火器,消防人员进入火场前,应佩戴好防毒面具。

(4)若产生大量有毒气体,可能对装卸区内外职工群众安全构成威胁时,必须在应急指挥部统一指挥下,对与事故应急救援无关的人员进行紧急疏散,可能威胁居民安全时,指挥部应立即和地方有关部门联系,引导居民迅速撤离到安全地点。

第十二章 爆炸品道路运输专业知识

本章主要介绍爆炸品分类和危险特性、民用爆炸物品品名表以及典型爆炸品危险特性、爆炸品运输特殊要求。

第一节 爆炸品分类、危险特性及民用爆炸物品品名表

一、爆炸品分类和危险特性

有关爆炸品分类和危险特性，参见本书第一篇第三章第一节和第三节相关内容。

二、爆炸品包装标志

爆炸品的包装标志应当执行《危险货物包装标志》（GB 190）的规定，分为标记和标签两个部分。

1.包装标记

适合爆炸品的包装标记主要包括：危险货物正式运输名称及相应编号、危害环境物质和物品标记（装载液体的容量为5L或以下，或者装载固体的容量为5kg或以下的单容器和带内容器除外）和方向标记（危险货物装在容积不超过120mL的内容器中，内容器和外容器之间有足够的吸附材料，能够吸收全部液体内装物的除外，图1-12-1）。其中危险货物正式运输名称及相应编号应根据《危险货物品名表》（GB 12268）进行确定，并标示在每个包装件上。

（符号：黑色或正红色；底色：白色）

图1-12-1 方向标记

为加强对爆炸品的管理，尤其在储存、运输、使用环节的跟踪管理，一般要求给每一个

爆炸品的包装上粘贴条形码,注明爆炸品品名、生产日期、数量、批号、许可证等信息。

2.包装标签

爆炸品的包装标签包括四个,其中1.1~1.3项对应同一个标签,1.4~1.6项分别对应同一个标签,见表1-12-1。标签分为上下两部分,1.1~1.3项的标签上半部为图形符号,下半部分为类别或项号和适当的配装组字母。1.4~1.6项的标签在上半部分标明项号,在下半部分标明配装组字母,1.4项S配装组一般不需要标签,但认为这类货物需要标签的,则依照1.4项执行。

爆炸品包装标签

表1-12-1

标签名称	标签图形	对应的爆炸品项别
爆炸品	 (符号:黑色;底色:橙红色)	1.1~1.3
	 (符号:黑色;底色:橙红色)	1.4
	 (符号:黑色;底色:橙红色)	1.5
	 (符号:黑色;底色:橙红色)	1.6

如果《危险货物品名表》(GB 12268)第5栏标明的爆炸品还具有次要危险性,还应当按照《危险货物包装标志》(GB 190)的规定标注其他标签图形。例如UN 0224,叠氮化钡,其次要危险性为6.1,即毒性物质,那么在标注爆炸品1.1项别的图形时,还需要增加6.1毒性物质的标签图形。此外,对于标签的大小、尺寸也应当严格按照《危险货物包装标志》(GB 190)的规定执行。

三、民用爆炸物品品名表

依据《民用爆炸物品安全管理条例》第二条规定,民用爆炸物品,是指用于非军事目的、列入民用爆炸物品品名表的各类火药、炸药及其制品和雷管、导火索等点火、起爆器材。民用爆炸物品品名表由国务院国防科技工业主管部门会同国务院公安部门制订、公布。2006年11月9日,国防科工委、公安部根据《民用爆炸物品安全管理条例》第二条的规定,制定了《民用爆炸物品品名表》。民用爆炸物品分为工业炸药、工业雷管、工业索类火工品、其他民用爆炸物品、原材料等5大类、59个品种。民用爆炸物品品名表的样式及内容可扫描封面二维码查看。在此强调,民用爆炸物品以列入《民用爆炸物品品名表》的为准;民用爆炸物品道路运输以《民用爆炸物品安全管理条例》为准。

四、常见的爆炸品

1.爆炸性物质的分类

爆炸性物质按用途的不同,可分为起爆药、猛炸药、火药和烟火剂四大类。

1)起爆药

起爆药又叫作初级炸药,它是四类爆炸性物质中最敏感的一种,受外界较小能量作用就能发生爆炸变化,而且在很短的时间内其变化速度可增至最大,但是它的威力较小,在许多情况下不能单独使用,只能用来作为火帽、雷管装药的一个组分,以引燃火药或引爆猛炸药。

起爆药受较小的激发冲能,如火焰、针刺、撞击、电能等激发就能引爆,而且只需少量的药量就可以达到稳定的爆轰。它主要用于火工品,用以起爆猛炸药。常用的起爆药有,雷汞(UN 0135;CN 11025)、叠氮化铅(UN 0129;CN 11019)等。

2)猛炸药

猛炸药又叫作次级炸药,习惯上称为炸药。它需要较大的外界能量作用才能激起爆炸变化,一般用起爆药来起爆。猛炸药典型的爆炸变化形式是爆轰,常用作各种弹药的主装药和火工品中的装药。常用的猛炸药有,梯恩梯(UN 0388;CN 11040)、特屈儿(UN 0208;CN 11037)、太安(UN 0411、CN 11049)、黑索金(UN 0391;CN 11044)等。

3)火药

火药典型的爆炸变化形式是燃烧,常用作枪炮弹的发射药与火箭推进剂,也广泛应用于火工品中。常用的火药有黑火药(UN 0027、CN 11096),无烟火药(UN 0161、CN 13017)、单基药(硝化棉为主体的火药)、双基药(以硝化甘油和硝化棉为主体的火药)、推进火药(以高氯酸盐及氧化铅等为主要药剂)。

4)烟火剂

烟火剂是一类以氧化剂和可燃物为主体的混合物。其典型爆炸变化形式也是燃烧,是利用其燃烧反应所产生的特定烟火效应,起照明、信号、光、烟幕及燃烧等作用。烟花爆竹就是民用烟火剂。由于雷管对明火、电火花、振动、撞击、摩擦敏感,故炸药不得与雷管同时装载、运输。

2.常运的爆炸品

1)火药、炸药及起爆药

(1)火药。火药又叫发射药,是极易燃烧的固体物质,量大时或在密闭状态下也能转变为爆炸,但军事上主要利用其燃烧有规律的性质,用作火炮发射弹丸的能源。火药按其结构又分为:

①单基药,主要成分是硝化纤维素(UN 0340、UN 0341,CN 11032);

②双基药,主要成分是硝化纤维素(UN 0340、UN 0341,CN 11032)、硝化甘油和硝化甘油乙醇(UN 0144,CN 11034);

③三基药,主要成分是硝化纤维素(UN 0340、UN 0341,CN 11032)、硝化甘油与硝基胍(UN 0282,CN 11027);

④黑火药,主要成分是硝酸钾、硫黄、木炭的机械混合物,各成分配比不同其性能也不同。

硝化纤维素(别名硝化棉),为纤维素与硝酸酯化反应的产物,是用精制棉与浓硝酸和浓硫酸酯化反应而得。广泛用于火工、造漆等行业,摄影胶片、赛璐珞、乒乓球都用其作原料。硝酸纤维素不仅易燃而且易分解。干燥的硝化棉极不稳定易被点燃,松散的硝化棉在空气中燃烧不留残渣,增大密度时,燃速下降。大量硝化棉在堆积或密闭容器中燃烧能转化为爆轰。干燥的硝化棉极不稳定,能在较低温度下自行缓慢分解,放出大量的有毒气体并伴随放热,温度迅速上升而自燃。若含水25%时较为安全。干燥的硝化棉易因摩擦而产生静电。硝化棉外观好像受过潮的棉花,色白而纤维长。误其为棉花而发生事故也时有所见。硝化棉中含氮量不超过12.5%时,只能引起自燃,不会爆炸。这样,含氮量在12.5%以上,所含水分不得少于32%的硝化棉属于1.1项(爆炸品);含氮量在12.5%以下,所含水量不少于32%的硝化棉属于4.1项(易燃固体)。

火药是以燃烧反应为主要化学变化形式的爆炸性物质,它具有规定的几何形状和尺寸、一定的密度和足够的机械强度。当采用适当的方式点火后,能够按照平行层规律燃烧,放出大量热和气体,对弹丸作发射功,或对火箭作推进功。常见火药的形式有:带状、棍状、片状、长管状、七孔状、短管状和环状等。

(2)炸药(猛炸药):炸药是相对稳定的物质,在一般情况下比较稳定,能经受生产、储存、运输、加工和使用过程中的一般外力作用。只有在相当大的外力作用下才能引爆,通常是用装有起爆药的起爆装置来激发其爆炸反应。猛炸药按其组成情况可分为:

①单质炸药，如三硝基甲苯（梯恩梯）（UN 0209，CN 11035）、环三亚甲基三硝胺（旋风炸药；黑索金；RDX）（UN 0483，CN 11041）、季戊四醇四硝酸酯（季戊炸药、泰安）（UN 0150，CN 11049）等；

②混合炸药，如三硝基甲苯（梯恩梯）（UN 0209，CN 11035）与环三亚甲基三硝胺（旋风炸药；黑索金；RDX）（UN 0483，CN 11041）或其他两种以上单质炸药的混合物；

③工程炸药，如硝酸铵类的混合爆炸物（UN 0222，CN 11082）。

炸药一旦起爆后就发生高速反应，生成大量气体并放出大量热量，因而发生猛烈的爆炸对周围环境造成破坏。一般炸药按不同的爆炸效应要求和不同的装药形状、条件填装子弹类的弹丸（战斗部）以达到爆炸后杀伤和破坏等作用。

（3）起爆药（又称初级炸药）。常用的起爆药有雷汞、叠氮化铅、三硝基间苯二酚铅、二硝基重氮酚等。起爆药用来作为工业雷管的整装药，目的是加强起爆能力。对起爆药的基本要求是有足够的敏感度，以保证在使用时能准时起爆，起爆力大，并易于由燃烧变为爆轰，用少量的起爆药即可起爆其他猛炸药。

2）火工品及引信

（1）火工品。为了引起炸药爆炸所采取的各种机构和装置装（以引燃火药、引爆炸药或做机械功的一次性使用的元器件和装置）统称火工品。它是靠简单的激发冲量（如加热、火焰、冲击、针刺、摩擦）引起作用，产生火焰，点燃发射药或引信药剂（延期药、加强药和时间药）引爆雷管和炸药。

火工品都是小的炸药元件，具有比较高的感度。其大致可分为两种：一种按输入冲量形式，分为机械、热、电、爆炸装置等；另一种按输出形式，分为点火器（包括火帽、底火、延期药、点火索、点火具等）和起爆器材（包括雷管、导爆索、导爆管、传爆管等）。

（2）引信。引信是装配在弹药中，能够控制战斗部（如炮弹的弹丸，火箭的弹头，地雷的雷体和手榴弹的弹壳等）在相对目标最有利的地位或最有利的时间完全引起作用的装置。而引信中能够适时起激发作用的元件就是火工品。某些火工品不只装在引信中，它还装于发射装药或火箭发动机中用来点燃发射药。所以火工品是引燃和引爆器材的总称。火工品、引信和战斗部三者是不可分割的一个整体。战斗部靠引信来控制，而引信的控制作用，重要的一部分由火工品来完成的。

引信的构造主要包括发火和保险两个部分。引信的机构由多种零件组成，其引爆过程是：击针冲击火帽，火帽的火焰能量引爆雷管产生爆轰波，此波再引爆传爆管药粒后产生较大的爆轰波使整个弹丸爆炸。

3）弹类

凡是在金属或其他材料壳体内填装火药或化学药剂等物质，在战斗中对敌人进行杀伤、破坏或达到其他战术目的的系统称为弹药。

4）烟花爆竹

烟花、爆竹是我国传统的手工艺品，其历史悠久，品种繁多，已有声、光、烟、色、造型等综合效果的产品约500多种。其中有欢庆节日的大型高空礼花,有应用于航海、渔业的求救信号弹,有体育、军事训练用的发令纸炮、纸壳手榴弹、土地雷,还有农业、气象用的土火箭等。但对撞击、摩擦引发的拉炮、摔炮(搅炮)以及穿天猴、地老鼠、土火箭之类的烟花,因为不安全,国家已明令严禁制造和销售。

烟花、爆竹大都是以氧化剂(如氯酸钾、硝酸钾、硝酸钡等)与可燃物质(如木炭、硫磺、赤磷、镁粉、铝粉等)再加以着色剂(如钠盐、锶盐、钡盐、铜盐等)、黏合剂(如酚醛树脂、虫胶、松香、糨糊等)为主体的物质,按不同用途,装填于泥、纸、绸质的壳体内。其组成成分不但与爆炸品相同,而且还有氧化剂成分,应该是很敏感很危险的。但其大部分产品用药量甚少,用药量最多占30%,70%左右为泥土、纸张等杂物,就决定了它具有较好的安定性。如其包装不妥或对其爆炸危险性认识不足,同样也会造成爆炸事故。因此对烟花、爆竹的包装要求不能低估。应绝对禁止旅客夹带烟花爆竹。

烟花爆竹应依据《烟花爆竹安全管理条例》的有关规定进行道路运输。

注:

(1)爆炸品的配装工作,应由企业专职安全管理人员负责;

(2)从事爆炸品道路运输的驾驶人员、装卸管理人员、押运人员,应当经考试合格,取得注明为"爆炸品运输"类别的从业资格证。

第二节　爆炸品运输特殊要求

一、爆炸品运输的有关规定

《道路交通安全法》规定,机动车载运爆炸物品、易燃易爆化学物品以及剧毒、放射性等危险物品,应当经公安机关批准后,按指定的时间、路线、速度行驶,悬挂警示标志并采取必要的安全措施。《道路交通安全法实施条例》第二十二条规定,机动车驾驶人初次申领机动车驾驶证后的12个月为实习期。机动车驾驶人在实习期内不得驾驶载有爆炸物品、易燃易爆化学物品、剧毒或者放射性等危险物品的机动车。

《公路安全保护条例》第四十二条规定,载运易燃、易爆、剧毒、放射性等危险物品的车辆,应当符合国家有关安全管理规定,并避免通过特大型公路桥梁或者特长公路隧道;确需通过特大型公路桥梁或者特长公路隧道的,负责审批易燃、易爆、剧毒、放射性等危险物品运输许可的机关应当提前将行驶时间、路线通知特大型公路桥梁或者特长公路隧道的管理单位,并对在特大型公路桥梁或者特长公路隧道行驶的车辆进行现场监管。

《道路危险货物运输管理规定》除规定了危险货物道路运输的一般通用要求外,对爆炸品运输企业、人员、车辆资质条件等也分别作出了特别要求。

1.对企业的相关要求

(1)运输爆炸品的,自有专用车辆(挂车除外)10辆以上。

（2）运输爆炸品、易制爆危险化学品的，应当配备罐式、厢式专用车辆或者压力容器等专用容器。

（3）运输爆炸品专用车辆以及罐式专用车辆，数量为20辆（含）以下的，停车场地面积不低于车辆正投影面积的1.5倍，数量为20辆以上的，超过部分，每辆车的停车场地面积不低于车辆正投影面积（《机动车行驶证》上的"外轮廓尺寸"）。

（4）申请从事爆炸品道路运输经营的企业向市级交通运输主管部门提出申请时，提交的拟投入专用车辆、设备承诺书，还应当包括运输爆炸品专用车辆核定载质量等有关情况。

（5）运输爆炸品的企业和单位，应当配备专用停车区域，并设立明显的警示标牌。

（6）运输爆炸品的企业和单位，应当遵守有关部门关于爆炸品道路运输车辆在重大节假日通行高速公路的相关规定。

2.对人员的相关要求

（1）从事爆炸品道路运输的驾驶人员、装卸管理人员、押运人员，应当经考试合格，取得注明为"爆炸品运输"类别的从业资格证。

（2）运输易制爆危险化学品需要较长时间停车的，驾驶人员或者押运人员应当向当地公安机关报告。

3.对车辆的相关要求

（1）运输爆炸品、易制爆危险化学品的，应当配备罐式、厢式专用车辆或者压力容器等专用容器。

（2）运输爆炸品的罐式专用车辆的罐体容积不得超过20m³，但符合国家有关标准的罐式集装箱除外。

（3）运输爆炸品的非罐式专用车辆，核定载质量不得超过10t，但符合国家有关标准的集装箱运输专用车辆除外。

（4）运输易燃易爆危险货物车辆的排气管，应安装隔热和熄灭火星装置，并配装符合相关规定的导静电橡胶拖地带装置。

（5）运输爆炸品专用车辆及罐式专用车辆（含罐式挂车）应当到具备危险货物道路运输车辆维修资质的企业进行维修。

二、爆炸品道路运输

1.基本要求

承运人承担运输作业人员、车辆等方面的组织管理责任，避免出现车辆事故或其他偷盗等意外事故发生。

1）查验

承运人在承托环节，查验托运人是否具有公安部门出具的爆炸品线路许可文件。除此之外，承运人还需要查验和收存托运人提交的材料，包括运输说明书，以及其他装卸、运输作业等注意事项文件。同时,承运人还应当检查爆炸品的包装标签是否符合相关标准要求。如果托运人提交材料不齐全的,或者托运的物品不符合包装标签要求的,承运人不能起运爆炸品。

2)人员配备

承运人在选择从业人员从事爆炸品运输作业时,必须确保从业人员具备一定的职业道德素养和与所从事工作相适应的技能,能够履行岗位职责,保证爆炸品道路运输任务安全、有序、高质量完成。

一是,爆炸品道路运输从业人员应当经所在地设区的市级人民政府交通运输主管部门考试合格,取得"爆炸品道路运输"的道路运输从业资格证。

二是,需要加强对从业人员有关安全生产法规、安全知识和技能培训,提高从业人员对爆炸品性质、危害特征、包装容器的使用特性的认识和操作技能,提高从业人员职业道德水平。

三是,从事运输爆炸品的驾驶人员要身体健康,无妨碍驾驶心血管系统疾病、神经系统疾病、精神障碍、生理缺陷等疾病,同时,综合心理素质要合格。

3)车辆及设备

在运输过程中,承运人必须保证车辆及设备的适宜性。承运人配备的车辆在车辆技术性能、技术等级、车辆外廓尺寸、轴荷和质量、车辆燃料消耗量等方面必须满足相应国家标准的要求;对车辆配备满足在线监控要求,且具有行驶记录仪功能的卫星定位装置。同时在专用车辆上必须悬挂符合《道路运输危险货物车辆标志》(GB 13392)要求的警示标志,并且符合国家有关超载、超限运输的规定。

各种装卸机械、工、属具,应有可靠的安全系数;装卸易燃易爆危险货物的机械及工、属具,应有消除产生火花的措施。

2.运输要求

为了保证爆炸品道路运输安全,应按以下要求进行。

1)出车前

(1)运输爆炸品的车辆应使用厢型货车。按规定装载,装载量不得超过额定负荷。

(2)运输车辆的车厢内不得有酸、碱、氧化剂等残留物。

(3)随车携带的防潮、防火、防爆等工、属具应齐全有效。

(4)不具备有效的避雷电、防湿潮条件时,雷雨天气应停止对爆炸品的作业。

(5)应将车厢门锁牢后方可运行车辆,不准敞开车门行驶。

值得注意的是,在实际运输工作中,还要考虑自然灾害等特殊情况,做好预选路线的方案。

2)运输

(1)爆炸品道路运输时,要按照公安机关指定的时间、路线、速度行驶,不得擅自改变行驶路线。车上无押运人员不得单独行驶,押运人员必须熟悉所装货物的性能和作业注意事项等。车上严禁搭乘无关人员和危及安全的其他物资。

（2）行车中驾驶人员必须集中精力，严格遵守交通法规和操作规程，同时注意观察，保持行车平稳。多部车辆列队运输行驶时，跟车距离至少保持50m，一般情况下不得超车和强行会车。

（3）行车途中应严控车速，尽量避免紧急制动，车辆转弯前应减速，保持车辆平稳运行，以防止因紧急制动、急转弯等造成装载货物摩擦、振动、坍塌、坠落，撞击、摩擦引发爆炸事故。

（4）运输途中不得随意停车，更不得在人口聚集地、交叉路口、火源附近停车。运输过程中需要停车住宿或遇有无法正常运输的情况时，应向当地公安部门报告将车辆停放在有利于安全防护的地方，停车时要始终有人看守。

（5）夏季高温季节，应按照作业地规定的作业时间运输，做好车内货物温度监控；当车内货物温度非正常升高时，应停车检查，采取必要的降温措施。

（6）中途停车时，停车点应远离热源、火种场所和人口密集区；临时停靠或途中住宿过夜，车辆应有专人看管；途中住宿过夜，应向当地公安部门报告。

（7）运输途中应每隔一定时间停车检查车上货物情况，发现包装破漏要及时处理，防止漏出物损坏其他包装，酿成重大事故。

（8）车辆重载若发生故障，在维修时应严格控制明火作业，驾驶人员不得离开车辆，要随时注意周围环境是否安全，发现问题应及时采取措施。

（9）应急处置得当是减少或避免爆炸品运输事故的重要举措。作为承运人，应当根据日常经营运输的爆炸品在实际运输中已经出现过或预计可能出现的突发事件，制定应急预案，并根据应急预案的要求，组织从业人员进行应急演练，使从业人员可以在突发事件发生时可以迅速采取相应的应急处置措施，与此同时，承运人还应当配置相应的应急救援器材和设备，并确保从业人员可以熟悉掌握应急器材和设备的使用。

3）装卸

（1）严禁接触明火和高温；严禁使用会产生火花的工具、机具。

（2）封闭式车厢装货总高度不得超过1.5m。无外包装的金属桶只能单层摆放，以免压力过大或撞击摩擦引起爆炸。

（3）火箭弹和旋上引信的炮弹应横装，与车辆行进方向垂直。凡从1.5m以上高度跌落或经过强烈振动的炮弹、引信、火工品等应单独存放，未经鉴定不得装车运输。

（4）任何情况下，爆炸品不得配装；装运雷管和炸药的两车不得同时在同一场地进行装卸。

3.运输途中的泄漏、火灾处理的基本要求

运输途中发生燃烧、爆炸、污染、中毒或者被盗、丢失、流散、泄漏等事故，驾驶人员应会同押运人员立即向事故发生地公安部门、交通运输主管部门和本运输企业或者单位报告，并根据应急预案和危险货物道路运输安全卡的要求采取应急处置措施，以下是运输途中的泄漏、火灾处理的基本要求。

1)运输途中泄漏处理

(1)驾驶人员应尽可能把车开到安全区域停车、熄火、关闭电源。

(2)立刻穿戴好个人防护用品。施救人员还应戴防毒面具。

(3)在车辆前后100m处设置三角警告牌,阻止其他人员靠近。

(4)阻止泄漏物接触任何火源。

(5)阻止围观人员靠近泄漏物,告诉群众泄漏爆炸品的危险性。

(6)按照爆炸品泄漏处理方法,站在上风处对泄漏进行处理。

(7)无法处理泄漏物,因泄漏引起的危险性可能进一步增大时,应立即拨打110报警电话,清楚地汇报事故的时间、地点及现场情况和救援所需要的特殊设备。同时向本企业或单位报告。

(8)维持现场秩序,等候救援队伍到来。

(9)不要启动或移动车辆,直到所有的泄漏物被安全地处理好并恢复正常状态。

2)运输途中火灾处理

运输过程中发生火灾时,应尽可能将爆炸品转移到危害最小的区域或进行有效隔离。不能转移、隔离时,应组织人员疏散。以下是施救的建议程序。

(1)把车辆开离公路并远离住宅、树木和其他易燃物体,停车、熄火、关闭电源。同时,由押运人员拨打110报警电话,清楚地汇报事故发生的时间、地点及现场火势情况和救援所需要的特殊设备。同时向本企业或单位报告。

(2)在车辆四周建立警戒线,提醒过往的车辆和人员不要靠近。

(3)驾驶人员立刻穿戴好个人防护用品(轻型防护服、防毒面具等)。

(4)在确保自身安全的情况下,使用车载灭火器灭火。扑救时禁止用沙土等物压盖,不得使用酸碱灭火剂。

(5)维持现场秩序,等候救援队伍到来。准备随车携带的产品资料供救火队伍行动参考。

(6)等待救助队伍到达时,配合消防人员进行灭火。

(7)没有安全主管或消防人员的同意,不要移动车辆,直到火灾被完全扑灭。

第二篇

危险货物道路运输驾驶人员
专业知识

第一章　车辆专用安全设施设备

第一节　导静电拖地带的使用

根据《危险货物道路运输规则》(JT/T 617)，装运易燃、易爆危险货物的车辆，必须配备导静电装置，且《汽车导静电橡胶拖地带》(JT/T 230)对车辆导静电装置做了具体要求。因为大部分易燃、易爆液体的电阻率大，运输过程中在罐体内晃动，会与罐体内表面摩擦产生大量静电，而这些静电聚集后放电将引起电火花，存在引燃运输货物的危险。因此，运输车辆必须安装导静电的橡胶拖地带，通过拖地带橡胶层中的金属导体与地面接触及时排除静电，从而减少静电的聚集，避免因静电聚集放电引起货物燃烧或爆炸等，实现安全运输的目的。此外，运输车辆空车行驶时也应将拖地带的一端接地，避免发生因排除静电不及时导致的意外。导静电橡胶拖地装置，如图2-1-1所示。

图2-1-1　导静电橡胶拖地装置

一般情况下，油罐车车架两侧装有导静电接地卷盘(图2-1-2)。装卸油料时，将导静电接地卷盘连接到油库内的导静电装置，能够及时将装卸油料摩擦产生的静电导入地面。

图2-1-2　导静电接地卷盘

第二节　灭火器、警示牌等随车应急工具的使用

一、随车携带的灭火器（消防器材）

从事危险货物道路运输的车辆，必须配备与所运危险货物特性相适应且有效的消防器材。危险货物品种繁多，性质各异，有的易燃易爆（如汽油、酒精、液化石油气等），有的遇水反应会分解出大量易燃气体（如金属钠、碳化钙等），有的遇酸会分解释放出大量的剧毒气体（如氯化物等），大多数易燃液体具有不溶于水，且密度小于水的理化特性。而且消防器材种类、规格多样，性能不同，灭火效果各异，如酸碱灭火器、泡沫灭火器、二氧化碳灭火器、干粉灭火器等，水和砂土也是重要的灭火手段。不管哪种灭火方式，都要慎重选择。不同的灭火器，所喷出的灭火药剂性质不同，所产生的效果也不同。消防器材的配备，可以参考危险货物化学品安全技术说明书的有关要求。

1.火灾分类

目前，我国普遍采用《火灾分类》（GB/T 4968）确定的分类标准，根据可燃物的类型和燃烧特性，将火灾分为6个类别。

2.灭火器分类

灭火器的种类很多，按其移动方式，可分为手提式和推车式；按驱动灭火剂的动力来源，可分为储气瓶式、储压式、化学反应式；按所充装的灭火剂，又可分为泡沫、干粉、卤代烷、二氧化碳、酸碱、水等。

在绝大多数情况下，人们常按第三种方式（按充装的灭火剂）对灭火器进行分类。而充装不同灭火剂的灭火器灭火原理也是完全不同的，主要分为四种：冷却灭火（如水）、窒息灭火（如氮气、二氧化碳等）、隔离灭火（泡沫、水等）、化学抑制灭火（干粉、卤代烷等）。

同时，由于用途的特殊性，所有灭火器在正式投入市场前均须通过强制性认证。各类型灭火器的使用范围可扫描封面二维码查看。

3.JT/T 617.7的有关要求

JT/T 617.7对灭火器具的要求如下。

（1）运输单元运载危险货物时，应随车携带便携式灭火器。灭火器应适用于扑救《火灾分类》（GB/T 4968）规定的 A、B、C 三类火灾。

（2）便携式灭火器的数量及容量应符合表1-8-1的规定。运输剧毒和爆炸品的车辆灭火器数量要求应符合《道路运输爆炸品和剧毒化学品车辆安全技术条件》（GB 20300）的规定。

（3）符合JT/T 617.1中5.1规定的运输单元，应配备至少1个最小容量为2kg的干粉灭火器（或其他同等效用的适用灭火器）。

（4）便携式灭火器应满足有关车用便携式灭火器的规定。如果车辆已装备可用于扑灭

发动机起火的固定式灭火器,则其所携带的便携式灭火器无须适用于扑灭发动机起火。

(5)便携式灭火器应在检验合格有效期内。

(6)灭火器应放置于运输单元中易于被车组人员拿取的地方。

扑救危险货物火灾,是一项比较科学、复杂的灭火过程,如果灭火方法不恰当,有可能使火灾扩大,有的还可能导致爆炸、中毒等事故,造成不必要的伤亡和财产损失,这一点必须引起注意。

需要注意是,在危险货物化学品安全技术说明书"第五部分　消防措施"明确地表述了"灭火方法和灭火剂"。

二、随车携带的警示牌

警示牌是一种道路交通标志,用来告知车辆驾驶人员或行人前方的道路有危险。各种道路交通标志都是以其特定的形状、颜色、图案和字符组成的标志牌,车辆驾驶人员和行人都应服从其指挥。随车携带的警示牌主要是指"三角警告牌"。

1.三角警告牌的作用

如果车辆在公路上发生事故或者抛锚(故障),应立即开启危险报警闪光灯,在车后适当位置放置三角警告牌。利用三角警告牌的反光性能,可提示其他车辆注意避让,以免发生二次事故(图2-1-3)。

图2-1-3　三角警告牌

2.三角警告牌的使用方法

车辆发生故障或交通事故时,在常规道路上,应将三角警告牌设置在车后50～100m处;高速公路则要在车后150m外设置三角警告牌。

三、随车应急工具使用要求

《道路危险货物运输管理规定》第三十五条规定,驾驶人员应当随车携带《道路运输证》。驾驶人员或者押运人员应当按照《危险货物道路运输规则》(JT/T 617)的要求,随车携带危险货物道路运输安全卡。

危险货物道路运输安全卡由以下四个部分内容组成:

（1）第一部分规定事故发生后，车组人员需采取的基本应急救援措施；

（2）第二部分明确不同类别项别危险货物发生危险事故时可能造成的后果，以及车组人员应采取的防护措施；

（3）第三部分明确危害环境物质和高温物质发生事故时可能造成的后果，以及车组人员应采取的防护措施；

（4）第四部分规定运输过程中应随车携带的基本安全应急设备。

危险货物道路运输安全卡的样式及内容可扫描封面二维码查看。

需要注意的是，在危险货物化学品安全技术说明书"第八部分　接触控制/个体防护"具体地表述了"急救措施及工具的要求"。

📚 **拓展知识**

苯的化学品安全技术说明书

第八部分　接触控制/个体防护

最高容许浓度：中国（MAC）40mg/m³[皮]

监测方法：气相色谱法

工程控制：生产过程密闭，加强通风。

呼吸系统防护：应该佩戴空气呼吸器或氧气呼吸器（随车携带应急装备）。

眼睛防护：戴化学安全防护眼镜（随车携带应急装备）。

身体防护：穿防毒物渗透工作服（随车携带应急装备）。

手防护：戴橡胶耐油手套。

其他防护：工作现场禁止吸烟、进食和饮水。工作前避免饮用酒精性饮料。工作后，淋浴更衣。

第三节　车载监控设备的使用

随着当下智能网联、大数据技术与交通运输的不断深度融合，卫星定位系统、地理信息系统等大量的现代化信息技术手段正在不断结合并应用到危险货物道路运输管理领域当中，这些技术手段的应用可以进一步加强道路运输车辆动态监督管理，预防和减少道路交通事故的发生。本章主要介绍卫星定位系统的基本概念、发展现状以及道路运输车辆动态监控系统的组成和安全监管系统的建设情况。

一、《道路运输车辆动态监督管理办法》

2013年12月16日，交通运输部、公安部、国家安全生产监督管理总局联合下发了《道路运输车辆动态监督管理办法》(交通运输部令2014年第5号,以下简称《动态监督管理办法》),该办法适用于道路运输车辆安装、使用具有行驶记录功能的卫星定位装置(以下简称卫星定位装置)的使用以及相关安全监督管理活动。道路运输车辆,包括用于公路营运的载客汽车、危险货物运输车辆、半挂牵引车以及重型载货汽车(总质量为12t及以上的普通货运车辆)。

1.动态监控内容及相关工作要求

第二十条　道路运输企业是道路运输车辆动态监控的责任主体。

第二十二条　道路货运车辆公共平台负责对个体货运车辆和小型道路货物运输企业(拥有50辆以下重型载货汽车或牵引车)的货运车辆进行动态监控。道路货运车辆公共平台设置监控超速行驶和疲劳驾驶的限值,自动提醒驾驶人员纠正超速行驶、疲劳驾驶等违法行为。

第二十三条　道路运输企业应当建立健全并严格落实动态监控管理相关制度,规范动态监控工作:

(一)系统平台的建设、维护及管理制度;

(二)车载终端安装、使用及维护制度;

(三)监控人员岗位职责及管理制度;

(四)交通违法动态信息处理和统计分析制度;

(五)其他需要建立的制度。

第二十四条　道路运输企业应当根据法律法规的相关规定以及车辆行驶道路的实际情况,按照规定设置监控超速行驶和疲劳驾驶的限值,以及核定运营线路、区域及夜间行驶时间等,在所属车辆运行期间对车辆和驾驶人员进行实时监控和管理。

设置超速行驶和疲劳驾驶的限值,应当符合客运驾驶人员24小时累计驾驶时间原则上不超过8小时,日间连续驾驶不超过4小时,夜间连续驾驶不超过2小时,每次停车休息时间不少于20分钟,客运车辆夜间行驶速度不得超过日间限速80%的要求。

第二十五条　监控人员应当实时分析、处理车辆行驶动态信息,及时提醒驾驶人员纠正超速行驶、疲劳驾驶等违法行为,并记录存档至动态监控台账;对经提醒仍然继续违法驾驶的驾驶人员,应当及时向企业安全管理机构报告,安全管理机构应当立即采取措施制止;对拒不执行制止措施仍然继续违法驾驶的,道路运输企业应当及时报告公安机关交通管理部门,并在事后解聘驾驶人员。

动态监控数据应当至少保存6个月,违法驾驶信息及处理情况应当至少保存3年。对存在交通违法信息的驾驶人员,道路运输企业在事后应当及时给予处理。

第二十六条　道路运输经营者应当确保卫星定位装置正常使用,保持车辆运行实时在线。

卫星定位装置出现故障不能保持在线的道路运输车辆,道路运输经营者不得安排其从事道路运输经营活动。

2.道路运输经营者及其相关从业人员应承担的法律责任

第三十五条　违反本办法的规定,道路运输企业有下列情形之一的,由县级以上交通运输主管部门责令改正。拒不改正的,处1000元以上3000元以下罚款:

(一)道路运输企业未使用符合标准的监控平台、监控平台未接入联网联控系统、未按规定上传道路运输车辆动态信息的;

(二)未建立或者未有效执行交通违法动态信息处理制度、对驾驶人员交通违法处理率低于90%的;

(三)未按规定配备专职监控人员的,或者监控人员未有效履行监控职责的。

第三十六条　违反本办法的规定,道路运输经营者使用卫星定位装置不能保持在线的运输车辆从事经营活动的,由县级以上道路运输管理机构对其进行教育并责令改正,拒不改正或者改正后再次发生同类违反规定情形的,处200元以上800元以下罚款。

第三十七条　违反本办法的规定,道路运输企业或者提供道路运输车辆动态监控社会化服务的单位伪造、篡改、删除车辆动态监控数据的,由县级以上道路运输管理机构责令改正,处500元以上2000元以下罚款。

第三十八条　违反本办法的规定,发生道路交通事故的,具有第三十五条、第三十六条、第三十七条情形之一的,依法追究相关人员的责任;构成犯罪的,依法追究刑事责任。

二、道路运输车辆卫星定位有关技术要求

1.卫星定位系统的基本概念

卫星定位就是使用卫星对某物进行准确定位的技术,卫星定位系统即全球定位系统(GPS)。这个系统可以保证在地球上任意一点的任意时刻都可以同时观测到4颗卫星,以保证卫星可以采集到该观测点的经纬度和高度,实现导航、定位、授时等功能。目前已有包括单点定位、伪距差分定位、载波相位差分定位以及精密单点定位等多种定位方式,高精度的接收机可以实现毫米级的定位结果输出。

全球定位系统已先后发展了三代卫星,整个系统主要由三部分组成:地面控制部分(由主控站、地面天线、监测站和通信辅助系统组成)、空间部分(由24颗卫星组成,分布在6个道平面上)、用户装置部分(主要由GPS接收机和卫星天线组成)。

2.北斗卫星导航系统

北斗卫星导航系统(BDS)是我国独立自主建设的一个卫星导航系统,由两个独立的部分组成,一个是2000年开始运作的区域实验系统,另一个是正在建设中的全球导航系统。北斗卫星导航系统已先后建设发展三代系统,进行全球卫星组网。北斗卫星第三代导航系统空间段计划由35颗卫星组成,包括5颗静止轨道卫星、27颗中地球轨道卫星、3颗倾斜同步轨道卫星。

3.道路运输车辆卫星定位系统

道路运输车辆卫星定位系统(以下简称"卫星定位系统")是指以提供道路运输车辆实

时位置和状态信息为特征,具有运输车辆驾乘人员及运输车辆管理者等用户远程信息服务,反映运输车辆实时动态数据,满足政府监管部门及运营企业对系统信息运用要求,能对服务范围内的车辆进行管理和控制的综合性信息处理的系统。简单来说,它是依托卫星定位、地理信息及无线通信等技术手段,实时掌握车辆位置和状态数据,是为运输企业提供安全管理、调度管理信息的软硬件综合系统。

它由车载终端、政府监控平台、企业监控平台、计算机通信网络等组成。通过系统各组成部分之间的互联互通,实现业务管理以及数据交换和共享。其中,政府平台一般部署在各级政府及行业管理部门内,企业平台则部署在各个运输企业内,而车载终端则安装在每辆被监控的运营车辆上。"两客一危"车辆在安装和接入道路运输车辆卫星定位系统时,应选择经道路运输车辆卫星定位系统标准符合性审查合格的车载终端和监控平台。

道路车辆卫星定位系统为交通管理部门跨区域、跨部门联合监管提供技术支撑,从根本上保障了"两客一危"车辆实施动态监管和监控体系有效运行,不断推进道路运输行业安全、持续、稳定发展。

4.车载终端的基本功能

车载终端的基本功能包括:注册/注销功能、设置/查询终端参数、自检功能、定位功能、信息交互与通信功能、休眠功能、信息采集、监听和拍照功能、报警功能等。

5.道路运输车辆卫星定位系统监控平台

道路运输车辆卫星定位系统监控平台(以下简称"监控平台"),负责与车载终端的信息交换、各种数据的处理、控制指令的下发、信息的融合、记录(存储)和转发,可通过GIS(地理信息系统)显示车辆的运行位置、提供丰富的统计分析功能、满足企业对车辆动态监控管理的需求。

监控平台由通信网关、数据处理中心、数据库、地理信息系统、互联网信息服务平台等模块组成。其中,通信网关是指负责车载终端与监控平台的通信互联,实现监控平台和车载终端之间的协议报文处理程序;数据处理中心是指负责监控平台信息接收、分类、发送的核心处理程序;数据库是指负责监控平台整个数据信息的存储,一般按结构化的思路来组织、存储和管理大数据的仓库;地理信息系统是指通过互联网按需获得和使用地理数据和计算服务,如地图服务、空间数据格式转换等。例如把终端上传的经纬度信息转换为便于查看的地图信息;互联网信息服务平台是指通过互联网技术,利用浏览器或客户端,实现监控平台和用户之间文本、图片、视频等数据的交互。

监控平台包括政府监控平台和企业监控平台两类。其中,政府监控平台通常具备接入平台管理、报警管理、车辆管理、企业管理、车辆动态监控和视频管理、电子地图管理、平台接口等基本功能。企业监控平台通常具备报表导出、报警和警情处理监控管理、平台接口、监管等基本功能。

我们通常所说的道路运输车辆卫星定位系统的监控中心就是对车辆道路运输进行监控的软件平台,是政府和企业监控平台实施包括监控、报警等功能在内时所依赖的软件系统。

计算机技术发展日新月异，数据库存储越来越大，访问速度越来越快。基于云计算的车辆动态监控系统云平台GIS（地理信息系统）可以提供海量位置数据存储、检索、展示一体化解决方案，不但能显示基本的地理信息，还能显示卫星图片、街景照片、实时交通状况等。企业用户随时随地可使用电脑、智能手机通过互联网访问监控平台，了解车辆的动态运行数据，极大地提高了企业管理的效率。

第四节　车载温控设备的使用

一、基础知识

在冷藏运输中，冷媒（制冷剂）的气化与液化非常关键。气态冷媒通过液化散热，液态冷媒通过气化吸热，从而确保车厢内的温度恒定。这一物态变化的原理有助于制冷设备维持其高效运行，保障货物的运输品质。冷藏车冷藏过程的示意图如图2-1-4所示。

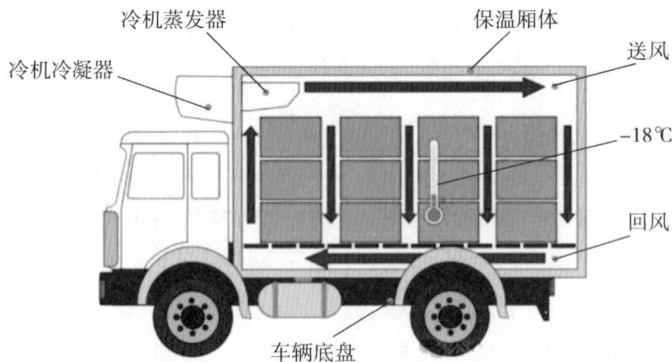

图2-1-4　冷藏车冷藏过程

二、运输前检查项目

运输前检查项目主要包括：

（1）厢体检查。检查门封条是否完好无损，确保保温效果。内外厢体应完好无损，避免冷气泄漏。

（2）冷机检查。冷机外观须保持清洁，避免气流阻塞，并确保各组件正常运转。

（3）燃油检查。确保油箱燃油量充足，以满足整个运输过程的需求。

（4）电池检查。确认电池接线是否牢固，防止因接线松动导致供电不足。

（5）轮胎检查。确认轮胎气压是否正常，是否无磨损或破裂，避免行驶中的爆胎风险。

三、装车前准备内容

(1)对冷藏车的动力系统等汽车相关系统进行检查,确保汽车系统能正常启动工作。分体式制冷机组的压缩机由汽车发动机驱动,出车前每次都要检查整车状况(如连接螺栓或螺钉松紧、皮带松紧等),从而确保机组能够正常工作。

(2)检查冷藏车上温度记录仪的时间设定。

(3)检查车厢的内部和外部应无损坏。

(4)确保车厢门和密封条状态良好,门必须牢靠锁紧,密封条必须密封良好。

(5)对冷藏车的车厢进行预冷,车厢的温度要求为2～8℃:

①在驾驶人员驾驶室内,启动冷藏车的制冷机组和温度监测报警系统。

②对冷藏车车厢进行预冷时,车厢门要确定是关闭的,防止外面的空气影响制冷,延长冷藏车预冷所需时间。

③冷藏车制冷机开机进行预冷,当温度达到2～8℃范围时,关闭制冷系统。

④停止制冷系统后方可将冷藏药品装车,且装车要快,防止冷气外流。

(6)车内照明开关位于车厢右板下方后门处位置。装卸完后一定要关灯。

四、装卸过程中

1.货物预冷

冷藏车的作用是维持货物的运输温度,而非快速降温。因此,货物在装车前需经过冷库预冷处理,确保其已达到运输温度要求,否则会增加冷机的负担,影响制冷效果,并浪费燃油。

2.确认货物温度、货物均匀摆放

货物温度确认:装货前需确认货物已达到规定温度,冷藏机组只能维持温度,而无法在短时间内为未预冷货物降温。

货物摆放:货物应均匀摆放,确保冷气流通。留出足够的冷风循环通道,避免冷气不流通导致货物温度不均。无通风槽的货物应使用托板摆放。

3.冷气流通保障

装货时需确保冷气循环路径通畅,避免货物堆叠过于密集,影响冷气流通。没有通风槽的货物应使用托板摆放,确保每个角落的货物都能均匀冷却。

4.其他事项

(1)小心搬运货物,不要野蛮操作,货物应平稳放置,以防止损坏制冷机组蒸发器,或者损坏厢体缩短厢体使用寿命。

(2)当冷藏车预冷温度达到2～8℃范围时,开始装车,装车前先启动温度记录监测系统。

(3)装载货物时,货物与车厢壁之间应有固定间隙,保证冷空气流通循环,货物的堆放高度不应超过限载线。货物与厢内前板距离大于10cm，与后板、侧板、底板间距大于5cm，货物码放高度不得超过制冷机组出风口下沿。

（4）冷藏车装上货物后关好车厢门，确保车门严密无任何泄漏，同时确保货厢门牢靠锁好。

（5）再次检查冷藏车的制冷系统控制面板显示的温度、温度监测报警系统显示的温度和温度记录仪运行情况，全部运行正常后可启运。

（6）装车工作必须在5分钟内完成，且再次开门的间隔时间在10分钟以上。

（7）以门的中心点为圆心，以20cm为半径的圆弧内不得放置货物，方便出入库作业。

（8）车内保持干净整洁。地板上不要沾上水渍和纸屑，以免空气不流通或被蒸发器吸入。车厢预冷前，要先清洁车厢内部。由于蒸发器风扇的作用，使得空气在车厢内循环，蒸发器风扇会吸进地面的碎屑和灰尘。长时间工作时，蒸发器盘管会吸入大量的杂质，从而降低制冷效果。

五、运输过程中

（1）冷藏车运输途中，在无异常情况不得随意打开车厢门，如必须开门应限定在3分钟之内完成开关门。

（2）运输员和送货员要注意查看驾驶室内的冷藏车温控系统和报警系统的控制面板，确保在运输过程中车厢的温度情况符合货物储存条件（2~8℃范围）。

（3）冷藏车在运输途中要对温度进行实时监测，并使用温度自动控制、自动记录及自动报警装置，记录时间间隔设置通常不超过10分钟，数据应可导出且不可更改。

（4）温度报警装置应能在设定的温度下报警，报警时应有专人及时处置，做好温度超标报警情况的记录，并有相应的应急处置措施。

（5）应按规定定期对温度自动记录、自动监控及自动报警装置等设备进行校验或确认，保持功能的准确完好。

六、其他注意事项

1. 避免阳光直射

冷藏车应尽量避免长时间暴晒，暴晒会使厢体温度迅速上升，增加制冷难度。应尽可能停放在阴凉处，或采取防晒措施。

2. 手动化霜

在预冷及运输过程中，蒸发器排管和翅片上的霜层会影响冷气流通，降低制冷效果。定期手动化霜，能提高制冷效率，确保冷气正常流通。

3. 开关门注意事项

开关车厢门时需先关闭冷机，以避免外界湿热空气进入车厢。否则会导致车厢内结霜、温度上升，增加制冷系统负担，并浪费燃油。

第二章　危险货物罐式运输安全操作

本章主要介绍常压罐车有关内容,简单介绍压力容器罐车和压力容器的基本知识。

第一节　危险货物罐式运输的特点

一、基本概念

1.道路运输液体危险货物罐式车辆

是指罐体内充装液体危险货物,且与定型汽车底盘或罐式半挂车行走机构永久性连接的道路运输罐式车辆。

2.罐式车辆

是指罐体安装在定型汽车底盘上的道路运输罐式车辆。

3.罐式半挂车

是指罐体安装在无动力半挂行走机构上的道路运输罐式车辆,包括半承载式(有车架)和承载式(无车架)。

4.罐式车辆罐体

在JT/T 617.1中,将罐式车辆罐体(固定式罐体)定义为,容积大于1000L的罐体,且与车辆走行装置永久性连接(进而成为罐式车辆)或者与该车车架形成一个整体(图2-2-1)。

图2-2-1　罐式车辆罐体

5.充装率

是指罐体充装液体的体积与容积的比值。

常压专用罐车的罐体材质可分为金属和非金属。其中金属常压罐车的罐体必须符合《道路运输液体危险货物罐式车辆　第1部分：金属常压罐体技术要求》(GB 18564.1)的要求；非金属常压罐车的罐体必须符合《道路运输液体危险货物罐式车辆　第2部分：非金属常压罐体技术要求》(GB 18564.2)的要求。

压力容器罐车涉及品种和国家标准较多，还应遵守《中华人民共和国特种设备安全法》的相关规定。

二、罐式车辆运输的特点

（1）罐式车辆运输，具有装卸运输效率高，可保证货物品质，劳动强度低，可改善装卸条件、减轻劳动强度，可节约包装材料和成本、降低运输成本等特点，是一种比较高效的运输方式。

（2）罐式车辆适用大宗（大量）液体危险货物运输，如汽油、柴油等。

（3）罐式车辆运输液体危险货物时，要注意按照罐体规定的充装率（系数）充装。如果运输液体充装太多（超过罐体充装率），在高温天气时，液体膨胀易产生泄漏；如果充装太少（低于罐体充装率），罐式车辆转弯时，由于液体晃动易产生侧翻；罐式车辆紧急制动时，由于惯性易造成液体向前冲击，会严重影响制动效果。

（4）对罐式车辆驾驶人员的要求较高，一是要提高驾驶技术，二是要做好罐车安全附件的操作。如压力容器罐车运输涉及装卸，还要持有特种设备作业人员证。

第二节　危险货物运输罐体专用附件操作

一、常压罐式车辆

1.有关概念

（1）罐体系指由筒体、封头、人孔、接管和装卸口等构成的封闭容器。

罐体内部设有隔舱板、加强圈（用以加强罐体的刚性），同时设置有横向或纵向防波板，用于减轻车辆在加速及减速时液体介质的波动和冲击（图2-2-2）。

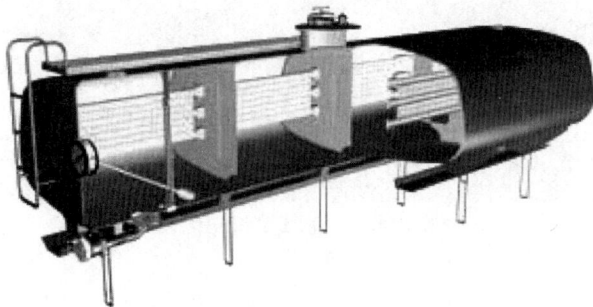

图2-2-2　金属常压罐体剖面示意图

（2）安全附件系指安装于罐体上的安全泄放装置（呼吸阀、安全阀、爆破片装置、安全阀与爆破片串联组合装置和排放系统等）、紧急切断装置、液位测量装置、压力测量装置、温度测量装置及导静电装置等能起安全保护作用的附件的总称。

（3）排放系统系指用于紧急泄放因罐体内部介质的聚合、分解等反应所引起的超压而设置的保护装置。

（4）液体系指在50℃时蒸气压不大于0.3MPa（绝对压力）或在20℃和0.1013MPa（绝对压力）压力下不完全是气态，在0.1013MPa（绝对压力）压力下熔点或起始熔点不大于20℃的货物。

（5）金属常压罐体要设置人孔（人孔，是维修人员出入孔。罐体至少应设置一个人孔，人孔公称直径不小于400mm），人孔位置一般设在罐体顶部，多仓罐体的每个独立仓都要设置人孔（图2-2-3）。工作人员通过人孔可以进入罐内进行维修工作。在人孔盖上设有观察口的，工作人员可通过观察口检查罐内物料，也可从观察口向罐内加注物料。另外，紧急泄放装置、呼吸阀、防溢出传感器等安全附件也通常集成安装在人孔盖上（图2-2-4）。

图2-2-3　多仓罐体每个单独仓都要安装人孔

图2-2-4　人孔装置

常压专用罐式车辆适用于运输液体危险货物，如轻质燃油、硫酸、盐酸、硝酸、烧碱、甲醇、甲苯等。常压金属罐体可用碳素钢、低合金钢、耐酸不锈钢、铝及铝合金材料制作。

可移动罐柜有关定义和要求，参见本书第一篇第五章第三节相关内容。

2.有关要求

1）常压罐体检验

根据《危险化学品安全管理条例》第十八条第三款"对重复使用的危险化学品包装物、容器,使用单位在重复使用前应当进行检查;发现存在安全隐患的,应当维修或者更换。使用单位应当对检查情况作出记录,记录的保存期限不得少于2年。"以及《道路危险货物运输管理规定》第二十四条"道路危险货物运输企业或者单位对重复使用的危险货物包装物、容器,在重复使用前应当进行检查;发现存在安全隐患的,应当维修或者更换。道路危险货物运输企业或者单位应当对检查情况作出记录,记录的保存期限不得少于2年"可知,常压罐车的罐体属于"重复使用的危险货物容器",由使用企业（单位）负责对该常压罐体的检验。企业或单位应通过对重复使用包装物、容器的检查以及记录,提高包装物、容器的安全性能,避免出现因为包装物、容器破损、泄漏而引发运输事故。如果运输企业认为本企业不能对常压罐体进行检查或发现罐体有重大问题时,也可以将罐车送到质检部门进行检验、维修。

2）罐体清洗（置换）

企业或单位在用罐车运输不同液体危险货物之前,一般需要对罐体进行清洗（也称为置换）,清除罐体中原液体危险货物的残余货物,以防止不同的液体危险货物在罐内发生化学反应。遵循规范的操作规程清洗罐体,过程复杂,废水处理成本也较高。

如仅对罐体进行简单的清洗、冲洗,并将清洗罐体后的废水、废气不加处理而任意排放,容易造成环境污染。针对这一问题,《道路危险货物运输管理规定》规定"道路危险货物运输企业或者单位应当到具有污染物处理能力的机构对常压罐体进行清洗（置换）作业,将废气、污水等污染物集中收集,消除污染,不得随意排放,污染环境",明确了危险货物道路运输企业或单位对罐体清洗的责任。条款中"具有污染物处理能力的机构"既可以是危险货物道路运输企业或者单位,也可以是危险货物生产、储存等企业。但无论是本企业（单位）还是其他企业,都需要配置处理污染物的设施设备。

在此强调,罐式车辆应在罐体适装介质列表范围内承运,原则上不提倡罐体清洗。

3）罐体允许运装介质

罐车罐体的运输介质是根据国家《车辆生产企业及产品公告》或罐体的《危险化学品运输汽车罐体委托检验报告》《危险化学品运输罐车安全质量检验报告》确定的,任何危险货物道路运输企业和个人不得改变。需要强调的是,公告和检验报告允许的运输介质,是交通运输主管部门许可罐车经营范围的前置许可,也是危险货物道路运输企业罐车运输介质的前置许可。

举例说明,改变公告允许罐车运输介质的危害及法定责任。在2014年的《晋济高速公路山西晋城段岩后隧道"3·1"特别重大道路交通危化品燃爆事故调查报告》中指出,"此次事故中的危险化学品罐式半挂车实际运输介质均与设计充装介质、公告批准、合格证记载的运输介质不相符。按照GB 18564.1—2006的要求,不同的介质因为化学特性差异,在计算压力、卸料口位置和结构、安全泄放装置的设置要求等方面均存在差异,不按出厂标定介质充装,造成安全隐患"。同时报告还指出,"晋城市福安达物流有限公司晋 E2932 挂使用罐体未安装紧急切断阀,不符合 GB 18564.1—2006 标准要求中 5.8 的规定,属于不合格产品,且改变了充装介质"是造成事故的间接原因。

在此强调,《危险货物道路运输安全管理办法》规定,承运人应当在罐式车辆罐体的适装介质列表范围内承运;检验机构应当严格按照国家标准、行业标准及国家统一发布的检验业务规则,开展液体危险化学品常压罐式车辆罐体检验,对检验合格的罐体出具检验合格证书。检验合格证书包括罐体载质量、罐体容积、罐体编号、适装介质列表和下次检验日期等内容。

4)罐体核定容积和防止超载

工业和信息化部的《车辆生产企业及产品公告》或罐体的《危险化学品运输汽车罐体委托检验报告》《危险化学品运输罐车安全质量检验报告》标注了罐体的核定容积。

为了保证罐车不超载,在《道路运输液体危险货物罐式车辆　第 1 部分:金属常压罐体技术要求》(GB 18564.1)的"5.设计"中,明确规定罐车的设计要保证"罐体允许最大充装质量应不大于罐车的额定载质量"。

由此可见,常压罐车在设计时要求保证罐车不超载。如果运输企业在境内合法购买罐车,并按《车辆生产企业及产品公告》或《危险化学品运输汽车罐体委托检验报告》允许的运输介质进行充装后,罐车超载,则是罐车生产企业没有按照国家标准《道路运输液体危险货物罐式车辆　第 1 部分:金属常压罐体技术要求》(GB 18564.1)的有关要求制造,存在产品质量问题,是不合格产品,应予以召回。

5)罐体壁厚

罐体结构根据所装介质确定。液体危险货物由于化学性质不同,其危险性也不一样,因此,要根据各种危险货物的化学特性和物理特性,确定其罐体结构和需要配备的相应设备、设施。罐体最小厚度应符合表 2-2-1 的规定。

罐体最小厚度（单位：mm）　　　　　　　　　　　　　　　表 2-2-1

罐体的直径	≤1800	≥1800	罐体的直径	≤1800	≥1800
奥氏体不锈钢	≥2.5	≥3	铝合金	≥4	≥5
其他钢材	≥3	≥4	99.60%纯铝	≥6	≥8

6)其他要求

(1)装运易燃、易爆类介质的罐车应还应满足以下四点,一是应配备不少于 2 个与载运介质相适应的灭火器或有效的灭火装置;二是发动机排气装置应采用防火型或在出气口加装排气火花熄灭器,且排气管出口应安装到车身前部,排气火花熄灭器应符合《机动车排气火花熄灭器》(GB 13365)的规定;三是非金属衬里的罐体,应有防静电措施;四是罐体及其附加的防静电要求应该符合《道路运输爆炸品和剧毒化学品车辆安全技术条件》(GB 20300)的有关规定。

（2）罐车均应设置防波板，并考虑操作或维修人员进出方便。

（3）罐体固定在车辆底盘上，顶部有通气阀，底部有沉淀槽，并配备火花熄灭器、导除静电装置和灭火器材。

（4）罐体至少设置1个人孔，一般可设在罐体顶部，人孔宜采用公称直径不小于450mm或500mm×350mm的椭圆孔，方便检修人员进出罐体。

（5）罐体后封头没有安装卸料阀门的，适宜装运原油、异丁醇、白煤油等危险货物；罐体后封头安装卸料阀门的，适宜装运硫酸等危险货物；罐体后封头安装卸料阀门，而不配备火花熄灭器、导除静电装置的，适宜装运液碱等危险货物；罐体后封头无卸料阀门，卸料应在进料口以泵吸方式完成卸料的，罐底应有锅底形凹坑，便于将卸料管插接，可将罐内物品卸净，不易燃的，可不配备导静电装置，适宜装运剧毒物品的液氰、丙酮氰醇等危险货物。选用不锈钢板的罐体，后封头无卸料阀，配备导静电装置、灭火器材的，适宜装运食用乙醇、精细化工等危险货物。

3.罐体涂装与标志、标识

1）涂装

罐体的涂装及外观质量除符合《压力容器涂敷与运输包装》（NB/T 10558）的规定外，还应满足如下要求：

（1）所有外露碳钢或低合金钢表面均应进行除锈处理。

（2）碳钢或低合金钢罐体的涂漆颜色应为浅色或不与环形橙色反光带混淆的其他颜色，铝及铝合金或不锈钢制罐体的涂漆要求应按设计图样的规定。

（3）所涂油漆应色泽鲜明、分界整齐，无皱皮、脱漆、污痕等。

2）标志

罐体（车）的标志除应符合《道路运输危险货物车辆标志》（GB 13392）的规定外，还应满足如下要求：

（1）罐体应有一条沿通过罐体中心线的水平面与罐体外表面的交线对称均匀粘贴的环形橙色反光带，反光带宽度不小于150mm。

（2）罐车应按照《道路车辆 车辆识别代号（VTN）》（GB 16735）标志识别代码（VIN）。

（3）罐体（车）标志的其余要求应符合《道路运输爆炸品和剧毒化学品车辆安全技术条件》（GB 20300）的规定。

3）标识

罐体两侧后部色带的上方喷涂装运介质的名称，字高不小于200mm，字体为仿宋体。常压罐车罐体喷涂标注见表2-2-2。

罐车产品铭牌应安装在罐体两侧的易见部位。

4.安全附件和承压元件

1）一般要求

（1）常压金属罐体安全附件至少包括安全泄放装置、紧急切断装置、导静电装置、液位计、温度计和压力表等,且应有产品合格证书和产品质量证明书。

常压罐车罐体喷涂标注　　　　　　　　表2-2-2

货物名称	颜色	位置	文字高度
易燃、易爆类介质	红色	两侧后部 色带上方	≥200mm
有毒、剧毒类介质	黄色	—	—
腐蚀、强腐蚀类介质	黑色	—	—
其余介质	蓝色	—	—

(2)液位计、温度计和压力表应按介质特性要求设置。

(3)罐体承压元件至少包括装卸阀门、快装接头、装卸软管和胶管等,且应有产品合格证书和产品质量证明书。

(4)安全附件和承压元件应符合相应国家标准或行业标准的规定。

2)安全泄放装置设置

安全泄放装置应设置在罐体顶部。安全泄放装置至少包括排放系统、安全阀、爆破片装置、安全阀与爆破片串联组合装置等。安全泄放装置的材料应与装运介质相容。

安全泄放装置的排放能力应保证在发生火灾或罐内压力出现异常等情况时,能迅速排放罐内压力。装运易燃、易爆介质的罐体应设置呼吸阀和紧急泄放装置。罐车发生翻倒事故时,呼吸阀不应泄漏介质;易燃、易爆介质用呼吸阀应具有阻火功能。安全泄放装置应有清晰、永久的标记。

当装运介质50℃时饱和蒸气压大于0.01MPa,应设置排放系统。排放系统应配有能防止由于罐体翻倒而引起液体泄漏的保护装置。

5. 紧急切断装置

安装紧急切断装置对运输易燃易爆化学品车辆尤为重要。紧急切断阀又称内置式安全止流底阀、海底阀,是一种安装在液体危险货物罐式车辆金属常压罐体装卸口的安全阀门。该阀门紧靠罐体根部,不兼作它用,在非装卸时处闭合状态。当罐车底部管路受强烈碰撞时,将自动断裂,使储罐和车底管路分离,成为独立封闭的罐体,从而防止罐内液体外泄,大大提高运输的安全性,为国际上众多石油公司所采用。

紧急切断装置由紧急切断阀(海底阀)、控制系统及易熔塞自动切断装置组成,其中紧急切断阀是核心功能部件。紧急切断阀紧贴罐体根部或底部安装,阀瓣、弹簧、阀盖在罐体内部,阀体部分在罐体外部。按照控制类型分类,紧急切断装置有气动式和机械式两种类型。紧急切断装置构造和实物,如图2-2-5所示。

1)液体危险货物罐车紧急切断阀装置使用要点

(1)紧急切断阀在除装卸工作之外的所有情况下,都应处于关闭状态。

(2)装卸作业完毕后,必须立即按照紧急切断阀使用说明书或操作规程关闭紧急切断阀。

（3）出车前，检查紧急切断阀有无腐蚀、生锈、裂纹等缺陷，有无松脱、渗漏等现象。

（4）装卸作业时，若遇紧急情况，应立即关闭紧急切断阀。

（5）运输过程中，及时检查确保紧急切断阀处于关闭状态。

（6）罐体长期不使用，也应关闭紧急切断阀，以免因受长期压力、杂质沉淀等影响，造成阀体元器件损坏、泄漏。

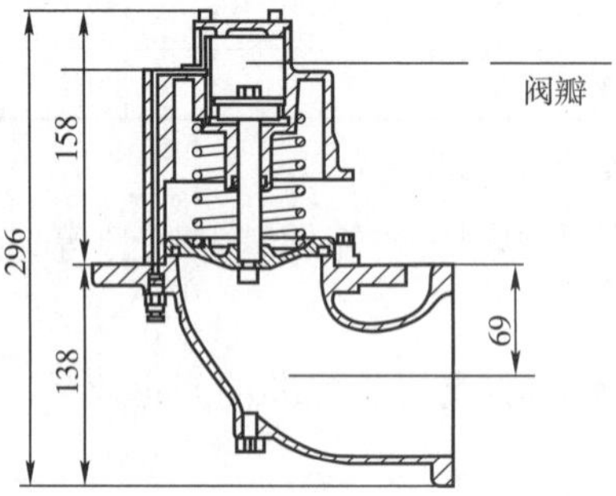

a）海底阀构造（单位：mm） 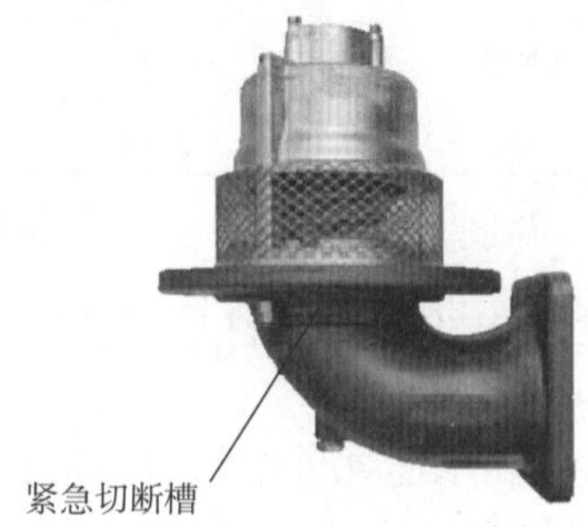　　　　b）气动式海底阀实物

图2-2-5　紧急切断装置

2）液体危险货物罐车紧急切断阀装置检查要点

（1）确认罐体上喷涂的介质名称是否与《车辆生产企业及产品公告》《危险化学品运输汽车罐体委托检验报告》《危险化学品运输罐车安全质量检验报告》上记载的一致。

（2）喷涂的介质与运输介质一致。运输介质应在《关于明确在用液体危险货物罐车加装紧急切断装置液体介质范围的通知》（安监总管三〔2014〕135号）中列举的17种介质范围内。检查其卸料口处是否安装有紧急切断阀，紧急切断阀是否有远程控制系统。

（3）检查紧急切断阀有无腐蚀、生锈、裂纹等缺陷，有无松脱、渗漏等现象，检查紧急切断阀控制按钮是否完好。

（4）检查紧急切断阀是否处于关闭状态，没有关闭的要求当场关闭，并对驾驶人进行一次面对面的教育提示。

6.罐体定期检验

罐体的定期检验应至少包含下列内容：

（1）罐体质量技术档案资料审查。

（2）检查罐体外表面，有无腐蚀、磨损、凹陷、变形、泄漏及其他可能影响运输安全性的问题。

（3）罐体与底盘或行走机构连接部位的检查。

（4）罐体壁厚测量。

（5）检查管路、阀门、装卸软管、垫圈等，有无腐蚀、泄漏等影响装卸及运输安全的问题。

（6）必要时进行焊接接头的无损检测。

(7)罐体安全附件及承压件的检查。

(8)检查紧急切断装置,不应出现腐蚀变形及其他可能影响正常使用的缺陷,遥控关闭装置应能正常使用。

(9)罐体表面漆色、铭牌和标志检查。

7.出厂文件

罐体(车)出厂时,制造单位至少应向用户提供下列技术文件和资料:

(1)罐体合格证。

(2)罐体质量证明书。

(3)产品竣工图。

(4)罐体出厂检验证书。

(5)罐体安全附件质量证明文件。

(6)使用说明书。

罐体(车)产品使用说明书至少应有操作规程和最大允许充装质量的控制要求。还要有维护要求和常见事故的排除方法等。

二、压力容器罐车及气瓶

1.压力容器罐车

根据《中华人民共和国特种设备安全法》,压力容器属于特种设备,使用前应当向负责特种设备安全监督管理的部门办理使用登记,取得使用登记证书。具体而言,压力容器罐车辆在投入使用前,使用单位要按移动压力容器铭牌和产品数据表规定的一种介质,向产权单位所在地(或车辆注册登记地)的直辖市或者设区市的质量技术监督部门申请取得《特种设备使用登记证》及电子记录卡,如图2-2-6所示。有压力容器的车辆申请取得《特种设备使用登记证》及电子记录卡后,才能开展相应的危险货物充装和运输活动。

1)从业人员

综上所述,危险货物道路运输从业人员如果涉及特种设备(压力容器、气瓶、附件)的操作,应按照《中华人民共和国特种设备安全法》的要求,取得相应资格。

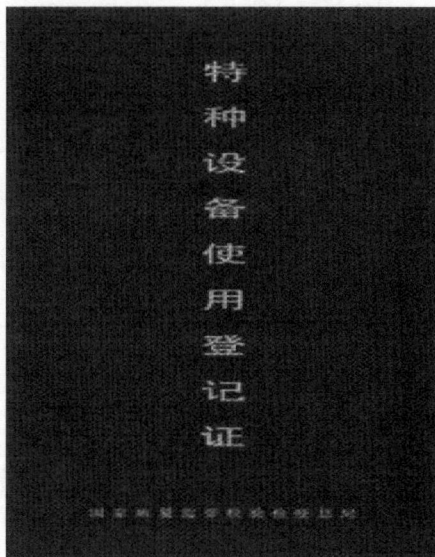

图2-2-6　特种设备使用登记证

2)压力容器空瓶余压

在使用气瓶时,不得将气瓶内的气体全部用光,要留有一定的气压(余压)。如乙炔气瓶,必须含有余压(不少于0.5%~1.0%规定充装量的剩余气体)。原因是,乙炔气瓶里面溶剂是丙酮,乙炔本身具有高度可燃可爆性,如空瓶中没有余压,空气进入气瓶会发生火灾或爆炸;又如,使用氧气时,不得将瓶内氧气全部用完,最少应留0.1MPa,以便在再装氧气时吹除灰尘,并避免混进其他气体。由于气瓶内有余压,也有剩余的气体危险货物,故"空气瓶"也是危险货物,也要按危险货物道路运输管理。

压力容器罐车也要留有残留压力。所以,盛装过危险货物的空容器的运输,应与原装物品的条件相同,按危险货物运输。

2.气瓶运输

汽车运输氧气瓶(压力瓶)或罐车的压力罐体及承压罐式集装时,如驾驶人员、押运人员涉及罐体的充装工作,则应持有"特种作业人员证书"。

《移动式压力容器安全技术监察规程》(TSG R0005—2011)要求"对于从事移动式压力容器运输押运的人员,应当取得国务院有关部门规定的资格证书",即特种设备作业人员证。

第三节　危险货物罐式车辆驾驶要求

驾驶液体危险货物道路运输车辆,首先要遵守货物运输车辆的有关驾驶规定,其次要考虑罐式车辆运输的特点,车辆起步要平稳、减速转弯、避免紧急制动等。

罐式车辆驾驶要求主要包括以下几个方面:

(1)资质要求。驾驶人员必须持有有效的驾驶证和从业资格证等证件。此外,还需要通过严格的考核,确保具备从事危险货物运输的资格和能力。

(2)安全检查。在出车前,驾驶人员必须对车辆进行详细的安全检查,包括检查罐体和车辆外观是否完好无损,检查安全附件是否完好有效,检查制动系统、转向系统、灯光和轮胎等是否正常。

(3)遵守交通规则。驾驶人员在驾驶罐式车辆时必须严格遵守交通规则,确保行车安全。特别是在行经坑洼路面、弯道、斜坡以及通过隧道时,要谨慎慢行。

(4)特殊天气条件下的驾驶注意事项。在冰雪路面上驾驶时,要使用防滑链,减速行驶,避免紧急制动。在雨水路面上驾驶时,要稳定控制车速,尽量减速行驶,并经常检查制动踏板。在雾天驾驶时,要开启雾灯,减慢速度,注意道路中间的线和前方车辆的尾灯。

(5)紧急情况处理。驾驶人员需要接受危险货物运输相关的培训,包括危险货物性质、运输要求、应急处理等方面。在发生紧急情况时,驾驶人员应立即采取必要的应急措施,防止事故扩大。

以上是驾驶罐式车辆的部分基本要求。需要注意的是,由于罐式车辆的特殊性,驾驶人员在驾驶过程中一定要谨慎行驶,避免不必要的颠簸碰撞,保证货物的完好。

第三章 危险货物集装箱、罐体及车辆标记与标志牌

本章依据《道路运输危险货物车辆标志》(GB 13392)编写,介绍集装箱、罐体及车辆标记与标志牌。有关具体内容参见本书第一篇第六章第三节。

一、标志的分类

道路运输危险货物车辆标志分为三类:矩形标志牌、菱形标志牌、特殊标志牌。

二、矩形标志牌

矩形标志牌外形为矩形,底色为橙色,喷涂或固定(粘贴、悬挂)于运输单元上,用于标明所载危险货物的危险性识别号和UN编号。

1.外观与尺寸

(1)矩形标志牌按尺寸大小分为标准版和缩小版。

(2)底色应为橙色,数字、字母字体应为黑体,位置居中,边缘线和数字、字母颜色应为黑色。

(3)顶部有两个安装孔,位置对称,根据实际装用方式选择打孔装用或只标划位置不打孔。

2.如何确定矩形标志牌的UN编号和危险性识别号

(1)确定所运危险货物的UN编号。根据所运危险货物(危险货物托运清单、化学品安全说明书、化学品安全标签、危险货物运单、危险货物道路运输安全卡)等,确定其UN编号,即矩形标志牌下部分阿拉伯数字。

(2)确定所运危险货物的危险性识别号。由所运危险货物的UN编号,根据JT/T 617.3道路运输危险货物一览表第(20)列"危险性识别号",确定危险货物对应的危险性识别号,即矩形标志牌上部分阿拉伯数字。

三、菱形标志牌

1.外观与尺寸

菱形标志牌的材质为金属板材,形状为菱形。

菱形标志牌的尺寸分为:100mm×100mm、250mm×250mm、300mm×300mm。

2.如何确定菱形标志牌

由所运危险货物 UN 编号，首先查询 JT/T 617.3 道路运输危险货物一览表第（5）列"标志"相对应的数字，再由《道路运输危险货物车辆标志》（GB 13392）附录 B 菱形标志牌及特殊标志牌图形确定菱形标志牌。

四、次要危险性

次要危险性，是指除危险货物主要危险性以外的其他危险性的类别或项别。

当所运危险货物具有主要危险性和次要危险性时，危险货物道路运输车辆要同时悬挂主标志牌（主要危险性）、副标志牌（次要危险性）。两个菱形标志牌位置应紧邻。

五、特殊标志牌

1.危害环境物质标记

危害环境物质，是指污染水生环境的液态或固体物质或这类物质的溶液和混合物，以及基因改变的微生物和生物。

1）外观和尺寸

危害环境物质标记按尺寸大小分为标准版、缩小版和放大版。形状为菱形，4 个内角为直角。

2）如何确定危害环境物质标记

JT/T 617.2 中 5.9.7 危害环境物质（水生环境），给出了"危害环境物质"的确定方法。

危害环境物质有：

UN 3077 对环境有危害的固态物质，未另作规定的；

UN 3082 对环境有危害的液态物质，未另作规定的；

UN 3245 基因改变的微生物或基因改变的生物。

2.高温物质标记

高温物质包括运输或托运温度高于或等于 100℃的液态物质（若该物质有闪点，则该物质温度应低于其闪点），以及高于或等于 240℃的固态物质。

注：高温物质只有在不符合其他类别时，才能划入第 9 类。

1）外观和尺寸

高温物质标记按尺寸大小分为标准版、缩小版和放大版。形状为等边三角形，3 个边有实线条，3 个角导圆角。

2）如何确定高温物质标记

JT/T 617.2 中 5.9.7 危害环境物质（水生环境），给出了"高温物质"的确定方法。

高温物质有：

UN 3257[加热液体，未另作规定的，温度高于或等于 100℃并低于其闪点（包括熔融金属、熔融盐类等），在温度高于 190℃时充装]；

UN 3257[加热液体,未另作规定的,温度高于或等于 100℃并低于其闪点(包括熔融金属、熔融盐类等),在温度低于或等于190℃时充装];

UN 3258(加热固体,未另作规定的,温度高于或等于 240℃)。

第四章 危险货物道路运输单证

第一节 危险货物运单的使用

《危险货物道路运输安全管理办法》对危险货物运单的制作和使用做出了明确规定；JT/T 617.5中给出了危险货物运单格式，界定了运单基本信息及填写要求；JT/T 617.7中明确了随车携带危险货物运单的有关要求。有关内容参见本书第一篇第八章第三节。

第二节 危险货物道路运输安全卡的使用

一、使用要求

（1）《道路危险货物运输管理规定》第三十五条规定，驾驶人员或者押运人员应当按照《危险货物道路运输规则》（JT/T 617）的要求，随车携带《危险货物道路运输安全卡》。

（2）《危险货物道路运输安全管理办法》第四十四条第二款规定，随车携带防护用品、应急救援器材和危险货物道路运输安全卡。

（3）JT/T 617.5要求，在运输开始前，承运人应告知驾驶人员所装载的危险货物信息，并提供道路危险货物运输安全卡，确保其掌握安全卡内容并正确操作。驾驶人员应将安全卡放置于车辆驾驶室内易于获取的位置。

二、样式

危险货物道路运输安全卡的组成和样式参见本书第二篇第一章第二节有关内容，可扫描封面二维码查看。

第三节 其他运输单证的使用

一、《危险货物道路运输安全管理办法》的有关规定

第十五条 托运人托运剧毒化学品、民用爆炸物品、烟花爆竹或者放射性物品的，应当向承运人相应提供公安机关核发的剧毒化学品道路运输通行证、民用爆炸物品运输许可证、烟花爆竹道路运输许可证、放射性物品道路运输许可证明或者文件。

托运人托运第一类放射性物品的，应当向承运人提供国务院核安全监管部门批准的放

射性物品运输核与辐射安全分析报告。

托运人托运危险废物(包括医疗废物,下同)的,应当向承运人提供生态环境主管部门发放的电子或者纸质形式的危险废物转移联单。

第二十四条第三款　运输危险废物的企业还应当填写并随车携带电子或者纸质形式的危险废物转移联单。

第二十八条　装货人应当在充装或者装载货物前查验以下事项;不符合要求的,不得充装或者装载:……充装或者装载剧毒化学品、民用爆炸物品、烟花爆竹、放射性物品或者危险废物时,还应当查验本办法第十五条规定的单证报告。

第四十四条第四款　运输剧毒化学品、民用爆炸物品、烟花爆竹、放射性物品或者危险废物时,还应当随车携带本办法第十五条规定的单证报告。

第七十一条　公安机关对危险货物承运人违反本办法第四十四条,运输剧毒化学品、民用爆炸物品、烟花爆竹或者放射性物品未随车携带相应单证报告的,应当责令改正,并予以处罚:

(一)运输剧毒化学品未随车携带剧毒化学品道路运输通行证的,处500元以上1000元以下的罚款;

(二)运输民用爆炸物品未随车携带民用爆炸物品运输许可证的,处5万元以上20万元以下的罚款;

(三)运输烟花爆竹未随车携带烟花爆竹道路运输许可证的,处200元以上2000元以下的罚款;

(四)运输放射性物品未随车携带放射性物品道路运输许可证明或者文件的,有违法所得的,处违法所得3倍以下且不超过3万元的罚款;没有违法所得的,处1万元以下的罚款。

二、剧毒化学品道路运输有关单证

《危险化学品安全管理条例》规定,通过道路运输剧毒化学品的,托运人应当向运输始发地或者目的地县级人民政府公安机关申请剧毒化学品道路运输通行证。

《剧毒化学品购买和公路运输许可证件管理办法》规定,购买和通过公路运输剧毒化学品,应当依照本办法申请取得《剧毒化学品购买凭证》《剧毒化学品准购证》和《剧毒化学品公路运输通行证》。未取得上述许可证件,任何单位和个人不得购买、通过公路运输剧毒化学品。

任何单位或者个人不得伪造、变造、买卖、出借或者以其他方式转让《剧毒化学品购买凭证》《剧毒化学品准购证》和《剧毒化学品公路运输通行证》,不得使用作废的上述许可证件,进一步强调了国家对通过公路运输剧毒化学品实行许可管理制度。

三、危险废物转移联单

2021年11月30日,生态环境部、公安部、交通运输部公布了《危险废物转移管理办法》

（生态环境部、公安部、交通运输部令第23号，自2022年1月1日起施行），同时废止了《危险废物转移联单管理办法》（原国家环境保护总局令第5号）。

转移危险废物的，应当通过国家危险废物信息管理系统（以下简称信息系统）填写、运行危险废物电子转移联单，并依照国家有关规定公开危险废物转移相关污染环境防治信息。生态环境部负责建设、运行和维护信息系统。

危险废物转移联单实行全国统一编号，编号由十四位阿拉伯数字组成。第一至四位数字为年份代码；第五、六位数字为移出地省级行政区划代码；第七、八位数字为移出地设区的市级行政区划代码；其余六位数字以移出地设区的市级行政区域为单位进行流水编号。

危险废物电子转移联单数据应当在信息系统中至少保存10年。

第五章　危险货物运输道路通行

第一节　危险货物运输车辆道路通行基本要求

《道路交通安全法》及其实施条例针对境内的车辆驾驶人员、行人、乘车人以及与道路交通活动有关的单位和个人，在"道路通行条件""机动车通行规定"等方面作出了通用性的规定，具体参见本书第一篇第二章第一节有关内容。本节重点介绍危险货物运输有关道路通行规定。

一、《危险化学品安全管理条例》的有关规定

(1)通过道路运输危险化学品的，应当按照运输车辆的核定载质量装载危险化学品，不得超载。

(2)危险化学品运输车辆应当符合国家标准要求的安全技术条件，并按照国家有关规定定期进行安全技术检验。

(3)危险化学品运输车辆应当悬挂或者喷涂符合国家标准要求的警示标志。

二、《道路危险货物运输管理规定》的有关规定

(1)危险货物道路运输企业或者单位应当要求驾驶人员和押运人员在运输危险货物时，严格遵守有关部门关于危险货物运输线路、时间、速度方面的有关规定，并遵守有关部门关于剧毒、爆炸危险品道路运输车辆在重大节假日通行高速公路的相关规定。

(2)危险货物道路运输企业或者单位应当通过卫星定位监控平台或者监控终端及时纠正和处理超速行驶、疲劳驾驶、不按规定线路行驶等违法违规驾驶行为。监控数据应当至少保存6个月，违法驾驶信息及处理情况应当至少保存3年。

三、《危险货物道路运输安全管理办法》的有关规定

(1)在危险货物道路运输过程中，除驾驶人员外，还应当在专用车辆上配备必要的押运人员，确保危险货物处于押运人员监管之下。

(2)运输车辆应当安装、悬挂符合《道路运输危险货物车辆标志》(GB 13392)要求的警示标志，随车携带防护用品、应急救援器材和危险货物道路运输安全卡，严格遵守道路交通安全法律法规规定，保障道路运输安全。运输爆炸品和剧毒化学品车辆还应当安装、粘贴符合《道路运输爆炸品和剧毒化学品车辆安全技术条件》(GB 20300)要求的安全标示牌。

（3）运输剧毒化学品、民用爆炸物品、烟花爆竹、放射性物品或者危险废物时，还应当随车携带本办法第十五条规定的单证报告。

（4）危险货物运输车辆在高速公路上行驶速度不得超过每小时80km，在其他道路上行驶速度不得超过每小时60km。道路限速标志、标线标明的速度低于上述规定速度的，车辆行驶速度不得高于限速标志、标线标明的速度。

四、其他要求

危险货物道路运输车辆道路通行时，还应注意以下问题：

(1)运输途中应尽量避免紧急制动，转弯时车辆应减速。

(2)通过隧道、涵洞、立交桥时，要注意标高，限速行驶。

(3)道路运输危险货物车辆严禁搭乘无关人员。驾驶人员应根据道路交通状况控制车速，禁止超速和强行超车、会车。押运人员应密切注意车辆所装载的危险货物，根据危险货物性质定时停车检查，发现问题及时会同驾驶人员采取措施妥善处理。驾驶人员、押运人员不得擅自离岗、脱岗。

(4)道路运输危险货物车辆不得在居民聚居点、行人稠密地段、政府机关、名胜古迹和风景游览区停车。如确需进入上述地区进行装卸作业或临时停车，应采取安全措施。运输剧毒、爆炸、放射性物品，需进入大中城市和风景游览区的，应事先报经当地公安部门批准，并按指定的路线、时间行驶。

(5)运输危险货物途中遇有天气、道路路面状况发生变化，应根据所装载危险货物特性，及时采取安全防护措施。遇有泥泞、冰冻、颠簸、狭窄及山崖等路段时，应低速缓慢行驶，防止车辆侧滑、打滑及危险货物剧烈震荡等，确保运输安全。

(6)运输过程中发生事故时，驾驶人员和押运人员应立即向当地公安部门和安全生产管理部门、环境保护部门、质检部门报告，并应看护好车辆、货物，共同配合采取一切可能的警示、救援措施。

第二节　危险货物运输车辆道路通行限制

一、《危险化学品安全管理条例》的有关规定

第四十九条　未经公安机关批准，运输危险化学品的车辆不得进入危险化学品运输车辆限制通行的区域。危险化学品运输车辆限制通行的区域由县级人民政府公安机关划定，并设置明显的标志。

二、《危险货物道路运输安全管理办法》的有关规定

第四十九条　有下列情形之一的，公安机关可以依法采取措施，限制危险货物运输车

辆通行：

　　(一)城市(含县城)重点地区、重点单位、人流密集场所、居民生活区；

　　(二)饮用水水源保护区、重点景区、自然保护区；

　　(三)特大桥梁、特长隧道、隧道群、桥隧相连路段及水下公路隧道；

　　(四)坡长坡陡、临水临崖等通行条件差的山区公路；

　　(五)法律、行政法规规定的其他可以限制通行的情形。

　　除法律、行政法规另有规定外，公安机关综合考虑相关因素，确需对通过高速公路运输危险化学品依法采取限制通行措施的，限制通行时段应当在0时至6时之间确定。

　　公安机关采取限制危险货物运输车辆通行措施的，应当提前向社会公布，并会同交通运输主管部门确定合理的绕行路线，设置明显的绕行提示标志。

　　第五十条　遇恶劣天气、重大活动、重要节假日、交通事故、突发事件等，公安机关可以临时限制危险货物运输车辆通行，并做好告知提示。

第三节　危险货物运输车辆停放

一、《危险化学品安全管理条例》的有关规定

　　第四十八条第二款　运输危险化学品途中因住宿或者发生影响正常运输的情况，需要较长时间停车的，驾驶人员、押运人员应当采取相应的安全防范措施；运输剧毒化学品或者易制爆危险化学品的，还应当向当地公安机关报告。

二、《道路危险货物运输管理规定》的有关规定

　　第三十七条　道路危险货物运输途中，驾驶人员不得随意停车。

　　因住宿或者发生影响正常运输的情况需要较长时间停车的，驾驶人员、押运人员应当设置警戒带，并采取相应的安全防范措施。

　　运输剧毒化学品或者易制爆危险化学品需要较长时间停车的，驾驶人员或者押运人员应当向当地公安机关报告。

三、《危险货物道路运输安全管理办法》的有关规定

　　第五十一条　危险货物运输车辆需在高速公路服务区停车的，驾驶人、押运人员应当按照有关规定采取相应的安全防范措施。

四、其他要求

　　危险货物运输车辆发生故障需修理时，应选择在安全地点和具有相关资质的汽车修理企业进行。

运输危险货物途中需要停车住宿或遇有无法正常运输的情况时，应向当地公安部门报告。

遇有雷雨时，不得在树下、电线杆、高压线、铁塔、高层建筑及容易遭到雷击和产生火花的地点停车。若要避雨时，应选择安全地点停放。

第六章　危险货物运输出车前安全检查

第一节　危险货物运输车辆检查

出车前,驾驶人员和押运人员应检查确认车辆外观标志、灭火器等安全装置配置完好;卫星定位装置工作正常;轮胎型号合规、磨损正常、未使用翻新胎;紧急切断阀等阀门管路完好、不泄漏、无损坏;制动、灯光、转向等安全系统符合运行要求等。

一、日常维护

1.日常维护的基本要求

日常维护是由驾驶人员在每日出车前、行车中和收车后负责执行的车辆维护作业,其作业中心内容是清洁、补给和安全检视。

(1)坚持"三检",即在出车前、行车中和收车后,检查车辆的安全机构及各部件连接、紧固的情况;

(2)保持"六洁",即保持发动机、润滑油、空气滤清器、燃油滤清器、蓄电池和储气筒的清洁;

(3)防止"四漏",即防止漏水、漏油、漏气和漏电;

(4)保持车容整洁。

2.日常维护的作业项目

日常维护作业项目及技术要求见表2-6-1。

日常维护作业项目及技术要求 表2-6-1

序号	作业项目	作业内容	技术要求	维护时间
1	车辆外观及附属设施	检查、清洗车身	车身外观及车厢内部整洁,车窗齐全、完好	出车前或收车后
		检查后视镜,调整后视镜角度	后视镜完好、无损毁,视野良好	出车前
		检查灭火器	灭火器配备数量及放置位置符合规定,且在有效期内	出车前或收车后
		检查安全带	安全带固定可靠、功能有效	出车前或收车后
		检查风窗玻璃刮水器	刮水器各挡位工作正常	出车前
2	发动机	检查发动机润滑油、冷却液液面高度,视情补给	油(液)面高度符合规定	出车前

续上表

序号	作业项目	作业内容	技术要求	维护时间
3	制动	制动系统自检	自检正常，无制动报警灯闪亮	出车前
		检查制动液液面高度，视情补给	液面高度符合规定	出车前
		检查行车制动、驻车制动	行车制动、生车制动功能正常	出车前
4	车轮及轮胎	检查轮胎外观、气压	轮胎表面无破裂、凸起、异物刺入及异常磨损，轮胎气压符合规定	出车前、出车中
		检查车轮螺栓、螺母	齐全完好，无松动	
5	照明、信号指示装置及仪表	检查前照灯	前照灯完好、有效，表面清洁，远近光变换正常	出车前
		检查信号指示装置	转向灯、制动灯、示灯、危险报警灯、雾灯、标志灯及反射器等信号指示装置完好有效，表面清洁	出车前、出车中
		检查仪表	工作正常	出车前、出车中

注："技术要求"栏中的"符合规定"是指符合车辆维修资料等有关技术文件的规定。

二、一级维护

1. 一级维护的基本要求

一级维护是除日常维护作业外，以润滑、紧固为作业中心内容，并检查有关制动、操纵等安全部件的车辆维护作业。具有维护作业能力的道路运输企业可以对自有车辆进行一级维护，不具备一级维护作业能力的道路运输企业，可以委托具备相应资质的汽车维修企业进行一级维护。

2. 一级维护的周期

经统计和研究，综合考虑全国情况，营运车辆一级维护推荐周期见表2-6-2。

营运车辆一级维护推荐周期　　　　　　　　　　　表2-6-2

适用车型		一级维护行驶里程间隔上限值或行驶时间间隔上限值
货车	轻型货车（最大设计总质量≤3500kg）	10000km或30日
	轻型以上货车（最大设计总质量＞3500kg）	15000km或30日
挂车		15000km或30日

注：1. 一级维护周期以行驶里程间隔或行驶时间间隔先到达者为准；
　　2. 对于以山区、沙漠、炎热、寒冷等特殊运行环境为主的营运车辆，可适当缩短维护周期。

3. 一级维护基本作业项目及要求

一级维护基本作业项目及要求见表2-6-3。

一级维护基本作业项目及要求　　　　　　　　　　　　表2-6-3

序号	作业项目		作业内容	技术要求
1	发动机	空气滤清器、机油滤清器和燃油滤清器	清洁或更换	(1)按规定的里程或时间清洁或更换滤清器； (2)滤清器应清洁,衬垫无残缺,滤芯无破损； (3)滤清器安装牢固,密封良好
2		发动机润滑油及冷却液	检查油(液)面高度,视情更换	按规定的里程或时间更换润滑油、冷却液,油(液)面高度符合规定
3	转向系	部件连续	检查、校紧万向节、横直拉杆、球头销和转向节等部位连续螺栓、螺母	各部件连续可靠
4		转向器润滑油及转向助力油	检查油面高度、视情更换	按规定的里程或时间更换转向器润滑油及转向助力油,油面高度符合规定
5	制动系	制动管路、制动阀及接头	检查制动管路、制动阀及接头,校紧接头	制动管路、制动阀固定可靠,接头紧固,无漏气(油)现象
6		缓速器	检查、校紧缓速器连接螺栓、螺母,检查定子与转子间隙,清洁缓速器	缓速器连接紧固,定子与转子间隙符合规定,缓速器外表、定子与转子间清洁,各插接件与接头连接可靠
7		储气筒	检查储气筒	无积水及油污
8		制动液	检查液面高度,视情更换	按规定的里程或时间更换制动液,液面高度符合规定
9	传动系	各连接部位	检查、校紧变速器、传动轴、驱动桥壳、传动轴支撑等部位连接螺栓、螺母	各部位连接可靠,密封良好
10		变速器、主减速器和差速器	清洁气孔	通气孔通畅
11	车轮	车轮及半轴的螺栓、螺母	校紧车轮及半轴的螺栓、螺母	扭紧力矩符合规定
12		轮辋及压条挡圈	检查轮辋及压条挡圈	轮辋及压条挡圈无裂损及变形
13	其他	蓄电池	检查蓄电池	液面高度符合规定,通气孔畅通,电桩、夹头清洁、牢固,免维护蓄电池电量状况指示正常
14		防护装置	检查侧防护装置及后防护装置,校紧螺栓、螺母	完好有效,安装牢固
15		全车润滑	检查、润滑各润滑点	(1)润滑嘴齐全有效,润滑良好； (2)各润滑点防尘罩齐全完好； (3)集中润滑装置工作正常,密封良好
16		整车密封	检查泄漏情况	全车不漏油、不漏液、不漏气

三、二级维护

1.二级维护的基本要求

二级维护是指除了一级维护作业外,作业中心内容包括检查和调整转向节、转向摇臂、制动蹄摩擦片、悬架等经过一定时间的使用容易磨损或变形的安全部件,拆检轮胎,进行轮胎换位,检查调整发动机工作状况和排气污染控制装置等,由维修企业负责执行的车辆维护作业。

车辆二级维护的具体要求包括:

(1)道路运输经营者应当依据国家有关标准和车辆维修手册、使用说明书等,结合车辆类别、车辆运行状况、行驶里程、道路条件、使用年限等因素,自行确定车辆维护周期,确保车辆正常维护。

(2)道路运输经营者应当参照《汽车维护、检测、诊断技术规范》(GB/T 18344)、《使用乙醇汽油车辆检查、维护技术规范》(GB/T 25349)和《液化天然气汽车维护技术规范》(JT/T 1009)等汽车维护技术规范确定车辆维护作业项目。

(3)道路运输经营者根据《汽车维修开业条件》(GB/T 16739)的要求,自行确定是否具备二级维护作业能力。道路运输经营者具备二级维护作业能力的,可以对自有车辆进行二级维护作业和竣工出厂检验,做好车辆维护记录,对车辆维护作业质量承担责任;不具备二级维护作业能力的,可以委托二类以上机动车维修经营者进行二级维护作业。机动车维修经营者完成二级维护作业和竣工出厂检验合格后,向委托方出具二级维护出厂合格证。

道路运输经营者应将车辆的二级维护情况记入车辆技术档案,并将《机动车维修记录》《机动车维修竣工出厂合格证》等存入车辆技术档案。

2.二级维护的周期

营运车辆二级维护推荐周期见表2-6-4。

营运车辆二级维护推荐周期表 表2-6-4

适用车型		一级维护行驶里程间隔上限值 或行驶时间间隔上限值
货车	轻型货车(最大设计总质量≤3500kg)	40000km或120日
	轻型以上货车(最大设计总质量>3500kg)	50000km或120日
	挂车	50000km或120日

注:1.一级维护周期以行驶里程间隔或行驶时间间隔先到达者为准;

2.对于以山区、沙漠、炎热、寒冷等特殊运行环境为主的营运车辆,可适当缩短维护周期。

3.二级维护基本作业项目及要求

二级维护基本作业项目及要求见表2-6-5。

二级维护基本作业项目及要求　　　　　　　　　　　　　表 2-6-5

序号	作业项目		作业内容	技术要求
1	发动机	发动机工作状况	检查发动机起动性能和柴油发动机停机装置	起动性能良好,停机装置功能有效
			检查发动机运转情况	低、中、高速运转稳定,无异响
2		发动机排放机外净化装置	检查发动机排放机外净化装置	外观无损坏、安装牢固
3		燃油蒸发控制装置	检查外观,检查装置是否畅通,视情更换	炭罐及管路外观无损坏、密封良好、连接可靠,装置畅通无堵塞
4		曲轴箱通风装置	检查外观,检查装置是否畅通,视情更换	炭罐及管路外观无损坏、密封良好、连接可靠,装置畅通无堵塞
5		增压器、中冷器	检查、清洁中冷器和增压器	(1)中冷器散热片清洁,管路无老化,连接可靠,密封良好; (2)增压器运转正常,无异响,无渗漏
6		发电机、起动机	检查、清洁发电机和起动机	发电机和起动机外表清洁,导线接头无松动,运转无异响,工作正常
7		发动机传动带/链	检查空压机、水泵、发电机、空调机组合正时传动带/链磨损及老化程度,视情更换或调整传动带	传动带/链无裂痕和过量磨损,表面无油污;松紧度符合规定
8		冷却装置	检查散热器、水箱及管路密封	(1)散热器、水箱及管路固定可靠,无变形、堵塞、破损及渗漏; (2)箱盖接合表面良好,胶垫不老化
9		火花塞、高压线	检查火花塞间隙、积炭和烧蚀情况,按规定里程或时间更换火花塞	无积炭,无严重烧蚀现象,电极间隙符合规定
			检查高压线外观及连接情况,按规定里程或时间更换高压线	高压线外观无破损、连接可靠
10		进排气歧管、消声器、排气管	检查进排气歧管、消声器、排气管	外观无破损、无裂痕,消声器功能良好
11		发动机总成	清洁发动机外部,检查隔热层	无油污、无灰尘,隔热层密封良好
			检查、校紧油底壳、发动机支撑、水泵、空压机、涡轮增压器、进排气歧管、消声器、排气管、输油泵和喷油泵等部位的连接螺栓、螺母	螺栓、螺母连接完好,固定牢靠
12	制动系	储气筒、干燥器	检查、紧固储气筒,检查干燥器功能,按规定里程货时间更换干燥剂	(1)储气筒安装牢固,密封良好; (2)干燥器功能正常,排水阀通畅
13		制动踏板	检查、调整制动踏板自由行程	符合规定
14		驻车制动	检查驻车制动性能,调整操纵机构	功能正常,操纵机构齐全完好、灵活有效
15		防抱死装置	检查连接线路,清洁轮速传感器	各连接线及插接件无松动,轮速传感器清洁
16		鼓式制动器	检查制动间隙调整装置	功能正常

序号	作业项目		作业内容	技术要求
16	制动系	鼓式制动器	拆卸制动鼓、轮毂、制动蹄,清洁轴承位、轴承、支撑销和制动底板等零件	清洁,无油污,轮毂通气孔畅通
			检查制动底板、制动凸轮轴	(1)制动底板安装牢固、无变形、无裂痕; (2)凸轮轴转动灵活,无卡滞和松旷现象
			检查轮毂内外轴承	滚柱保持不断裂,滚柱无缺损、脱落,轴承内外圈无裂损和烧蚀
			检查制动摩擦片、制动蹄及支撑销	(1)制动摩擦片表面无油污、裂损,厚度符合规定; (2)制动蹄无裂纹及明显变形,铆接可靠,铆钉沉入深度符合规定; (3)支撑销无过量磨损,与制动蹄轴承孔衬套配合无明显松旷
			检查制动蹄复位弹簧	复位弹簧不得有扭曲、钩环损坏、弹性损失和自由长度改变等现象
			检查轮毂、制动鼓	轮毂无裂损,制动鼓无裂痕、沟槽、油污及明显变形
			装复制动鼓、轮毂、制动蹄,调整轴承松紧度、调整制动间隙	(1)装复制动蹄时,轴承孔应涂抹润滑脂,开口销或卡簧固定可靠; (2)制动摩擦片与制动鼓摩擦面清洁,无油污; (3)制动器间隙符合规定; (4)轮毂转动灵活且无轴向间隙; (5)锁紧螺母、半轴螺母及车轮螺母齐全,扭紧力矩符合规定
17		盘式制动器	检查制动摩擦片和制动盘磨损量	制动摩擦片和制动盘磨损量应在标记规定或制造商要求的范围内,其摩擦工作面不得有油污、裂纹、失圆和沟槽等损伤
			检查制动摩擦片与制动盘的间隙	符合规定
			检查密封件	密封件无裂纹或损坏
			检查制动钳	制动钳安装牢固、无油液泄漏,制动钳导向销无裂纹或损坏
18	转向系	转向器和转向传动机构	检查转向器和转向传动机构	转向轻便、灵活,转向无卡滞现象,锁止、限位功能正常
			检查部件技术状况	转向节臂、转向器摇臂及横直拉杆无变形、裂纹和拼焊现象,球销无裂纹、不松旷,转向器无裂损、无漏油现象
19		转向盘最大自由转动量	检查、调整转向盘最大自由转动量	符合《机动车运行安全技术条件》(GB 7258)规定

续上表

序号	作业项目		作业内容	技术要求
20	行使系	车轮及轮胎	检查轮胎规格型号	符合《机动车运行安全技术条件》(GB 7258)规定
			检查轮胎外观	符合《机动车运行安全技术条件》(GB 7258)规定
			轮胎换位	根据轮胎磨损情况或相关规定进行轮胎换位
			检查、调整车轮前束	车轮前束值符合规定
21		悬架	检查悬架弹性元件,校紧连接螺栓、螺母	(1)空气弹簧无泄漏、外观无损伤; (2)钢板弹簧无断片、缺片、移位和变形,各部件连接可靠,U形螺栓扭紧力矩符合规定
			减振器	减震器固定牢靠,无漏油现象,橡胶垫无松动、变形及分层
22		车桥	检查车桥、车桥与悬架之间的拉杆和导杆	车桥无变形、表面无裂痕、油脂无泄漏,车桥与选件之间的拉杆和导杆无松旷、移位和变形
23	传动系	离合器	检查离合器工作状况	离合器结合平稳,分离彻底,操作轻便,无异响、打滑、抖动及沉重等现象
			检查、调整离合器踏板自由行程	符合规定
24		变速器、主减速器、差速器	检查、调整变速器	操作轻便、挡位准确,无异响、打滑及乱挡等现象,主减速器、差速器工作无异响
			检查变速器、主减速器、差速器润滑油液面高度,视情更换	液面高度符合规定
25		传动轴	检查防尘罩	无裂痕、损坏,卡箍连接可靠,支架无松动
			检查传动轴及万向节	传动轴无弯曲,运转无异响。传动轴及万向节无裂痕、不松旷
			检查传动轴承及支架	轴承无松旷,支架无缺损和变形
26	灯光导线	前照灯	检查远光灯发光强度,检查、调整前照灯光束照射位置	符合《机动车运行安全技术条件》(GB 7258)规定
27		线束及导线	检查发动机舱及其他可视的线束及导线	插接件无松动、接触良好。导线布置整齐、固定牢靠,绝缘层无老化、破损,导线无外露。导线与蓄电池桩头连接牢固,并有绝缘套
28	车架车身	车架和车身	检查车架和车身	(1)车架和车身无变形、断裂及开焊现象,连接可靠,车身周正; (2)发动机舱盖启闭有效,锁止牢靠; (3)车厢铰链完好,锁止牢靠; (4)固定集装箱箱体、货物的锁止机构工作正常
			检查车门、车窗启闭和锁止	(1)车门和车窗启闭正常,锁止可靠; (2)客车东西启闭门的车内应急开关及安全顶窗机件齐全、完好有效

续上表

序号	作业项目		作业内容	技术要求
29		支撑装置	检查、润滑支撑装置，校紧连接螺栓、螺母	完好有效，润滑良好，安装完毕
30	车架车身	牵引车与挂车连接装置	检查牵引销及其连接装置	牵引销安装牢固，无损伤、裂纹等缺陷，牵引销颈部磨损量符合规定
			检查、润滑牵引座及牵引销锁止、释放机构，校紧连接螺栓、螺母	牵引座表面油脂均匀，安装牢固，牵引销锁止、释放机构工作可靠
			检查转盘与转盘架	转盘与转盘架贴合面无松旷、偏歪。转与牵引连接部件连接牢靠，转盘连接螺栓应紧固，定位销无松旷、无磨损，转盘润滑
			检查牵引钩	牵引钩无裂纹及损伤，锁止、释放机构工作可靠

第二节　危险货物运输车辆罐体检查

一、危险货物道路运输罐式车辆检查

（1）罐体质量技术档案资料审查；

（2）检查罐体外表面，有无腐蚀、磨损、凹陷、变形、泄漏及其他可能影响运输安全性的问题；

（3）罐体与底盘或行走机构连接部位的检查；

（4）罐体壁厚测量；

（5）检查管路、阀门、装卸软管、垫圈等，有无腐蚀、泄漏等影响装卸及运输安全的问题；

（6）必要时进行焊接接头的无损检测；

（7）罐体安全附件及承压件的检查；

（8）检查紧急切断装置，不应出现腐蚀变形及其他可能影响正常使用的缺陷，遥控关闭装置应能正常使用；

（9）罐体表面漆色、铭牌和标志检查。

二、罐体涂装与标志、标识

1.涂装

罐体的涂装及外观质量除符合《压力容器涂敷与运输包装》（NB/T 10558）的规定外，还应满足如下要求：

（1）所有外露碳钢或低合金钢表面均应进行除锈处理。

（2）碳钢或低合金钢罐体的涂漆颜色应为浅色或不与环形橙色反光带混淆的其他颜色，铝及铝合金或不锈钢制罐体的涂漆要求应按设计图样的规定。

（3）所涂油漆应色泽鲜明、分界整齐,无皱皮、脱漆、污痕等。

2.标志

罐体(车)的标志除应符合《道路运输危险货物车辆标志》(GB 13392)的规定外,还应满足如下要求:

（1）罐体应有一条沿罐体中心线的水平面与罐体外表面的交线对称均匀粘贴的环形橙色反光带,反光带宽度不小于150mm。

（2）罐车应按照《道路车辆　车辆识别代号(VTN)》(GB 16735)标志识别代码(VIN)。

（3）罐体(车)标志的其余要求应符合《道路运输爆炸品和剧毒化学品车辆安全技术条件》(GB 20300)的规定。

3.标识

罐体两侧后部色带的上方喷涂装运介质的名称,字高不小于200mm,字体为仿宋体,字体颜色等要求,见表2-2-2。

第三节　危险货物运输车辆随车工具、单证检查

一、随车工具

（1）对于危险标志式样为2.3项或6.1项的危险货物,每位车组人员应随车携带一个应急逃生面具,逃生面具的功能须与所装载化学品相匹配(如具备气体或粉尘过滤功能)。

（2）对于危险标志式样为第3类、4.1项、4.3项、第8类或第9类固体或液体的危险货物,配备:

①一把铲子(对具有第3类、4.1项、4.3项危险性的货物,铲子应防爆);

②一个下水道口封堵器具,如堵漏垫、堵漏袋等。

（3）每辆车需携带与最大允许总质量和车轮尺寸相匹配的轮挡。

（4）便携式照明设备。

（5）罐式车辆携带堵漏器材(如堵漏楔等)。

（6）随车工具还可以一并考虑消防设备、警示器材等。

二、随车单证

1.证件

危险货物道路运输车辆的随车证件包括机动车行驶证、道路运输证;危险货物道路运输常压容器罐车,需携带罐体检验合格证书(标明"适装介质列表");危险货物道路运输压力容器罐车,需携带《压力容器使用登记证》。

随车证件还包括驾驶人员的机动车驾驶证,驾驶人员、押运人员的从业资格证等。

2.单证

危险货物道路运输车辆应随车携带运单、危险货物道路运输安全卡。运输剧毒化学品的还要随车携带《剧毒化学品公路运输通行证》。

相关内容可参见本书第一篇第八章第一节。

第七章　危险货物运输事故现场初期处置

第一节　事故停车及放置警示装置

一、事故停车

发生危险货物道路运输事故时,在车辆还能行驶的情况下,应将车辆行驶停放至安全位置,禁止违法停车,避免造成次生交通事故。

如发生事故后,将车辆停靠在道路最外侧车道和应急车道之间,极易造成恶性事故。具体案例可参见本书第一篇第十章第三节内容。

如在隧道内行驶时车辆起火,应将车辆开出隧道,停靠在较安全的路边后再进行施救,避免在隧道内停车造成次生交通事故,同时避免发生危险货物在隧道内燃烧爆炸的恶性事故。

二、停车处置应注意的问题

由于事故情况千变万化,停车处置的内容也是不同的。在事故发生初期,驾驶人员和押运人员采取的诸如正确停车、切断电源等初期处置措施,可以有效控制事故蔓延,为救援队伍争取时间。同时,在事故现场采取一切可能的警示措施,如放置三角警告牌、设置警戒线、广播报警等,可有效避免更多的无关人员遭受伤害,把事故损失减少至最低。以下介绍几种正确的停车做法。

(1)在一般情况下,可以立即停车,熄灭发动机并切断总电源。但此时车辆要立即开启危险报警闪光灯,在车后方50~100m处摆放警告标志。对于无法立即停车的(如在隧道内、加油站旁等),要将车辆驶入安全区域停车。

(2)在高速公路上发生事故时,应将车停在紧急停靠带内,此时车辆要立即开启危险报警闪光灯,在车后方150m处摆放警告标志。夜间、雨、雾等天气还应当同时开启示廓灯、尾灯和后雾灯。

(3)"迅速停车,观察情况"。如果发生危险货物泄漏,条件允许时,迅速将车驶离水源、城镇、加油站、村庄和人员密集场所等区域,或直接就近将车停于空旷、低洼地点,关闭紧急切断阀,紧急封堵,并利用容器或吸油海绵收集。同时,注意严格监护车辆。

(4)发生易燃液体罐车泄漏事故时,如罐车容器管路系统出现有微小泄漏,尽可能在救援队伍到来之前进行检修、堵漏处理,可以有效避免泄漏点扩大,减少泄漏量。而当泄漏量增大、人员无法靠近时,应设置相应警戒隔离标志并立即离开危险区域,避免由于突发爆炸、火灾事故造成人员伤亡。

由违法停车案例可知,违法停车可能造成交通事故,甚至导致危险货物罐车爆炸燃烧重大事故。同时还要注意,运输危险货物的专业车辆因事故原因需要紧急停车时,也要注意停车要求,不能违法、违规停车,避免造成次生事故。

三、放置警示装置

1.警示牌

警示牌是一种道路交通标志,用来告知驾驶人员或行人前方的道路有危险。各种道路交通标志都是以其特定的形状、颜色、图案和字符组成的标志牌,车辆驾驶人员和行人都应服从其指挥。随车携带的警示牌,主要是指"三角警告牌"。

有关内容参见本书第二篇第一章第二节。

2.警示器材

常见的警示器材有警戒标志杆、锥形事故标志柱、隔离警示带、危险警示牌、闪光警示灯、手持扩音器等。

有关内容参见本书第一篇第九章第四节。

第二节　危险货物运输事故报警、报告

驾驶人员和押运人员是事故现场的第一发现者和施救者,其主要职责是全面、准确和及时地将信息报送到相关部门,并在条件许可的情况下,采取初期的处置措施,赢得最佳救援时机。另外,驾驶人员和押运人员在事故中应能够正确停车,有效的事故报警和报告,自我防护,在条件许可情况下设置警戒、警告标志,协助疏散人员和配合救援。

危险货物运输事故发生后,驾驶人员、押运人员要立即报告事故发生地公安交通管理部门和本企业。此外,根据《危险化学品安全管理条例》的要求,驾驶人员或者押运人员还应当向事故发生地交通运输主管部门报告。

按照有关要求,事故信息报告的内容至少应包括以下部分:

(1)报告人姓名、联系方式、单位。

(2)发生事故的类型,如泄漏、燃烧、翻车、车辆损伤等以及发生部位、事故相关状况。

(3)发生时间、具体地点(如×××公路×××km处)、行驶方向。

(4)车辆牌照、荷载吨位、车辆类型、罐车罐体容积,当前状况。

(5)UN编号、危险货物品名、数量,当前状况。

(6)人员伤亡及危害情况。

(7)已采取或拟采取的应急处置措施。

(8)如事故周围环境特殊,还应介绍环境情况及事故影响范围。

（9）如涉嫌交通肇事逃逸的,还应当报告肇事车辆的车型、颜色、特征及其逃逸方向、逃逸驾驶人的体貌特征等有关情况。

具体内容参见本书第一篇第九章第一节。

第三节　少量泄漏(模拟)初期处置

少量泄漏,一般指常压罐车罐体在较小破损(破裂)情况下产生的泄漏。压力容器罐车罐体不论破损(破裂)大小,液体危险货物都会在其罐体内部压力作用下大量泄漏(喷出)。

常压罐车少量泄漏时,要采取以下措施:

（1）判定是否可以使用随车携带工具立即堵漏。在此强调,驾驶人员、押运人员要根据自身情况、实事求是、认真负责地进行判定,避免判定失误。

（2）如不能立即堵漏,驾驶人员、押运人员应立即启动本企业的应急预案。

（3）如能立即堵漏,驾驶人员、押运人员应立即使用随车携带的堵漏器材,对罐体进行临时性堵漏。堵漏器材参见本书第一篇第九章第四节。

（4）罐体堵漏成功后,如车辆还能继续行驶,驾驶人员应立即将车辆行驶到就近的具有危险货物道路运输车辆修理资质的修理厂,进行罐体维修。

（5）罐体堵漏成功后,如车辆不能继续行驶,驾驶人员应立即联系附近的应急部门,请求倒灌。

上述工作,驾驶人员或者押运人员要随时向本企业汇报施救情况,得到本企业的技术指导。应急流程如图2-7-1所示。

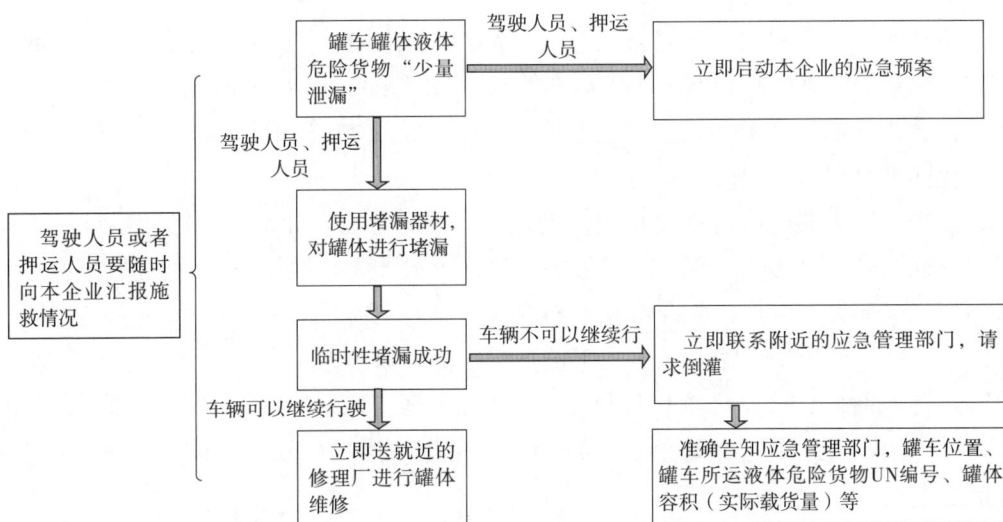

图2-7-1　应急流程

第四节　灭火器的选择与使用

危险货物道路运输车辆必须配备与所运的危险货物性能相适应、有效的消防器材。危险货物品种繁多，性质各异，有的易燃易爆（如汽油、酒精、液化石油气等），有的遇水反应会分解出大量易燃气体（如金属钠、碳化钙）等，有的遇酸会分解释放出大量的剧毒气体（如氰化物等），大多数易燃液体具有不溶于水，且密度小于水的理化特性。而且消防器材种类、规格多样，性能不同，灭火效果各异，如酸碱灭火器、泡沫灭火器、二氧化碳灭火器、干粉灭火器等，水和砂土也是重要的灭火手段。不管哪种灭火方式，都要慎重选择。不同的灭火器所喷出的灭火药剂性质也不同，所产生的效果也不同。消防器材的配备，也可以参考危险货物化学品安全技术说明书的有关要求。

目前，我国普遍采用《火灾分类》（GB/T 4968）确定的分类标准，根据可燃物的类型和燃烧特性，将火灾分为6个类别。

灭火器的种类很多，按其移动方式可分为手提式和推车式；按驱动灭火剂的动力来源可分为储气瓶式、储压式、化学反应式；按所充装的灭火剂则又可分为泡沫、干粉、卤代烷、二氧化碳、酸碱、水等。

在绝大多数情况下，人们常按第三种方式（按充装的灭火剂）对灭火器进行分类。而充装不同灭火剂的灭火器灭火原理也是完全不同的，主要分为四种：冷却灭火（如水）、窒息灭火（如氮气、二氧化碳等）、隔离灭火（泡沫、水等）、化学抑制灭火（干粉、卤代烷等）。

JT/T 617.7对灭火器具的要求如下。

（1）运输单元运载危险货物时，应随车携带便携式灭火器。灭火器应适用于扑救《火灾分类》（GB/T 4968）规定的 A、B、C 三类火灾。

（2）便携式灭火器的数量及容量应符合规定。运输剧毒和爆炸品的车辆灭火器数量要求应符合《道路运输爆炸品和剧毒化学品车辆安全技术条件》（GB 20300）的规定。

（3）符合 JT/T 617.1 中 5.1 规定的运输单元，应配备至少 1 个最小容量为 2kg 的干粉灭火器（或其他同等效用的适用灭火器）。

（4）便携式灭火器应满足有关车用便携式灭火器的规定。如果车辆已装备可用于扑灭发动机起火的固定式灭火器，则其所携带的便携式灭火器无须适用于扑灭发动机起火。

（5）便携式灭火器应在检验合格有效期内。

（6）灭火器应放置于运输单元中易于被车组人员拿取的地方。

扑救危险货物火灾，是一项比较科学、复杂的灭火过程，如果灭火方法不恰当，有可能使火灾扩大，有的还可能导致爆炸、中毒等事故，造成不必要的伤亡和财产损失，这一点必须引起注意。

相关内容参见本书第二篇第一章第二节内容。

第八章　应急防护用品穿戴

第一节　常用化学防护服穿戴

常用化学防护服有二级化学防护服装和一级化学防护服装。

一、二级化学防护服装

二级化学防护服属于非气密型防化服，一般是指中型或轻型防化服。轻型防化服又称半封闭防化服，其利用特殊研制的纤维制造而成，既可以防护各种化学物质又能提供阻燃性。

二级化学防护服是消防员进入化学危险品或腐蚀性物品火灾或事故现场，进行灭火及抢险救援时穿着的防护服装。不仅具有防酸、碱性能，而且具备较好的阻燃性能及强力性能。

1.结构特征

（1）连体式半封闭结构，除面部裸露外，其余部位采用密封形式。

（2）手套采用卡环可拆卸式连接，既能保证气密性，又便于更换。

（3）缝纫接缝全部采用内外密封条密封，确保服装的密封性能。

（4）整套防化服是由带帽连体衣、防化手套、防化胶靴（钢包头，钢底板，防砸防穿刺）组成。

（5）具有防酸碱、阻燃等性能。可在汽油、丙酮、醋酸乙酯等有机介质以及硫酸、盐酸、硝酸、磷酸、氢氧化钠等腐蚀性液体场合进行抢险救援作业（图2-8-1）。

图2-8-1　二级化学防护服

2.二级化学防护服装穿戴（佩戴）方法

（1）准备工作。

检查服装：确保防护服完好无损，特别是手套和靴子的连接是否牢固。

穿戴步骤：①打开防护服。从领口开始，将拉链和搭扣完全打开。②穿上靴子。将脚伸进裤腿，穿上靴子。③穿上上衣。将裤子提至腰部，然后两手伸入服装袖内，穿好上衣。④戴上手套。戴上备用的针织手套，增加舒适性。

（2）调整与固定。

调整服装：确保服装的胸部整齐，扎好腰带。

固定帽子：戴上防护服的帽子，拉紧帽边的收紧带，并将脖颈上的四合扣扣牢。

（3）完成穿戴。

检查完整性：确保所有部分已正确穿戴，特别是手套和靴子的连接。

穿戴呼吸器：如果需要，背上空气呼吸器，并戴上呼吸器面罩。

（4）注意事项。

避免损坏：使用中避免与火焰或熔化物直接接触，以防损坏。

清洁与保养：使用后，根据脏污情况使用适当的清洗剂进行清洗，然后晾干并妥善存放。

通过遵循上述步骤，可以有效地穿戴二级化学防护服，确保在化学危险环境中的安全。

二、一级化学防护服装

一级化学防护服是气密型防护服，提供最高级别的防护，适用于处理高浓度和高风险的化学品环境，能够防止有毒、腐蚀性气体、液体和固态化学品的渗透，为人体提供全面的保护。一级防护服通常具有良好的抗渗透性能，能够抵御各种高危化学品的侵害。

一级化学防护服非常耐用，有很好的耐穿刺和撕裂性能；280余种高危化学品在接触8小时后未发现明显渗透；黄绿色面料非常醒目，在明处和暗处可视性都很高；防护服配有外接长管空气呼吸器接口，可与移动供气源配合使用；一级化学防护服广泛应用于消防部门的危险化学品特勤队、工业消防队和工业化学品加工厂。

根据不同的标准防护服的种类不同，中国一级化学防护服装分为重型防护服和轻型防护服。

1.重型防护服

1）主要性能

重型防护服是工作人员在有危险性化学物品或腐蚀性物品的现场作业时，为保护自身免遭化学危险品或腐蚀性物质的侵害而穿着的防护服。其气密性和液密性都非常良好（图2-8-2）。

2）使用注意事项

（1）重型防护服不得与火焰及熔化物直接接触。

（2）使用前必须认真检查服装有无破损，如有破损，严禁使用。

（3）使用重型防护服时，必须注意头罩与面具的面罩紧密配合，颈扣带、胸部的大白扣必须扣紧，以保证颈部、胸部气密。腰带必须收紧，以减少运动时的"风箱效应"。

（4）每次使用后，根据脏污情况用肥皂水或0.5%~1%的碳酸钠水溶液洗涤，然后用清水冲洗，放在阴凉通风处，晾干后包装。

（5）折叠防护服时，将头罩开口向上铺于地面。折回头罩、颈扣带及两袖，再将服装纵折，左右重合，两靴尖朝外一侧，将手套放在中部，靴底相对卷成一卷，横向放入重型防化服包装袋内。

（6）重型防护服在保存期间严禁受热及阳光照射，不许接触活性化学物质及各种油类。

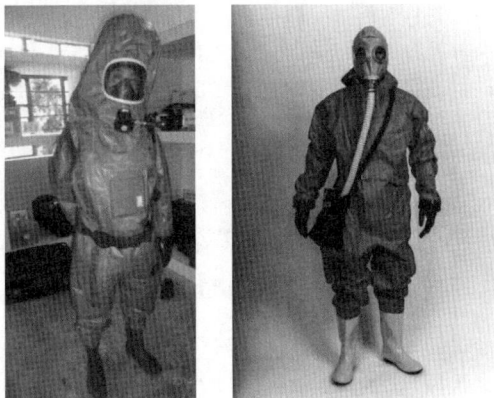

图 2-8-2 重型防护服

3）穿戴（佩戴）方法

（1）准备工作。

确保环境安全：穿戴前确保在安全区域，避免穿戴环境处于化学品的泄漏影响范围。

穿戴呼吸装置：首先按正压式消防空气呼吸器说明书要求佩戴好空气呼吸器。

（2）穿戴步骤（穿防护服）。

①拉开防护服密封拉链，先伸入右脚，再伸入左脚，将防护服拉至半腰。

②将背囊罩上空气呼吸器。

③先呼吸几次，确认呼吸及其他一切正常后穿上两袖，戴好大视窗连体头罩，拉合密封拉链。

（3）检查与调整。

①作业完毕后，在安全区脱下防护服和卸下空气呼吸器。

②拉开密封拉链，摘下大视窗连体头罩，脱下两袖。

③摘下全面罩，关闭气瓶开关。

④脱下防护服，卸下空气呼吸器。

（4）注意事项。

清洁与维护：定期检查防护服的气密性和完整性，确保无泄漏。

存储条件：防护服应在通风避光的环境下存放，温度范围 $-10 \sim 40℃$，相对湿度不大于75%。

避免接触：避免与酸碱及有机溶剂等影响其质量的物质接触。

通过遵循上述步骤和注意事项，可以有效地穿戴和维护重型防护服，确保在危险化学品环境中的安全。

2.轻型防护服

1)主要性能

轻型防护服一般采用尼龙涂履PVC制成,重量较轻,适用于危险场所作业的全身保护,可以防止一般性质的酸碱侵害,不用配备呼吸器(图2-8-3)。

图2-8-3　轻型防护服

2)使用注意事项

(1)红色。

(2)具有耐酸、耐碱、阻燃、防静电、耐汽油等特性(服装除面部裸露外,其余部位密封)。

(3)连体式。

(4)适用于消防队员在有酸碱、汽油等化学品事故现场穿着的防护服装,不适用于在有毒气体的事故现场或进入火场的防护服。

3)穿戴(佩戴)方法

(1)准备工作。

手卫生:确保手部清洁,去除所有个人物品。

服装选择:选择合适尺码的防护服,检查是否有破损。

(2)穿戴步骤。

①戴工作帽:

将长发挽成发髻,刘海向上梳理。

确保帽子完全覆盖头部,不留头发外露。

②戴防护口罩:

轻轻拉扯口罩头戴,确保鼻夹朝上。

调整头带,确保平整,避免单手操作以防鼻夹密合不当。

进行密合性检查,确保无空气泄漏。

③穿防护服:

先穿下衣,再穿上衣,确保拉链拉到底。

将连体帽扣于头部,完全盖住工作帽。

撕开密封条,确保拉链扣密封。

④穿防护鞋套:先穿内层鞋套,再穿防水靴套,确保靴套扎紧裤腿。

⑤佩戴面屏:撕掉防护面屏内外膜,确保面屏垂直覆盖面部。

⑥戴手套:

选择适合的尺码,检查手套的气密性。

将防护服的袖口扎进乳胶手套内。

(3)检查与确认:监督人员协助检查确认穿戴效果,确保无裸露的头发、皮肤和衣物,身体能够正常活动,不影响工作。

（4）摘脱方法。

摘除：按照相反的顺序进行，首先摘除手套和面屏，然后脱下防护服和鞋套。

脱下：在隔离诊疗区，清洁外层手套卫生后，再对防护服进行喷淋消毒，然后分别脱下外层手套、隔离衣、内层手套和靴套。

通过以上步骤，可以有效地穿戴、摘护轻型防护服，确保个人防护的有效性。

总的来说，一级化学防护服提供了更高级别的防护，适用于高风险的化学品环境，而二级化学防护服则适用于较低风险的环境。选择哪种防护服应根据具体的作业环境和风险程度来决定。

第二节　自吸过滤式防毒面具佩戴

自吸过滤式防毒面具是防毒面具中的一种，与隔绝式防毒面具不同，依靠使用者的呼吸压力差来获取空气，起到定向气流的作用，即空气必须经过滤毒罐或者滤毒盒才可以进入人体，而呼出的气体又不能通过滤毒罐流出，而是从其他气门流出。

自吸过滤式防毒面具的正确使用方法如下。

（1）准备工作。

检查面具完整性：确保面具无损坏，特别是滤毒罐和面具连接处。

检查气密性：连接面具后，使用手掌或橡皮塞堵住滤毒罐进气孔，深呼吸检查是否有空气进入。

（2）佩戴过程。

放置口鼻罩：将口鼻罩放置在口鼻部，如有异味应立即停止使用。

固定面具：用双手抓住带子的末端，拉紧使口鼻罩安全覆盖鼻子和口部区域，并在颈后连接扣件，确保面具与面部紧密贴合。

调整带子：再次拉紧带子的末端，确保面具稳固。

（3）使用中的注意事项。

监测气味：在使用过程中，如果闻到微弱的毒气气味，应立即离开有毒区域。

更换滤毒盒：如果感觉到吸气阻力增大或闻到强烈气味，可能是滤毒盒寿命已到，须立即更换。

（4）使用后的处理。

密封保存：使用完毕后，将滤毒罐上部的螺母盖拧紧，并塞上橡皮塞，存放在干燥、清洁、空气流通的环境中，避免潮湿和过热。

定期检查：定期检查面具的有效期，有效期超过5年的面具应重新鉴定。

遵循以上步骤，可以有效地使用自吸式防毒面具，确保在有毒环境中的安全。

第三篇
▼
▼
▼

危险货物道路运输押运人员
专业知识

第一章　危险货物押运管理

危险货物道路运输押运人员是危险货物道路运输安全的重要保障者,明确自身的职责,了解危险货物包装的基本知识,熟悉危险货物道路运输的安全知识和安全运行要求,有助于增强危险货物道路运输的安全性和从业人员责任感。

第一节　押运人员的职责

一、基本要求

1.配备押运人员是法律规定

依据《危险化学品安全管理条例》第四十八条"通过道路运输危险化学品的,应当配备押运人员,并保证所运输的危险化学品处于押运人员的监控之下",危险货物道路运输押运人员岗位是国家法律规定必须设置的重要岗位。押运人员肩负着危险货物道路运输的全过程的监管工作。

2.押运人员的法定职责

押运人员的法定职责是严格遵守国家有关危险货物运输的法律、法规,并在整个运输过程中,确保危险货物在押运人员监控之下。押运人员监控危险货物道路运输的含义包括,一是避免货物丢失;二是及时发现货物发生泄漏、燃烧等事故,尽快采取措施;三是车辆发生交通事故时,协助驾驶人员做好有关应急措施。

3.押运知识

押运人员应掌握危险货物运输的押运知识,主要包括危险货物理化特性、危险货物危害性、储运要求、泄漏处置、灭火方法和应急处置措施等。

4.从实际出发

在实际工作中,押运人员应根据本企业要求(规定),配合本企业对行车路线和疲劳驾驶、超速行驶等违法行为进行监管;协助驾驶人员做好运输过程的有关工作;配合装货时的货物受理(核对品名、数量、规格),按照企业操作规程办理货物交接手续;货物运达卸货地点后,应与收货人核对确认到货时间、货物品名、数量、规格等信息,办理交接手续等。

二、岗位职责

1.学习有关知识

必须了解有关危险货物道路运输的安全生产法规、规章、规程、标准;了解危险货物的分类、性质和危害特征；了解包装物或容器的使用特性和要求。熟悉发生意外和运输事故时的应急措施，认真填写押运工作日志并掌握发生意外和运输事故时的预防措施、基本自救知识和必要的应急处置措施等。

2.参加安全培训

危险货物道路运输押运人员应定期或不定期参加企业（单位）安排的有关运输安全生产和基本应急知识等方面的培训。学习押运知识与技能，掌握所运危险货物道路运输安全技术、技能与应急处理办法，了解所运物品的物理、化学特性。

3.遵守规章制度

严格遵守《道路危险货物运输管理规定》等有关危险货物道路运输法规，严格执行《道路运输危险货物车辆标志》(GB 13392)、《危险货物道路运输规则》(JT/T 617)等国家标准和行业标准；执行运输企业安全运输的各项规章制度和安全生产作业规程。

4.协助驾驶人员做好相关工作

(1)开展出车前、行车中、回场后车辆（罐体）技术检查；

(2)检查随车携带相关证件、运输文件是否齐全有效，如道路运输危险货物安全卡等；

(3)检查车辆安全防护设施、设备及消防、劳动防护、捆扎等器材是否良好有效，做好车辆日常维护工作，及时发现、排除车辆安全隐患，保持车辆技术状况良好；

(4)妥善保管并能正确使用各种劳动保护、防护用品和消防器材；

(5)发生运输事故时，按照企业应急预案及时报警、报告本单位，并与驾驶人员共同实施应急处置、维护现场和货物保全等工作。

第二节　危险货物道路运输押运基础知识

危险货物运输押运人员必须具备一定的文化素质、职业道德和技术水平。

一、押运人员的资格要求

1.文化程度

由于危险货物道路运输的特殊性，若在运输、装卸作业中操作不当，就极易发生中毒以及燃烧等严重事故，造成大量人员伤亡、环境破坏、财产损失。因此，要求从事危险货物运输的押运人员应具备初中以上的文化程度，以便能更全面和深入地了解所装运危险货物的理化性质、危害特性、包装物或者容器的使用要求和发生意外事故时的处置措施。

2.身体条件

由于危险货物的危害性大，要求从事危险货物运输的押运人员要身体健康，有良好的心理素质和正常的工作心态，能够承受押运人员岗位工作强度，并能够在押运状态下正常履行岗位职责。同时，无妨碍押运工作的疾病（如心血管系统疾病、神经系统疾病、精神障碍等）。

3.资格要求

从事危险货物运输的押运人员,须经所在地设区的市级人民政府交通运输主管部门考试合格,取得从业资格证,方能上岗作业。

4.职业素养

从事危险货物运输的押运人员,应具有良好的思想素质和职业道德水平,不得有犯罪记录,具备良好的心理素质、工作责任心和社会责任感,有较强的自制能力,不计较个人得失,善于与他人协调和沟通,能服从工作安排,具有应急处置的基本能力。

5.专业技能

从事危险货物运输的押运人员必须接受其所属企业或单位安排的有关安全生产法规、安全知识、作业规程、职业卫生防护和应急救援知识等方面的培训,了解所运危险货物物理化性质、包装容器的使用特性、岗位危害因素和发生意外事件或运输事故时的应急措施,还需接受其所属企业或单位安排的有关运输安全生产知识等方面的考核;考核不合格的,不得从事相关工作。

二、押运人员的基础要求

1.出车前准备

(1)了解托运人提供的化学品安全技术说明书和安全标签等相关内容,领取危险货物道路运输安全卡,熟悉本次运输任务所运输危险货物的性质、危害特性、包装或者容器的使用要求、装卸要求以及发生突发事故时的处置措施等知识,掌握本次运输任务起讫点,确定运输路线、路线状况以及规定的途中停靠点。

(2)按照本次运输任务所承运危险货物相关特性及运输要求等,协同驾驶人员再次检查危险货物道路运输车辆的类型是否符合所承运危险货物运输要求,明确有关车辆设备的基本要求、适装要求及危险货物道路运输工具限制。若发现不符合相关要求,应及时与调度人员沟通处理。

(3)协助驾驶人员做好车辆安全技术状况检查,确认车辆的安全技术性能符合危险货物道路运输要求。如检查车辆技术等级是否为一级、车辆二级维护周期、运输前安全检查记录、卫星定位系统车载终端有效性、车辆保险是否过期、应急及消防器材准备情况等。若发现不符合相关要求,应及时与调度人员沟通处理。

(4)检查危险货物道路运输车辆悬挂警示标志是否符合国家标准,菱形标志牌与危险货物项类、危险货物包装标志是否一致。

(5)检查车厢内是否有上次运输泄漏、残留的危险货物。

(6)检查车辆、容器是否按照规定进行了必要的清洗消毒处理,检查车厢、栏板的固定、连接、锁扣装置是否安全完好,罐体的装卸阀门是否可靠关闭。

(7)会同驾驶人员领取必备的与所运危险货物性能相适应的防护用品、捆扎及防尘等安全防护设施、应急处理器材以及通信工具,并检查这些必备的用品、工具、设备等是否齐全、可靠及有效。协助驾驶人员对危险货物道路运输车辆的车厢底板应平坦完好、栏板牢固，车厢或罐体内不得有与所装危险货物性质相抵触的残留物。根据危险货物特性，应采取相应的衬垫防护措施（如铺垫木板、胶合板、橡胶板等）。

（8）会同驾驶人员领取、收存本次运输任务的相关单据，并听取企业管理人员的安全告知。

（9）协助驾驶人员确认危险货物道路运输车辆的有关证件是否齐全有效，随车携带危险货物道路运输安全卡是否摆放正确。

（10）协助驾驶人员确认危险货物道路运输车辆是否配备消防器材并定期检查、维护，发现问题应立即更换或修理。

（11）根据所运危险货物特性，应随车携带遮盖、捆扎、防潮、防火、防毒等工属具和应急处理设备、劳动防护用品。

（12）装车完毕后车辆起步前，应对货物的堆码、遮盖、捆扎等安全措施及对影响车辆启动的不安全因素进行检查，确认无不安全因素后方可起步。

2."七不上路"

押运人员在押运工作中，要落实"七不上路"的规定。

（1）车况不好不上路；

（2）驾驶人员、押运人员的手续不齐、身体不适不上路；

（3）缺员（缺押运人员）不上路；

（4）天气状况恶劣不上路；

（5）危险货物容器或包装存在问题不上路；

（6）驾驶人员、押运人员对所运危险货物性质不清、情况不明不上路；

（7）对承运的危险货物没有化学品安全技术说明书和化学品安全标签的不上路。

3.运输过程

（1）在起运前，押运人员应当检查确认危险货物道路运输车辆按照《道路运输危险货物车辆标志》（GB 13392）的要求安装、悬挂标志。运输爆炸品和剧毒化学品的，还应当检查确认车辆安装、粘贴符合《道路运输爆炸品和剧毒化学品车辆安全技术条件》（GB 20300）要求的安全标示牌。

（2）运输途中，保证所运输的危险化学品处于押运人员的监控之下，并按照规定检查货物装载情况，发现问题应当在保证有防护措施的前提下按照道路运输危险货物安全卡的处置方法及时采取措施，并向企业或相关管理部门汇报情况。停车休息时，押运人员还应检查危险货物包装密封情况、车辆轮胎、危险货物标识等，并记录翔实。在运输、装卸过程中一旦发生事故，应立即启动本单位应急救援方案、组织抢救、维护现场，并及时向本单位和当地有关部门报告。

（3）押运人员在危险货物道路运输过程中，确保危险货物处于自身监管之下，确保不发生货损、货差。运输第1类危险货物的，应主动与技术指导建立联系，解决押运途中的技术问题。

（4）在危险货物道路运输过程中,提醒驾乘人员严禁吸烟,严禁中途搭乘无关人员。

（5）依据本企业要求,严格督促驾驶人员做好危险货物运输安全及行车安全工作。

①监督驾驶人员的驾驶状态是否正常,要求规范驾驶操作,做到"不强行超车、强行会车、紧急制动",杜绝不规范运输行为。

②督促驾驶人员按照企业规定的运输路线、速度行驶,坚决制止驾驶人员将车辆驶入运输车辆禁止通行的区域,途中的行驶速度限制在《危险货物道路运输规则》(JT/T 617)要求之内。

③提醒驾驶人员按照规定时间或规定里程停车休息,制止驾驶人员的疲劳驾驶行为。协助驾驶人员检查车辆安全技术状况,并检查所载危险货物的状况是否正常、罐车有无泄漏。监督驾驶人员连续驾驶时间不得超过规定,车辆停靠应符合"不得擅自在居民聚居点、行人稠密地段、政府机关、名胜古迹、风景游览区等敏感区域停车"的有关规定。

④提醒驾驶人员注意运输过程中遇到的限高标志、交通信号及其他交通管理人员的指挥信号。

（6）押运人员不得擅自离岗、脱岗。运输途中停车时,押运人员应配合驾驶人员对下列内容进行检查,发现情况及时采取措施:

①检查冷却液温度、油温、各种仪表工作情况及轮胎气压。

②检查制动器有无拖滞发热现象,各连接部位的牢靠性。

③检查有无漏水、漏油、漏气和一切安全设施是否有效。

④货物捆扎情况,所载危险货物的状况是否正常。

（7）在运输押运过程中,发生交通事故或发生被盗、丢失、泄漏等情况时,应及时向单位有关负责人报告,并启动本企业应急预案。

（8）押运人员应如实做好车辆运行情况(时间、速度、临时停车地点等)和货物捆扎、紧固检查情况、突发事件情况等记录。

4.装卸过程

（1）押运人员进出货物装卸场所时,应自觉遵守各项安全管理制度,不准携带火种,关掉手机,不准穿戴钉鞋和易产生静电的工作服。

（2）押运人员应熟悉所运危险货物特性,可协助装卸过程的清点核查。装卸过程中,驾驶人员和押运人员不得远离车辆。

（3）装车后,应对货物的堆码、遮盖、捆扎等安全措施及对影响车辆启动的不安全因素进行检查。

（4）办理完交接手续后,押运人员不得擅自离岗、脱岗,不得擅自离开所押运货物,应使货物随时处于押运人员的监管之下,以防止危险货物被盗、丢失等事故的发生。

（5）货物运达卸货地点后,因故不能及时卸货的,应当在收货方指定的位置安全停放车辆。在待卸期间,应会同驾驶人员看管货物。

5.其他

(1)运输途中，车上严禁搭乘无关人员，押运人员应密切注意车辆所装载的危险货物动态。根据危险货物性质，定时停车检查。如发现问题要及时会同驾驶人员采取措施妥善处理，不得擅自离岗、脱岗。

(2)运输途中不得进入危险货物道路运输车辆禁止通行的区域，如繁华街区、居民住宅区、名胜古迹和风景名胜区等。确须进入上述区域的，应当事先向当地公安部门申报，并遵守公安部门规定的行车时间和路线。

(3)车辆从桥梁下方、涵洞、隧道经过时，慢速行驶，注意高度限制。

(4)运输途中临时停车时，应与其他车辆、高压线或名胜古迹、风景名胜区、居民住宅区、学校、超市等人口聚集地保持一定的安全距离，停放在有利于安全防护的地方，不得在行车道上或路边随意停放。

(5)运输途中需要停车住宿或遇有无法正常运输的情况时，应向当地公安部门报告。

(6)运输途中遇有天气发生变化或道路路面状况发生变化时，应根据所装载危险货物特性，及时采取安全防护措施。遇有雷雨时，不得在树下、电线杆、高压线、铁塔、高层建筑及容易遭到雷击和产生火花的地点停车。若要避雨，应选择安全地点停放；遇有泥泞、冰冻、颠簸、狭窄及山崖等路段时，应低速缓慢行驶，防止车辆发生侧滑、打滑、危险货物剧烈振荡等，以确保安全。

(7)车辆发生故障需修理时，应选择安全地点，联系具有相关资质的汽车修理企业。对装有残留易燃易爆危险货物的车辆，不得接触明火修理；在车辆修理过程中，应根据所装载的危险货物特性，采取可靠的安全防护措施。

第二章　危险货物道路运输安全状态检视

本章主要介绍押运人员在充装、运输、装卸过程中的有关安全状态检视要求。

第一节　危险货物充装过程安全状态检视

危险货物充装是指常压容器罐车和压力容器罐车充装。

一般情况下，罐车充装作业是在危险化学品生产企业内部进行的，其充装工作由危险化学品生产企业全权负责。由于危险化学品生产厂区内部"道路"不允许社会车辆进入，不属于《道路交通安全法》所定义的"道路"，因此，押运人员对常压容器罐车、压力容器罐车充装安全状态的检视，主要是在运输前，结合罐体允许充装介质、危险货物托运单、运单等的常规性检视。

一、常压容器罐车充装安全状态检视

1.常压容器罐体安全状态检视

（1）罐体外表面检视：有无腐蚀、磨损、凹陷、变形、泄漏及其他可能影响运输安全性的问题。

（2）检视罐体与底盘或行走机构连接部位。

（3）检视罐车管路、阀门、装卸软管、垫圈等安全状态，有无腐蚀、泄漏等影响装卸及运输安全的问题。

（4）检视罐体安全附件及承压件。

（5）检视紧急切断装置，不应出现腐蚀变形及其他可能影响正常使用的缺陷，遥控关闭装置应能正常使用。

（6）检视罐车及罐体是否按照《道路运输危险货物车辆标志》（GB 13392）要求安装、悬挂标志。运输爆炸品和剧毒化学品的，还应当检查确认安装、粘贴符合《道路运输爆炸品和剧毒化学品车辆安全技术条件》（GB 20300）要求的安全标示牌。

（7）检视罐体应有一条沿通过罐体中心线的水平面与罐体外表面的交线，对称均匀粘贴的环形橙色反光带，反光带宽度不小于150mm。

（8）检视罐体两侧后部色带的上方喷涂装运介质的名称。有些罐体，同时需要喷涂罐体容积。

2.有关随车携带证件单证检视

（1）车辆机动车行驶证、道路运输证，驾驶人员机动车驾驶证、从业资格证，押运人员从业资格证。

（2）罐车（罐体）罐体检验报告、罐体合格证或者罐车出厂检验证书等能够体现允许充装介质的证明。

（3）危险货物托运单、危险货物运单、危险货物道路运输安全卡等。

值得注意的是，检视的重点是危险货物托运单托运的液体危险货物、危险货物运单承运的液体危险货物、罐体检验报告允许充装的液体危险货物与拟充装的液体危险货物一致。

3.有关随车携带灭火器、应急器材等检视

有关要求参见本书第一篇第九章内容。

二、压力容器罐车充装安全状态检视

压力容器罐车充装安全状态检视与上述常压容器罐体安全状态检视基本相同。不同的是，压力容器罐车在充装时，要出示《移动式压力容器使用登记证》，并按限定的介质承运。

第二节　危险货物运输过程安全状态检视

一、起运前的准备工作

（1）熟悉本次运输任务所确定的运输路线、运输时间、运行时间和运行速度，途中停靠点（服务区）、加油点、岔路口等信息。

（2）协助驾驶人员做好起运前的车辆、运输容器等技术状况检查。

（3）发车前，再次确认罐体安全状态良好。

二、运输过程中安全状态检视

（1）运输过程中，押运人员应督促驾驶人员按照规定的运输路线、经停地点和运行速度安全运行，并做好押运记录。途中需要改变运输路线、经停地点的，必须报请本单位批准。

（2）运输过程中，押运人员应认真观察周围情况，每隔2小时要停车检查，严防罐体有异常情况。途中停车及装卸危险货物时，押运人员应坚守押运岗位。

第三节　危险货物卸载过程安全状态检视

危险货物充装与卸载过程的安全状态检视有较多的共同点,在此仅介绍危险货物卸载过程中需要特殊注意的项目。需要说明的是,在有些场合下,危险货物卸载作业由危险货物道路运输企业装卸管理人员负责。

(1)检视卸载作业区安全状况。督促驾驶人员按照卸载作业的有关安全规定驶入危险货物装卸作业区,并将车辆停在容易驶离作业现场的方位上。

(2)检视本次运输任务的相关单据(包括托运单、运单等),与托运人核对欲卸载危险货物的 UN 编号、品名、数量、包装等信息是否与托运危险货物一致。

(3)检视危险货物的卸载、堆放作业要按操作规程要求进行,卸载作业实施是否与装卸作业规程一致。在危险货物卸载过程中,若需移动车辆时,检视驾驶人员先关上车厢门,在保证安全的情况下才能移动。

(4)检视作业人员穿戴好安全防护用品,按照《危险货物道路运输规则》(JT/T 617)的规定卸载货物。

(5)检视装载危险货物的内、外包装是否完好无损,包装标志是否齐全、清晰。

(6)检视堆码是否符合所装危险货物的通风、间隙、隔离等特殊要求,捆扎、固定是否牢靠。

第三章　危险货物道路运输车辆停车监护

危险货物道路运输车辆的停车分为正常停车和非正常停车两种。

一、正常停车

(1)危险货物道路运输车辆完成运输任务后,应在本企业停车场停车。

(2)依据《道路交通安全法》,连续驾驶机动车超过4小时应停车休息,休息时间不少于20分钟。

(3)装卸危险货物时的正常停车。

上述停车属于正常停车,但要注意:

(1)在本企业内部停车场停放的车辆,应该是空车。

(2)在高速公路服务区停车休息,应将车辆停放在服务区危险货物指定的区域停车。如企业安排双驾驶人员执行运输任务,驾驶人员在换岗(轮流驾驶)时要确保安全。

(3)在危险货物装卸区域停车时,要按托运危险货物企业的要求停放车辆。

在此还要注意:一是,如果危险货物托运企业允许驾驶人员、押运人员随车进入危险货物装卸区域,驾驶人员、押运人员应关注装卸情况;二是,如果危险货物托运企业不允许驾驶人员、押运人员随车进入危险货物装卸区域,危险货物托运企业应对车辆停放、装卸全权负责。

二、非正常停车

(1)危险货物道路运输车辆发生事故时,车辆无法继续行驶,需停车等待救援。

(2)危险货物道路运输车辆发生事故时,车辆可以继续行驶时,应将车辆移动到较安全区域,停车等待救援。

上述非正常停车,应按照《道路交通安全法》、本企业应急预案采取相应措施,并立即报警。因此,非正常停车的工作重点是由驾驶人员、押运人员开展应急处理(针对可以自行解决的小事故)或者启动本企业应急预案。

有关危险货物道路运输停车要求,还可以参见本书第一篇第八章第四节和第九章,第二篇第五章第三节和第七章相关内容。

第四篇

危险货物道路运输装卸管理人员
专业知识

第一章　危险货物装卸概述

第一节　危险货物装卸作业概述

一、有关法规要求

1.《危险化学品安全管理条例》有关要求

(1)危险化学品道路运输企业的装卸管理人员,应当经交通运输部门考核合格,取得从业资格。

(2)危险化学品的装卸作业应当遵守安全作业标准、规程和制度,并在装卸管理人员的现场指挥或者监控下进行。

(3)运输危险化学品的驾驶人员、装卸管理人员、押运人员,应当了解所运输的危险化学品的危险特性及其包装物、容器的使用要求和出现危险情况时的应急处置方法。

2.《道路危险货物运输管理规定》有关要求

(1)从事危险货物道路运输的装卸管理人员应当经所在地设区的市级人民政府交通运输主管部门考试合格,并取得相应的从业资格证。上岗时应当随身携带从业资格证。

(2)危险货物的装卸作业应当遵守安全作业标准、规程和制度,并在装卸管理人员的现场指挥或者监控下进行。

(3)危险货物运输托运人和承运人应当按照合同约定指派装卸管理人员;若合同未予约定,则由负责装卸作业的一方指派装卸管理人员。

3.《危险货物道路运输安全管理办法》有关要求

(1)装货人应当在充装或者装载货物前查验以下事项;不符合要求的,不得充装或者装载:

①车辆是否具有有效行驶证和营运证;

②驾驶人员、押运人员是否具有有效资质证件;

③运输车辆、罐式车辆罐体、可移动罐柜、罐箱是否在检验合格有效期内;

④所充装或者装载的危险货物是否与危险货物运单载明的事项相一致;

⑤所充装的危险货物是否在罐式车辆罐体的适装介质列表范围内,或者是否满足可移动罐柜导则、罐箱适用代码的要求。

(2)装货人应当按照相关标准进行装载作业。装载货物不得超过运输车辆的核定载质量,不得超出罐式车辆罐体、可移动罐柜、罐箱的允许充装量。

（3）危险货物交付运输时，装货人应当确保危险货物运输车辆按照《道路运输危险货物车辆标志》（GB 13392）要求安装、悬挂标志，确保包装容器没有损坏或者泄漏，罐式车辆罐体、可移动罐柜、罐箱的关闭装置处于关闭状态。

（4）爆炸品和剧毒化学品交付运输时，装货人还应当确保车辆安装、粘贴符合《道路运输爆炸品和剧毒化学品车辆安全技术条件》（GB 20300）要求的安全标示牌。

二、装卸管理人员的基本要求

1.文化程度

危险货物道路运输的特殊性，以及危险货物化学特性的复杂性和科学性，要求从事危险货物道路运输的装卸管理人员，应具备基本的文化知识，具备初中毕业及以上的学历。

2.身体条件

危险货物道路运输的危害性要求从事危险货物道路运输的装卸管理人员要身体健康，适宜操纵机械和从事危险货物装卸作业。

3.思想素质

从事危险货物道路运输的装卸管理人员必须遵守国家各项法律、法规及国家标准、行业标准，热爱本职工作，政治思想素质好，责任心强，具有良好的职业道德。

4.资质要求

从事危险货物道路运输的装卸管理人员应当经所在地设区的市级人民政府交通运输主管部门考试合格，并取得道路危险货物从业资格证，方能上岗作业。

三、专业技能

（1）装卸管理人员须接受有关法律、法规、规章和安全知识以及危险货物装卸、职业卫生防护和应急救援知识的培训，掌握危险货物装卸作业的实际操作，掌握危险货物装卸技能及包装、容器的分类、标志、标识和使用特性，了解危险货物事故应急处理措施。

（2）装卸管理人员应根据所装卸剧毒化学品的毒性、状态及包装，为装卸人员配备（携带好）相应的劳动防护用品（如工作服、手套、防毒口罩或面具）和防散失、防雨、捆扎等工具。

（3）装卸管理人员应掌握运输车辆选配、运输生产劳动组织等相关运输企业管理知识。运输车辆选配对于危险货物运输生产安全非常重要，如运输爆炸品须选用厢式车，运输有机过氧化物须选用控温车型，装运不同的液体危险货物须选用不同材质的罐车等。

第二节　装卸管理人员的职责

一、装货前的准备工作

（1）要求装卸作业人员（装货人）检查装货机具状况是否良好。

（2）会同押运人员和托运人核对危险货物托运清单、危险货物运单信息，并检查货物包装是否符合有关规定。

（3）检视装货作业区是否安全，监督作业人员穿戴安全防护用具。

（4）检查随车安全技术状况是否良好，发生故障应立即排除。

（5）要求驾驶人员按照安全规定驶入装货卸作业区，并将车辆停放在容易驶离作业现场的方位上，不准堵塞安全通道。

（6）要求驾驶人员停车后将发动机熄火，并切断车辆总电源（需从车辆上取得动力的除外）。

二、装卸作业中的要求

（1）车辆进入危险货物装卸作业区，要求车辆按作业有关安全规定驶入装卸作业区，并将车辆停在容易驶离作业现场的方位上。

（2）车辆停靠货垛时，指挥车辆与货垛之间要留有安全距离。待装、待卸的车辆与装卸货物的车辆应保持足够的安全距离，不准堵塞安全通道。

（3）装卸作业前应对照危险货物托运清单，核对危险货物名称、规格、数量，并认真检查货物包装。化学品安全技术说明书、安全标签、标识、标志等与运单不符的货物或包装破损、包装不符合有关规定的货物，应拒绝装车。

（4）如危险货物道路运输企业负责装卸危险货物，要求驾驶人员和押运人员在装卸中不得离开车辆，共同监装、监卸。

（5）在装卸现场，全程指挥装卸作业人员按照有关规定进行装卸、堆放作业。

（6）根据货物和包装性质，要求装卸作业人员轻装轻卸，谨慎操作（图4-1-1）。

图4-1-1　要求装卸作业人员谨慎操作

（7）监督装卸危险货物使用专用的托盘、手推车（图4-1-2）。

（8）监督所装运危险货物质量在车辆核定载质量范围内，严禁超限超载。

（9）装卸现场温度超过35℃时，应要求作业人员停止装卸作业，或要求作业人员喷淋装卸现场，使装卸现场降温至30℃以下。

（10）雷电交加时，应要求作业人员停止作业（图4-1-3）。

图4-1-2　监督装卸工具车设备专用

图4-1-3　严禁在雷电天气下作业

（11）装卸操作时应根据危险货物包装的类型、体积、重量、件数等情况，以及包装储运图示标志的要求，采取相应的措施，轻装轻卸，谨慎操作。同时应做到：

①堆码整齐，紧凑牢靠，易于点数；

②装车堆码时，桶口、箱盖朝上，允许横倒的桶口及袋装货物的袋口应朝里；卸车堆码时，桶口、箱盖朝上，允许横倒的桶口及袋装货物的袋口应朝外；

③装载平衡；堆码时应从车厢两侧向内错位骑缝堆码，高出栏板的最上一层包装件，堆码超出车厢前挡板的部分不得大于包装件本身高度的二分之一；

④装车后，货物应用绳索捆扎牢固；易滑动的包装件，需用防散失的网罩覆盖并用绳索捆扎牢固或用毡布覆盖严密；需用多块毡布覆盖货物时，两块毡布中间接缝处须有大于15cm的重叠覆盖，且货厢前半部分毡布需压在后半部分的毡布上面；

⑤包装件体积为450L以上的易滚动危险货物应进行紧固；

⑥带有通气孔的包装件不准倒置、侧置，防止所装货物泄漏或混入杂质造成危害。

（12）装卸过程中，车辆发动机应熄火，并切断总电源（需从车辆取力的除外）。在有坡度的场地装卸货物时，应采取防止车辆溜坡的有效措施。

（13）车上不得混装与所装货物性质相抵触的物品。装车完毕后车辆起步前，驾驶人员应对货物的堆码、遮盖、捆扎等安全措施及对影响车辆启动的不安全因素进行检查。确认无不安全因素后，方可起步。在高温季节、高温时段内，易燃易爆危险货物运输车辆不得上路。

（14）装卸过程中需要移动危险货物道路运输车辆时，督促驾驶人员先关上车厢门或栏板，监护车辆移动。若车厢门或栏板在原地关不上时，应有人监护，在保证安全的前提下才能移动车辆。起步要慢，停车要稳。

（15）装卸机具应有防止发生火花的防护装置。装卸前，要对装卸机具进行检查。

（16）装卸作业场所要远离热源，严禁受热，通风良好；电气设备应符合规定要求，严禁使用明火灯具照明，照明灯应具有防爆性能；易燃易爆货物的装卸场所要有防静电和避雷装置。

（17）危险货物装卸完毕，作业场所应彻底清扫干净。装运过剧毒品的车辆和受到危险货物污染的车辆、工具必须进行洗刷和除污。危险货物的撒漏物和污染物应送到当地环保部门指定地点集中处理。

（18）禁止在装卸作业区内维修车辆。

（19）危险货物运达卸货地点后因故不能及时卸货时,在待卸期间,押运人员应协同驾驶人员看管货物;爆炸品、剧毒品运达卸货地点后因故待卸时,应报告当地公安部门。

三、卸货前的准备工作

（1）联系收货人,落实货物运达卸货地点。核对客户单位、货物品种、数量是否与危险货物运单相符。

（2）无关人员不得进入装卸作业区。

（3）遇雷雨天气,应检查确认避雷电、防湿潮措施有效。

（4）检视卸载作业区安全,监督作业人员穿戴安全防护用具(图4-1-4)。

图4-1-4 监督在场工作人员穿戴安全防护用具

（5）监督卸货作业人员按照《危险货物道路运输规则》(JT/T 617)的规定卸货作业。

（6）检查卸载危险货物的包装是否完好无损。

（7）协助驾驶人员检查货物的堆码、遮盖、捆扎等安全措施是否存在影响车辆起动的不安全因素。

（8）检查车辆罐体阀门是否关好。

（9）配合相关人员做好货物的点交点收及单据交接工作。

（10）指挥驾驶人员将车辆安全驶离装卸作业区。

四、装卸后的有关工作

（1）彻底清扫装卸作业区,洗刷、除污被污染的车辆和工具。

（2）将撒漏物和污染物送到当地环保部门指定地点进行集中处理。

（3）及时收集客户对装卸质量的反馈信息,并及时反馈企业经营部门。

第三节　危险货物装货查验制度

《危险货物道路运输安全管理办法》第三十二条规定,充装或者装载危险化学品的生产、储存、运输、使用和经营企业,应当按照本办法要求建立健全并严格执行充装或者装载查验、记录制度。

一、建立健全危险货物装货查验制度

1.建立危险货物装货查验制度档案

档案应记录:所充装或者装载的危险货物类别、品名、数量、运单编号和托运人、承运人、运输车辆及驾驶人员等相关信息。

2.档案保存期限

妥善保存档案,保存期限不得少于12个月。

二、实施查验工作

1.充装或者装载前查验

(1)查验承运车辆道路运输证上车辆牌号及经营范围是否与实际相符。

(2)查验驾驶人员、押运人员从业资格证是否具备危险货物道路运输资格。

(3)查验托运人信息及危险货物托运清单。

(4)查验承运人信息及运单。

(5)核实危险货物托运清单、危险货物运单与所运的危险货物类别、品名(UN编号)、数量是否一致。

(6)核实承运车辆是否与危险货物运单一致,道路运输证中经营范围是否与承运范围匹配。

(7)核实承运车辆悬挂标志牌是否符合《道路运输危险货物车辆标志》(GB 13392)等;

(8)核实驾驶人员、押运人员是否与危险货物运单一致,其从业资格证是否与承运范围匹配。

2.充装或者装载时查验

(1)针对有包装的危险货物,查验所运危险货物类别、品名(UN编号)、数量是否与危险货物道路运输托运清单、危险货物运单所运危险货物一致;同时查验车辆是否超载。

(2)查验常压液体危险货物罐式车辆运输的危险货物,是否在罐式车辆罐体的适装介质列表范围内,且是否与危险货物托运清单、危险货物运单中所运危险货物一致;查验罐车是否在检验有效期内。

(3)查验移动式压力容器运输的危险货物,是否在移动式压力容器使用登记证限定的介质内,且与危险货物托运清单、危险货物运单中所运危险货物一致。

第二章　包件危险货物装卸

本章依据JT/T 617.6有关要求,介绍包件危险货物装卸相关内容。

依据《危险化学品安全管理条例》第十八条第一款,生产列入国家实行生产许可证制度的工业产品目录的危险化学品包装物、容器的企业,应当依照《中华人民共和国工业产品生产许可证管理条例》的规定,取得工业产品生产许可证;其生产的危险化学品包装物、容器经国务院质量监督检验检疫部门认定的检验机构检验合格,方可出厂销售。由此可知,危险货物生产企业负责危险货物的包装物、容器的选择,负责危险货物的包装物、容器的产品质量。危险货物道路运输企业承运危险货物的包装物、容器应是"合格产品"。

第一节　危险货物包件运输装卸条件

一、基本概念

包件(包装件),是指包装作业的完结产品,包括准备好供运输的包装、大型包装或中型散装容器及其内装物(图4-2-1)。

图4-2-1　包件

大型包装,是指由一个内装多个物品或内包装的外包装组成的包装,并且设计适用于机械方法装卸,其净质量超过400kg或容积超过450L,但体积不超过$3m^3$。

中型散装容器(IBC),是指满足下列条件的硬质或者柔性可移动容器:

(1)容量。

①装包装类别Ⅱ和包装类别Ⅲ的固体或液体时不大于$3.0m^3$;

②包装类别Ⅰ的固体若装在柔性、硬塑料、复合、纤维板和木制中型散装容器时不大于$1.5m^3$;

③包装类别Ⅰ的固体若装在金属中型散装容器时不大于$3.0m^3$;

④装第7类放射性物质时不大于3.0m³。

（2）设计适用于机械装卸。

（3）能经受装卸和运输中产生的各种应力，这些应力由试验确定。

包装，是指为在流通过程中保护产品、方便储运、促进销售，按一定技术方法而采用的容器、材料及辅助物等的总体名称。

闭式集装箱，是指具有刚性箱顶、侧壁、端壁和箱底，且完全封闭的集装箱，包括具有敞开式箱顶但在运输时可关闭的集装箱（图4-2-2）。

开顶集装箱，是指顶部开口的集装箱或基于集装箱的平台（图4-2-3）。

图4-2-2　封闭式集装箱　　　　　　　　图4-2-3　开顶集装箱

软开顶集装箱，是指使用帘布来保护所装载货物的开顶集装箱（图4-2-4）。

图4-2-4　软开顶集装箱

侧帘车辆，是指采用满足《厢式挂车技术条件》（JT/T 389）规定的基布、涂覆层材料、剥离强度及温度性能的帘布保护所运输货物的敞开式车辆（图4-2-5）。

图4-2-5　侧帘车辆

敞开式车辆,是指载货部位没有上部构造,或者仅设置了栏板和尾板的车辆。

封闭式车辆,是指载货部位的结构为封闭厢体且与驾驶室相互独立的货运汽车,或具有独立的密封车厢结构,厢体主要部件能承受规定载荷的车辆。主要包括《城市物流配送汽车选型技术要求》(GB/T 29912)规定的厢式货车及《厢式挂车技术条件》(JT/T 389)规定的厢式挂车(图4-2-6)。

图4-2-6　封闭式车辆

二、包件运输装卸条件

1.包件运输特殊规定

包括危险货物道路运输中包件装卸,运输装备的选择及装卸操作,以及JT/T 617.3道路运输危险货物一览表中第(16)和(18)列注明的运输特殊规定。

2.包件运输方式选择

(1)除以下(2)和(3)另有规定之外,包件可用下列类型的车辆或集装箱装载:

①封闭式车辆或封闭式集装箱;

②侧帘车辆或软开顶集装箱;

③敞开式车辆或开顶集装箱。

(2)包件采用的包装若由易受潮湿环境影响的材质制成,应通过侧帘车辆、封闭式车辆、软开顶集装箱或封闭式集装箱进行装载。

(3)运输包件车辆或箱体,应符合JT/T 617.3道路运输危险货物一览表中第(16)列中代码表示的特殊规定,代码含义见JT/T 617.6中附录A。

举例:酒精饮料(酒精饮料,按体积含酒精大于70%;酒精饮料,按体积含酒精24%~70%),UN 3065。

先由JT/T 617.3道路运输危险货物一览表中第(16)列查出,运输特殊规定、包装为:"V12"。再由JT/T 617.6附表A.1包件装卸作业特殊规定可知,V12的含义为:"31HZ2(31HA2,31HB2,31HN2,31HD2 and 31HH2)型号的IBCs应由封闭式车辆或封闭式集装箱运输。"

第二节　危险货物包件运输装卸要求

一、基本要求

（1）装卸过程中，除非包件设计为可堆码，否则不应堆码。不同类型包件装载堆码时，应避免包件堆码可能导致的挤压、破损；应根据需要使用不同的承载装置，以防下层包件受损。

（2）装卸过程中，应采取保护措施防止装有危险货物的包件受损。

（3）车组成员不可打开装有危险货物的包件。

（4）包件应按其方向标记进行装卸（图4-2-7）。

图4-2-7　包件方向示意图

（5）液体危险货物应尽可能装载在干燥的危险货物下方。

二、包件运输装卸要求

危险货物包件运输装卸的要求与其他危险货物装卸要求基本相同。有关内容参见本书第四篇第一章。

第三节　危险货物包件混合装载要求

JT/T 617.6中8.2给出了包件混合装载要求，具体如下：

（1）除危险货物道路运输混合装载通用要求表中允许进行混合装载之外，标有不同危险性标志的包件不应装载在同一车辆或集装箱中。

（2）带有1、1.4、1.5或1.6标志的包件，在同一车辆或集装箱中混合装载时，应符合含第1类物质或物品不同配装组的包件混合装载要求表中的规定。

（3）带有有限数量标志的包件，禁止与其他含有爆炸物质或物品的货物混合装载。

第三章　散装及罐式危险货物装卸

第一节　散装危险货物运输装卸特殊要求

一、基本要求

（1）对于JT/T 617.3道路运输危险货物一览表第（10）列为BK代码且满足6.2规定的货物，或者在第（17）列为VC代码且满足6.3规定的货物，可采用散装形式将货物装在散装容器、集装箱或车厢内进行运输。

按照JT/T 617.3道路运输危险货物一览表中第（17）列中VC代码采用散装运输时，还应遵守该列内AP代码的装卸操作特殊规定。特殊规定见JT/T 617.6附录B。

此部分内容与《国际危险货物道路运输欧洲公约》（ADR）的规定基本保持一致。一是明确了散装运输时的一般要求，建立了散装运输的一般禁止性规定；二是给出了对具有VC、AP标记的危险货物散装运输的特殊（补充）规定。具体讲，当使用VC代码时，如第（17）列中同时有AP，也要执行AP要求。

（2）易受温度影响而液化的物质不能采取散装运输。

（3）散装容器、集装箱以及车体应防溢洒，并在运输过程中保持关闭，防止由于振动，或者温度、湿度、压力变化导致货物溢洒。

（4）装载散装固体时，应均匀分布以减少移动，防止散装容器、集装箱及车辆损坏或者货物溢洒。

（5）通风装置应保持洁净并处于运行状态。

（6）货物不得与散装容器、集装箱或车厢、衬垫、设备（盖子和防水帆布）的材料发生危险反应，或者不得与直接接触的保护涂层发生反应或明显降低包装材料的使用性能。

（7）充装和交付运输前，应检查和清理每一个散装容器、集装箱或车辆以确保无下列情形的残留物：

①可能与即将运输的物质发生危险的化学反应；

②对散装容器、集装箱或车辆的结构完整性产生不利影响；

③影响散装容器、集装箱或车辆对危险货物的适装性。

（8）运输途中，应确保散装容器、集装箱或车体的外表面没有危险货物残留。

（9）多个封口装置串联时，充装货物之前应首先关闭最靠近所装货物的封口装置，并依次关闭剩余封口装置。

（10）装载过固体危险货物的空散装容器、集装箱和车辆，若未采取措施消除危险，应遵守装有该物质的散装容器、集装箱和车辆的规定。

（11）容易发生粉尘爆炸或者释放出易燃气体的货物的散装运输，应在运输、充装和卸货时采取消除静电措施。

（12）如果危险货物与其他货物容易发生下列危险反应，两者不能混装：

①燃烧或释放大量热；

②释放易燃或有毒气体；

③生成腐蚀性液体；

④生成不稳定物质。

（13）充装货物之前，应对散装容器、集装箱或车辆采取目视检查，确保其内壁、顶板和无凸起或损坏，内衬和货物固定装备没有明显裂痕或损伤；顶部和底部的侧梁、门槛和门楣，底横梁、角柱、角件等结构组成部分不存在下列重大缺陷：

①在结构或支撑部件上出现影响散装容器、集装箱或车体完整性的凹陷、裂缝和断裂；

②顶部或底部的端梁、门楣中出现多于一处的拼接或任何不正确拼接（如搭接的拼接）；

③顶部或底部的侧梁出现超过两处的拼接；

④门槛、角柱上出现任何拼接；

⑤门铰链和部件出现卡住、扭曲、破裂、丢失或因其他原因失灵；

⑥门胶条和封口不密封；

⑦足以影响到起吊设备和车架系固操作的整体变形；

⑧升降设备或装卸设备接口出现任何损坏；

⑨操作设备出现任何损坏。

二、具有BK代码的危险货物散装运输

（1）JT/T 617.3道路运输危险货物一览表第（10）列的BK代码包括BK1和BK2，分别代表下列含义：

BK1：允许通过软开顶散装容器进行散装运输。

BK2：允许通过封闭式散装容器进行散装运输。

（2）所使用的散装容器应符合《危险货物中型散装容器检验安全规范》（GB 19434）、《危险货物金属中型散装容器检验安全规范　性能检验》（GB 19434.5）、《危险货物复合中型散装容器检验安全规范　性能检验》（GB 19434.6）、《危险货物刚性塑料中型散装容器检验安全规范　性能检验》（GB 19434.8）和《危险货物包装　中型散装容器振动试验》（GB/T 27864）等规定。

（3）使用散装容器装载4.2项货物，货物自燃温度应大于55℃。

（4）运输4.3项货物，应由防水散装容器装载。

(5)运输5.1项货物,散装容器应经过特殊设计以防止货物与木质或其他不兼容材料接触。

(6)运输6.2项货物的散装容器的使用要求如下。

①运输含有传染源的动物制品(UN 2814、UN 2900和UN 3373)时,散装容器应满足下列条件:

a.在未达到最大装载量,能够避免货物与篷布发生接触的情况下,可使用BK1或BK2散装容器。

b.散装容器及其开口,应采用防漏设计或安装合适的衬垫防止货物泄漏。

c.动物制品在装载前,应经过彻底消毒。

d.软开顶散装容器应额外覆盖顶部衬垫,并且在衬垫上加盖一层经过消毒的可吸收性材料。

e.散装容器在经过彻底清洁和消毒前不得重复使用。

②运输6.2项废弃物(UN 3291)时,散装容器应满足下列条件:

a.封闭式散装容器及其开口处应为密封设计。散装容器应具有防水性能的内表面,且无裂痕等风险特性。

b.废弃物应装入通过包装类别Ⅱ固体测试的密封防漏塑料袋内,并做好包装标记;此类塑料袋应当通过抗撕裂与耐冲击试验。

c.废弃物中含有液体的,应装载在含有足够吸收液体材料的塑料袋中,防止液体洒落在散装容器内。

d.废弃物中含有锋利物质的,应采用符合JT/T 617.4表B.1中包装指南P621,以及IBC620或LP621的刚性包装。

e.装有废弃物的刚性包装和塑料袋同时装载在封闭式散装容器时,两类废弃物之间应通过使用硬性屏障、隔板或其他方法妥善分离,以防在正常运输条件下造成包装损坏。

f.装载在塑料袋中的废弃物,采用封闭式散装容器运输时,应严禁挤压,防止包装密封失效。

g.每次运输后,应检查封闭式散装容器是否存在泄漏或溢出的废弃物。存在泄漏或溢出废弃物时,容器在经彻底清洁和消毒净化之前不得重复使用。除医疗或兽医废弃物外,任何货物不得与UN 3291废弃物一同运输。任何同UN 3291废弃物一同运输的废弃物,必须检查是否其受到污染。

(7)运输未包装的放射性物质,应遵守《放射性物品安全运输规程》(GB 11806)的规定。

(8)运输第8类腐蚀性物质,应使用防水的散装容器运载。

(9)运输第9类杂项危险物质和物品中UN 3509货物,应使用封闭式散装容器(代码BK2)。散装容器应密封,或装有密封圈和耐穿刺的密封衬垫(或密封袋),并在容器内采用吸收材料等方法吸收运输过程中溢出的液体。运输未清洁的、废弃的、空的、含有5.1项残留物的包装材料,应使用散装容器并且容器材质不得为木质或其他易燃材料。

三、具有VC代码的危险货物散装运输

(1)JT/T 617.3道路运输危险货物一览表第(17)列中的VC代码包括VC1、VC2和VC3,分别代表下列含义:

①VC1允许通过侧帘车辆、软开顶集装箱或软开顶散装容器进行散装运输。

②VC2允许通过封闭式车辆、封闭式集装箱或封闭式散装容器进行散装运输。

③VC3运输方案经具有资质的专业机构认可后方可散装运输。

(2)按照JT/T 617.3道路运输危险货物一览表第(17)列中VC代码采用散装运输时,还应遵守该列内AP代码的装卸操作特殊规定。特殊规定见JT/T 617.6中附录B。

第二节　罐式危险货物运输装卸特殊要求

一、罐式运输装卸条件

罐式运输,包括可移动罐柜或罐式车辆运输危险货物。

(1)可移动罐柜,是指一种符合《规章范本》定义的多式联运罐体。当其用于运输第2类气体时,其容积大于450L。可移动罐柜用JT/T 617.3道路运输危险货物一览表第(10)列的可移动罐柜导则表示。

(2)罐式车辆,是指固定式罐体内充装液体、粉状或颗粒状危险货物,且与定型汽车底盘或半挂车行走机构采用永久性连接的道路运输罐式车辆。

罐式运输的车辆选择、车辆类型等参见本书第一篇第七章第四节相关内容。

二、罐式运输装卸特殊要求

根据JT/T 617.6中7罐式运输装卸条件,仅当JT/T 617.3道路运输危险货物一览表第(10)或(12)列有明确罐体代码标注时,方可采用罐式运输(可移动罐柜或罐式车辆运输)危险货物。罐式运输的车辆选择应符合JT/T 617.3道路运输危险货物一览表第(14)列的规定。

货物对应的车型代码为EX/Ⅲ、FL、OX、AT的,按以下方式选择车辆:

(1)若车型代码为EX/Ⅲ,只有EX/Ⅲ型车辆可以使用;

(2)若车型代码为FL,只有FL型车辆可以使用;

(3)若车型代码为OX,只有OX型车辆可以使用;

(4)若车型代码为AT,则AT、FL、OX型车辆都可以使用。

第三节　罐式危险货物运输车辆装卸阀门、紧急切断阀操作要求

一、罐式危险货物运输车辆装卸阀门操作要求

1. 作业前

(1)操作人员穿戴好作业所需的劳保用品,携带作业所需防爆设备及工具。

(2)上岗后操作人员首先检查机泵、压力表等设备是否正常,检查管线、卸车软管、卸车泵相关阀门是否关闭,消防设备是否齐全有效。

(3)车辆检查。

①检查车辆相关证件(道路运输证、驾驶人员和押运人员从业资格证、汽车罐车定期检验报告复印件)是否齐全,罐车是否在检验有效期内,GPS是否正常,安全警示标志是否齐全,告示牌与所装物料是否相符。

②检查灭火器是否齐全完好(每侧一只5kg以上的灭火器)、静电接地带是否完好(空车距地面2cm以内,重车必须良好接地)、阻火器是否完好并处于关闭状态。

③检查车辆外观是否完好,罐体有无泄漏,随车人员是否正确穿戴劳动保护用品。

④检查完毕后认真做好记录。

(4)栈台操作工指挥车辆行驶到指定的卸车位,核对车辆提单信息(车辆牌号、物料名称、卸货数量、卸货罐号、卸货单位、备注信息)并登记。

(5)驾驶人员将车辆熄火,拉紧驻车制动杆,将罐车启动钥匙交予现场操作人员存放;栈台操作工认真核对车辆单据信息并进行登记,在罐车前方放置警示锥,将轮挡置于车轮前后方,将静电接地线连接至距灌装口1.5m以外的罐体上,触摸人体静电释放器,释放身体静电,车辆静止2~5分钟后,对油罐卸料口进行切水作业(切水作业必须一人操作,一人监护)。

(6)切水完毕后,栈台操作工接好卸车软管,打开紧急切断阀,缓慢打开罐车底阀,确认无泄漏后,根据卸车单通知罐区操作工检查罐区流程。

2. 作业中

(1)准备工作完成后,由驾驶人员缓慢打开罐车罐盖,栈台操作工打开泵入口阀使卸车管内充满液体。

(2)待罐区操作工确认卸车流程后,栈台操作工开启卸车泵。

(3)栈台操作工开启卸车泵1分钟后,向中控人员确认收油罐液位是否正常上涨,当罐内液位达到安全高度(2305罐组15m、2306/2307罐组14m)以后,禁止卸车。

（4）卸车流速控制在3m/s（约54m³/h，汽油约40t/h）以内。

（5）卸车过程中驾驶人员应在罐车附近监护，不得四处游逛，无关人员不得进入卸车栈台。

（6）卸车过程中栈台操作工不得离开现场，确保卸车安全，防止机泵抽空，轴承干磨，损坏密封引发事故。

（7）待罐内油品不多时，根据卸车情况，关小卸车泵出口，调节压力，将罐车内油品卸干净。

（8）停泵时，驾驶人员将罐车阀门关闭，栈台操作工关闭泵入口阀、出口阀后及时停泵，防止损坏密封；将卸车软管拆下放回原位，如果未卸干净油品，可将剩余油品倒入桶内，用泵吸入收油罐（严禁用塑料桶盛放汽油）。

（9）卸车完毕，在卸车单上签字，做好记录。

3.作业结束

（1）确认卸车完毕2~5分钟后，栈台操作工将轮挡（止退木）、警示锥移到指定位置后，静电接地恢复原位。

（2）交还罐车启动钥匙，引导驾驶人员过地磅。

（3）整理现场，清理现场卫生。

二、罐式危险货物运输车辆紧急切断阀操作要求

安装紧急切断装置对运输易燃易爆化学品的车辆尤为重要。紧急切断装置由紧急切断阀、控制系统及易熔塞自动切断装置组成，其中紧急切断阀是核心功能部件。紧急切断阀紧贴罐体根部或底部安装，安装完成后，阀瓣、弹簧、阀盖在罐体内部，阀体部分在罐体外部。按照控制类型分类，紧急切断装置有气动式和机械式两种。

在《道路运输液体危险货物罐式车辆 第1部分：金属常压罐体技术要求》（GB 18564.1）中，要求常压容器罐车的罐体安全附件，必须安装紧急切断装置。安装紧急切断装置，对运输剧毒化学品的车辆尤为重要。

液体危险货物罐式车辆紧急切断阀装置使用要点如下：

（1）谨记紧急切断阀在除装卸工作之外的所有情况下，都应处于关闭状态。

（2）装卸作业完毕后，必须立即按照紧急切断阀使用说明书或操作规程关闭紧急切断阀。

（3）出车前，检查紧急切断阀有无腐蚀、生锈、裂纹等缺陷，有无松脱、渗漏等现象。

（4）装卸作业时，若遇紧急情况，应立即关闭紧急切断阀。

（5）运输过程中，及时检查确保紧急切断阀处于关闭状态。

（6）罐体长期不使用，也应关闭紧急切断阀，以免因受长期压力、杂质沉淀等影响，造成阀体元器件损坏、泄漏。

液体危险货物罐式车辆紧急切断阀装置检查要点如下：

（1）确认罐体上喷涂的介质名称是否与《车辆生产企业及产品公告》《危险化学品运输汽车罐体委托检验报告》《危险化学品运输罐车安全质量检验报告》上记载的一致。

（2）确认喷涂的介质与运输介质一致。运输介质属于《关于明确在用液体危险货物罐车加装紧急切断装置液体介质范围的通知》（安监总管三〔2014〕135号）中列举的17种介质范围。

（3）检查其卸料口处是否安装有紧急切断阀，检查紧急切断阀是否有远程控制系统。

（4）检查紧急切断阀有无腐蚀、生锈、裂纹等缺陷，有无松脱、渗漏等现象，检查紧急切断阀控制按钮是否完好。

（5）检查紧急切断阀是否处于关闭状态，没有关闭的要求当场关闭，并对驾驶人员进行一次面对面的教育提示。

相关内容参见本书第二篇第二节。